MEU SANGUE AMARELO

JOÃO ADIBE MARQUES

MEU SANGUE AMARELO

O SUCESSO NÃO ACEITA PREGUIÇA

AGIR

Editora Nova Fronteira Participações S.A.
Avenida Rio Branco, 115 — Salas 1201 a 1205 — Centro — 20040-004
Rio de Janeiro — RJ — Brasil
Tel.: (21) 3882-8200

Imagens de miolo: acervo pessoal
Imagens de capa: Victor Affaro e Erich Shibata

Dados Internacionais de Catalogação na Publicação (CIP)

A235m Adibe, João
Meu sangue amarelo: o sucesso não aceita preguiça, João Adibe, 5 ed.,Rio de Janeiro, Agir, 2024
336 p.

ISBN: 978.65.5837.197-7

1. Empreendedorismo . I. Título

CDD: 658.42
CDU: 685

André Queiroz – CRB-4/2242

SUMÁRIO

À minha ***família****, meu eterno* ***amor****.*
Aos colaboradores da ***Cimed****, minha* ***gratidão*** *por*
compartilhar uma rotina de realizações e conquistas.
Às ***pessoas que em algum momento cruzaram o meu***
caminho *e me ensinaram, meu* ***muito obrigado!***
Ainda há tanto por fazer.

PREFÁCIO

QUAL O SEGREDO DO SUCESSO?

Desde pequeno tive uma certeza: o trabalho me possibilitaria fazer tudo o que eu quisesse na vida. De alguma forma, eu despertei para esse pensamento ao entender a história da minha família.

Eu cresci num ambiente em que trabalhar com dedicação é um dos mais importantes valores que podemos ter. Tanto meu pai, João de Castro Marques, quanto minha mãe, Cláudia Marques, me incentivaram a buscar caminhos próprios para conquistar os meus desejos — e o principal deles foi alcançar minha independência financeira. Não esperei amadurecer para obtê-la.

Ainda adolescente, aos 15 anos, convenci meus pais a me deixarem trabalhar com eles na Honorterápica, a empresa farmacêutica que haviam construído. No começo, eles foram resistentes à minha ideia, mas, diante da minha insistência, cederam. Logo no meu primeiro dia de trabalho, na sala de expedição, senti que havia me encontrado. Ali, cercado de estantes e caixas de remédios, eu acompanhava a fabricação de nossos produtos e me relacionava com os vendedores mais experientes. Rapidamente compreendi: era como se aquele ambiente fosse a extensão de quem sou, e eu faria o que estivesse ao meu alcance para continuar ali e melhorar minha condição de trabalho. Logo me percebi audacioso e competitivo, características que são a base para realizar os meus sonhos.

Minha audácia nunca se restringiu às minhas atividades profissionais. Ela se estende também à minha vida pessoal, sobretudo quando o assunto é minha família, mas, às vezes, ela acontece de maneira inusitada, como quando ajudei no parto da minha filha mais nova, Charlotte. Fui eu quem a tirou da barriga da mãe, em uma cesárea. Apesar do nervosismo que a ocasião provocou, aquela foi uma experiência inesquecível, uma das melhores de minha vida. Principalmente para um homem que ama ser pai de cinco filhos.

Cresci ouvindo de meu pai que qualquer adversidade é uma oportunidade para evoluir. Aprendi, então, que se há uma crise, eu devo analisar as circunstâncias, identificar minhas habilidades para enfrentá-la e agir. Ninguém resolve nada com desculpa ou empurrando um problema com a barriga. Eu tive a sorte de assimilar esse ensinamento ainda adolescente e de tê-lo, imediatamente, colocado em prática.

Para dizer a verdade nem teria como ignorar essa forma de agir, porque meus pais me envolveram de tal maneira no trabalho que logo entendi a importância de assumir com honestidade as responsabilidades da profissão. Aproveitei a oportunidade de trabalhar na empresa da minha família para me formar. Demonstrei dedicação e compromisso e conquistei a confiança dos meus pais. Amadureci muito rápido e as coisas começaram a acontecer.

Apesar de muita gente pensar o contrário, ninguém me deu nada de mão beijada. Foram anos de muito trabalho e esforço, e tenho muito orgulho de fazer parte do legado do meu avô João Marques de Paula, que desde a década de 1940 já atuava no setor. É essencial sabermos de onde viemos — e ninguém começa do nada. É preciso sempre reconhecer quem nos fez chegar aonde chegamos, e sou imensamente grato a cada pessoa que me fez chegar até aqui, principalmente a minha família, que apoiou e me deixou "voar" para conquistar os meus sonhos.

Ao fazer tal afirmação, me recordo do meu avô materno, Adibe. Talvez ele tenha sido a pessoa que mais me deixou "voar" na vida. Tínhamos uma intensa relação de amor, e ele me fez acreditar que nada seria impossível se eu estivesse disposto a fazer as coisas acontecerem. Guardei com muito carinho e atenção suas palavras, que reverberaram em mim quando eu era ainda um moleque gordinho, cheio de energia, que brincava pelos corredores do pequeno sobrado da Honorterápica, na zona sul de São Paulo, onde começamos.

E ao me lembrar de quem me fez "voar", me recordo do sr. Passos que, em 1990, acreditou em um garoto de 18 anos de idade e me vendeu a Companhia Industrial de Medicamentos, Cimed, que chegou na hora certa. Com a sua aquisição, nosso negócio cresceu exponencialmente, ao diversificarmos o portfólio de produtos. Alguns anos depois, surpreendentemente, nossa primeira grande venda aconteceria por conta de um pirulito, que nos fez vender um milhão de unidades do xarope Frenotosse. Essa história inusitada carrega a marca de um profissional que reconhece a importância e o valor do marketing. Um vendedor que acredita em seus instintos e bate metas.

O resultado das vendas do Frenotosse me permitiu experimentar com muita intensidade o ensinamento de meu avô Adibe. Era possível, sim, fazer mais e conquistar mais. Me agarrei a esse princípio e tive certeza: *Vencedor não é aquele que sempre vence, mas aquele que nunca para de lutar*. Levo muito a sério esse pensamento, nunca aceito um "não" como resposta definitiva. Sempre há espaço para se reverter a negativa. Por isso, ao perseguir as melhores negociações, desenvolvi a estratégia comercial do "Tudo 1+2", que foi fundamental para o nosso crescimento.

Logo depois, surgiu uma das grandes sacadas da trajetória da Cimed: a construção da nossa cadeia de distribuição. Somos a única indústria farmacêutica brasileira com distribuição própria, o que permitiu a verticalização das nossas operações.

A Cimed é uma indústria farmacêutica com o DNA de consumo, que reconhece as pessoas como um dos seus maiores ativos. Queremos ir muito mais longe e estamos nos preparando para conquistas únicas e originais. Por isso, quando me perguntam qual é o segredo do sucesso, a minha resposta é: *Ser líder todo dia*. Essa é uma introdução para a minha história, que também é a história da Cimed. Existimos juntos, e nas páginas seguintes relembro fatos significativos dessa existência combinada.

CAPÍTULO 1

O ESPÍRITO DA FAMÍLIA E UMA GESTÃO PROFISSIONAL

A Cimed gera oportunidades. Somos uma indústria farmacêutica com o DNA de consumo.

Ao acordar, em 8 de março de 2021, pedi proteção à minha mãe. Desejei a sua presença e companhia naquele que seria o primeiro dia de funcionamento do novo endereço de nosso escritório na avenida Brigadeiro Faria Lima, zona sul da cidade de São Paulo. Nos momentos mais importantes da minha vida, sei que ela está me acompanhando, mesmo que já não esteja mais entre nós.

Minha mãe, dona Cláudia, era uma pessoa extremamente afetuosa, que sempre teve um olhar atento para com o outro. Sua fala cuidadosa transformou a vida de muita gente que cruzou o seu caminho. Se hoje estou à frente de uma das maiores indústrias farmacêuticas do país, o convívio com ela e com o meu pai foi fundamental para eu ter conseguido chegar tão longe.

Na década de 1970, eles ousaram sonhar alto e fundaram a Honorterápica. Pouco a pouco, conseguiram construir uma empresa familiar sólida, de importante atuação no setor farmacêutico. O legado exemplar que nos deixaram é o resultado de anos de muito trabalho. Por isso, aquele primeiro dia na nova sede da Cimed era tão especial. Começávamos ali uma nova etapa de nossa caminhada, e, para mim, fazia todo sentido pedir à minha mãe que, de onde ela estivesse, olhasse por todos nós e nos abençoasse. Meu pedido de proteção era uma forma também de reconhecer a sua decisiva contribuição em nossa história.

Para uma empresa que teve a sua primeira sede em um acanhado sobrado no Cambuci, um bairro de classe média baixa de São Paulo, o endereço na Faria Lima é indicativo do quanto evoluímos e demonstra nossa vontade de crescimento contínuo. O novo escritório está mais conectado à nossa agilidade, é um ambiente descontraído, colorido, sem paredes, cercado por janelas de ponta a ponta, que deixa a luz natural entrar e nos permite ver a rua, olhar para o horizonte e perceber o que está à nossa volta.

SR. PASSOS E A COMPANHIA INDUSTRIAL DE MEDICAMENTOS

Ao longo dos anos, a Cimed faturou bilhões e se transformou na maior empresa no Brasil de OTC (sigla para *over the counter*, ou "além do balcão", termo utilizado no setor farmacêutico para a venda de produtos sem receituário médico), e, no começo da década de 2020, já éramos responsáveis pela venda de 10% de todos os medicamentos no país. Mesmo com todas essas conquistas, ainda está muito viva em minha memória a época em que éramos apenas uma empresa localizada na rua Engenheiro Prudente, no Cambuci.

Eu não sou uma pessoa saudosista — tenho, aliás, dificuldades de falar sobre o passado —, mas quando lembro do João Adibe dos anos 1980 e 1990, mesmo brevemente, reavivo o meu desejo de crescer no mercado, de continuar aprendendo e procurando oportunidades para diversificar a atuação da empresa, criando estratégias comerciais por meio de um marketing original e produtos populares.

Desde as minhas primeiras experiências profissionais, me identifiquei com a área comercial. Sempre fiquei à vontade vendendo, e negociar nossos produtos me dá uma satisfação imensa. Mesmo antigamente, quando tudo era diferente — não só porque não existiam computadores e os celulares nada mais eram do que um objeto de ficção.

Quem quisesse vender tinha de ir para a rua, apostar no corpo a corpo, no olho no olho. Era preciso colocar a pasta embaixo do braço e, com muita disposição, dialogar e convencer compradores — no nosso caso, os donos das pequenas farmácias.

Até os anos de 1990, nos chamávamos Honorterápica, tínhamos um portfólio limitado de vinte produtos e apenas doze funcionários, contando comigo e com meus pais. Éramos um pequeno laboratório com um nome muito estranho e faturamento modesto, e nossa relevância no mercado era praticamente nula. Se quiséssemos mudar de patamar, precisaríamos agir o quanto antes. Tínhamos de estabelecer novos modelos de negócio e nos aprimorar. Foi o que fizemos.

Nossa primeira grande sacada foi investir em produtos populares, como antigripais e xaropes. Nosso crescimento foi uma resposta imediata. Passamos a ter mais entrada no mercado, e a recompra de nossos itens aumentou consistentemente, sobretudo depois de adquirirmos a Cimed.

À época dessa aquisição, em 1990, eu tinha 18 anos. Era apenas um moleque, um *faz-tudo* na empresa dos meus pais. Alguns anos antes, no balcão da expedição, comecei a aprender como o negócio se estruturava, como deveria me aproximar do cliente, quais eram as estratégias para oferecer os produtos, como deveria estabelecer as condições comerciais e estipular os devidos prazos para os pagamentos. Foi ali que minha profissionalização no setor teve início, e pude dar os primeiros passos no caminho que me faria ser o executivo que sou hoje. Aprendi muito trabalhando ao lado do meu pai, imerso em sua maneira de agir. Sua filosofia de negócio era muito simples, e ele sempre dizia:

"Primeiro, temos de crescer em 'nosso quintal'. A gente precisa vender perto de casa, porque é mais barato fazer a entrega para o cliente que está próximo."

Minha rotina como vendedor significava fazer incontáveis incursões pela cidade de São Paulo, onde havia muitas regiões para descobrirmos e nos estabelecermos — principalmente em bairros periféricos, locais nos quais os nossos concorrentes não chegavam. Foi nessas idas e vindas que conheci o sr. Passos. Ele era dono de uma distribuidora de remédios e tinha montado para o filho um pequeno laboratório farmacêutico, a **Companhia Industrial de Medicamentos — Cimed**, mas o rapaz não ficou interessado no negócio, tinha outros planos profissionais. O sr. Passos, então, ficou sem saber o que fazer com aquele novo empreendimento.

Quando nos conhecemos, eu já era um garoto curioso e obstinado. Frequentemente eu o procurava para vender remédios, falar sobre o setor, refletir sobre acontecimentos do mercado, discutir sobre o futuro dos negócios. Pelas circunstâncias de nosso relacionamento, o sr. Passos acabou gostando de mim e, um belo dia, me pegando totalmente de surpresa, me ofereceu a Cimed.

Ouvi a sua proposta, avaliei o seu portfólio e me empolguei, mas contive minha excitação para conseguir negociar de maneira mais profissional. Além do mais, qualquer resposta minha naquela aproximação seria precipitada. Precisava conversar com meu pai para tomar uma decisão. E assim o fiz.

“Pai, tenho uma boa oportunidade para adquirirmos um pequeno laboratório farmacêutico que tem produtos importantes para aumentarmos nosso portfólio. Eles fabricam remédios populares, e isso pode ajudar o nosso crescimento”, falei com segurança e ousadia.

Ele me olhou seriamente e respondeu:

“Você está maluco?! Não temos dinheiro para essa compra. Esqueça!” Não me dei por vencido. Como já disse, nunca aceito um “não” como resposta definitiva.

“Pai, é um bom negócio! Vamos comigo ao local para o senhor analisar as instalações e conhecer o sr. Passos. Depois de conversar com ele, o senhor terá mais elementos para decidir se fazemos ou não a compra.”

Ele resistiu, se negou a prosseguir com a conversa, mas eu tinha certeza da chance que teríamos com aquela aquisição. Continuei insistindo, até que ele, cansado de meus argumentos, cedeu. E lá fomos à Vila Fátima, em Sapopemba, bairro localizado na zona leste de São Paulo, onde ficavam as instalações da Cimed.

Meu pai ficou encantado. Ao perceber o seu interesse, perguntei: “Então, vamos comprar?!” Ele me olhou firmemente e, confiante, respondeu: “Sim!” Pulei de alegria. Me senti *o* cara.

Com a decisão de adquirir a Cimed, ele, minha mãe e eu nos unimos ainda mais. Precisaríamos trabalhar muito — e juntos —

para dar prosseguimento ao novo negócio. Vendemos carros e outros bens de valor para conseguir o dinheiro necessário.

Meu pai, assim como eu, entendeu que o esforço para adquirir a Cimed valia a pena, porque aquele pequeno laboratório tinha produtos com forte apelo comercial, apesar da gestão administrativa incipiente. Com a aquisição, incorporamos ao nosso portfólio o Cimegripe, o Frenotosse, as pastilhas de limão bravo e o benzonato de benzila, produtos fundamentais em nossa história e que se tornaram referência no mercado farmacêutico brasileiro.

Depois da compra da Cimed, o meu cotidiano de trabalho mudou e, todos os dias, por alguns anos, tive de incluir em minha agenda de atividades uma ida diária à Vila Fátima. Eram mais de 30 quilômetros de distância, e quase nunca era um trabalho fácil. Em um país do tamanho e das características do Brasil, passamos por várias dificuldades para fornecermos nossos remédios.

REMÉDIO NÃO TEM CLASSE SOCIAL

Sempre fomos um negócio B2B (abreviação da expressão em inglês para Business to Business), então nossos clientes são as farmácias. Essa dinâmica não tem nenhum segredo, é uma relação comercial clássica. Contudo, mesmo com um modelo de negócio simples, criar relações com esses estabelecimentos não era nada fácil. Em algumas situações, a sensação que tínhamos era de que seria impossível — mas nunca desistimos.

Nossa operação logística para entrega de pedidos sempre foi afetada pela condição das estradas no Brasil, principalmente as que levam às pequenas cidades, afastadas do eixo sul-sudeste. Por isso, decidimos criar uma rede de distribuição que cobrisse todos os estados brasileiros. Esse processo, concretizado ao longo dos anos, possibilitou que ganhássemos em velocidade de entrega, porque os pedidos saem direto da nossa fábrica, em Pouso Alegre, no sul de Minas Gerais, para pontos de distribuição espalhados pelo país, facilitando a entrega às farmácias. Foi assim que nos tornamos a maior cadeia de distribuição de medicamentos do Brasil.

Por conhecer profundamente o perfil de consumo do mercado em cada região, conseguimos prever quais itens precisamos estocar, ganhando agilidade na entrega e uma folga para repor o estoque. Construímos um eficiente mix de produtos e temos mais eficiência para oferecer itens de maior interesse em relação à sazonalidade de nossas vendas.

Como o Brasil é muito grande, os contrastes entre as regiões são significativos na elaboração das estratégias comerciais e de distribuição. É muito importante entender essas diferenças para acertar o produto de preferência de cada localidade — e esse conhecimento só vem com a experiência. Outro fator importante na relação com nossos clientes é a facilidade oferecida em nossos pagamentos. Como somos uma *rede verticalizada de negócios*, eliminamos instâncias intermediárias nas negociações de venda, gerando margem para crédito, parcelamentos e prazos de pagamento estendidos. Essa é uma operação comercial atraente para nossos clientes.

Conhecer a realidade do país reafirmou nosso propósito como empresa: fomentar e incentivar a democratização do comércio e consumo de medicamentos; e ao colocar todo esse conhecimento em prática obtivemos um desenho preciso da rede de farmácias no Brasil.

Por fim, outra força de nosso negócio é a compreensão de que remédio não tem classe social. Nós produzimos medicamentos para todos. Essa visão é um dos pilares da Cimed, uma empresa farmacêutica que, com a sua produção, garante maior acessibilidade da população à saúde de qualidade.

INDÚSTRIA FARMACÊUTICA COM DNA DE CONSUMO

No Brasil, a Anvisa (Agência Nacional de Vigilância Sanitária) é a instituição reguladora do nosso mercado, e sua atuação, além de extremamente rigorosa, é essencial para o nosso desenvolvimento.

Para a indústria farmacêutica, seu papel é fundamental por assegurar a qualidade do setor, e, internacionalmente, ela nos confere respeitabilidade no mercado, devido ao seu rigor nos procedimentos técnicos.

Em termos de exigência sanitária, a fabricação de nossos remédios só está atrás da praticada no Japão. Esse grau de demanda resulta em uma produção de altíssima qualidade, mas, apesar de toda competência industrial do setor farmacêutico brasileiro, ainda há quem desconfie de sua eficácia, principalmente quando falamos dos medicamentos genéricos.

No Brasil, a Lei nº 9.787/99 introduziu a política de medicamentos genéricos, essencial para a promoção, prevenção e recuperação da saúde da população, e aliada do Estado para aliviar a sobrecarga dos serviços públicos de atendimento clínico e hospitalar. Mesmo assim, há ainda muita desinformação sobre o assunto.

O genérico brasileiro é muito bom e tão eficiente quanto os remédios referência (de marca). Na Cimed, qualidade é obrigação. Na fábrica, meu pessoal trabalha com muito afinco para garantir a qualidade de nossos produtos.

Anualmente, destinamos mais de 60 milhões de reais para a área de pesquisa e desenvolvimento, e colocamos no mercado 150 novos produtos. Investir em qualidade e na expansão de nossa capacidade produtiva é uma prática constante na Cimed. Vide a inauguração, em dezembro de 2021, de nossa fábrica de sólidos orais — um dos parques fabris mais modernos da indústria farmacêutica no mundo. Tenho certeza de que tudo isso deixaria a minha mãe muito orgulhosa.

Somos uma indústria farmacêutica com DNA de consumo. Nossos produtos salvam vidas, previnem doenças, dão esperança. E a rotina dinâmica e de reinvenção da Cimed só é possível porque temos como prioridade a qualificação de nossos colaboradores, porque sem eles não seríamos nada.

NOS MEUS 50 ANOS DE VIDA, O QUE LEVO DA EXPERIÊNCIA DAS MUDANÇAS?

Se não reconhecermos de onde viemos, não temos como chegar a lugar algum. O hoje e o amanhã são resultados de nossas ações até agora. Por mais que eu seja um cara que não está preso ao que passou, tenho profunda gratidão por cada etapa da minha vida e a certeza de que na caminhada meus pais são meus grandes exemplos de conduta. Para onde for, sempre os levo em pensamento e emoção. Por isso, pedir a benção à minha mãe, que já faleceu há muitos anos, no dia em que estávamos começando um novo capítulo da história da Cimed, foi fundamental. Ela guia os meus passos, e ao reconhecer a sua importância, eu projeto o futuro.

CAPÍTULO 2

"JOÃO, VOCÊ VENDE A CIMED? VENDO, SIM! ENTÃO, CONSIDERE-A VENDIDA."

É preciso ter coragem para transformar o medo e não se deixar paralisar por esse sentimento que pode colocar tudo a perder.

Quem convive comigo sabe o quanto sou competitivo e como "perder" é uma palavra que não existe no meu vocabulário. Competir me deixa mais atento e ágil — características fundamentais para lidar com as mais diversas situações —, e me ajuda a colocar diferentes atividades em perspectiva. Assim, é mais fácil tentar prever o desfecho de qualquer eventualidade. Claro, imprevistos acontecem, mas, se estamos preparados, a chance de falhar ou de deixar de alcançar os resultados pretendidos diminuem muito. Logo, estou sempre disposto a participar de uma boa competição. Essa é uma das características que me definem e não tenho vergonha nenhuma disso, porque a vitória traz conquistas e oportunidades de crescer e evoluir. Afinal, *o sucesso não aceita a preguiça*. Entendi muito rápido em minha vida que, assim como um atleta profissional, precisava ter perseverança, por isso, sou um cara de *ritmo, rotina e ritual.* Acrescentei às minhas atitudes essa espécie de "Lei dos 3Rs".

O *ritmo* ao qual me refiro é executar as atividades de maneira constante, seguindo uma *rotina* determinada para não dispersar e tendo o *ritual* como reconhecimento e valorização de cada atitude tomada, conferindo significado e importância a elas. Com essas três frentes, aprendi a ter controle emocional e gerenciar expectativas, e consegui moldar minhas atitudes como vendedor e, mais tarde, executivo de alta performance.

Para tirar os meus planos do papel, acordo cedo todos os dias. É como diz o ditado: "Passarinho que acorda tarde bebe água suja" — e eu quero beber água limpa. Por isso, às 5h da manhã, todo santo dia, estou fora da cama para um dia de trabalho previsto para terminar apenas às 19h. Afinal, às 20h, me programo para dedicar o meu tempo à minha mulher, Cinthya, e aos quatro dos meus cinco filhos que ainda moram comigo (Esther, Bruna, João Pedro e Charlotte).

Essa rotina me garante estar na cama por volta das 22h. Mesmo durante as viagens, nacionais ou internacionais, me organizo para seguir esses mesmos horários, rigorosamente. Essa decisão mantém a minha saúde física e mental.

Assim como a excelência do desempenho dos atletas é cobrada nas competições esportivas, liderar uma empresa do tamanho da Cimed requer atributos semelhantes aos desses atletas, com alta capacidade de concentração e muita agilidade, pois não posso deixar que a pressão das negociações me abata e tire meu poder de resposta. Talvez seja por esse comportamento que acabei me aproximando dos esportes.

Essa aproximação me rendeu bons amigos e algumas histórias que faço questão de contar mais à frente neste livro, porque, entre outros fatores, elas demonstraram o quanto é importante acreditar em si, ousar e superar os medos. Costumo dizer que não tenho medo de nada. Até brinco que ser tão destemido me fez um "super-homem". Reconheço, porém, que em algumas ocasiões o medo flertou comigo. Uma delas, relacionada aos esportes, faço questão de compartilhar aqui. Foi logo após uma viagem que fiz para Monza, na Itália, para acompanhar uma das etapas da Fórmula-1.

O ano era 2015 e a Cimed patrocinava Felipe Massa, então piloto de F1, na Williams, tradicional equipe inglesa, uma das mais vitoriosas da categoria e muito especial para todos nós, porque foi a casa de um de nossos maiores atletas, Ayrton Senna (Felipe ficou nessa escuderia entre 2014 e 2017). Naquele ano, um dos meus focos corporativos era aumentar a profissionalização da Cimed, criando processos e metodologias de trabalho mais eficientes. Faturávamos em torno de R$ 400 milhões e, como já estava em curso a meta para chegarmos ao 1 bilhão de reais, precisávamos manter uma gestão administrativa com padrão de excelência. Isso incluía, como estratégia de comunicação, nos vincular a esportes de alto rendimento. Além disso, claro, havia o simbolismo de estar junto com Felipe naquele momento especial. Ele havia deixado a Ferrari e acreditávamos em seu potencial como piloto — e patrociná-lo deixava isso evidente. Felipe, como brasileiro, não estava sozinho.

Do ponto de vista do marketing, aquela ação fazia sentido. O Brasil tem uma linda história com esse esporte e temos alguns dos mais importantes campeões dessa categoria. Gostamos muito das competições da F1 e o automobilismo me fascina. Com isso em mente, fui a Milão acompanhar uma das etapas do campeonato daquele ano e à noite, depois da prova, saí para jantar com Felipe e Rodrigo Souza.

A PROPOSTA FOI DE 1 BILHÃO DE DÓLARES

Rodrigo havia iniciado a sua carreira profissional em bancos nacionais. Com o passar do tempo, contudo, ele decidiu se mudar para a Suíça, onde se dedicou a atuar no mercado financeiro de forma independente. Até aquele encontro na Itália eu não o conhecia, mas no decorrer de nossa conversa, gostei muito dele. Aquela noite agradável terminou, nos despedimos e seguimos nossas vidas.

Assim que voltei para o Brasil, contei para minha irmã Karla, que comanda a Cimed ao meu lado, sobre a grata surpresa de ter conhecido Rodrigo. Desde aquele jantar eu não tirava da cabeça a ideia de que ele poderia nos ajudar na empresa. Ele era um cara disruptivo e o seu conhecimento seria de grande valia. Tive a mesma conversa com o meu pai, que, à época, ainda não havia se aposentado.

Rodrigo poderia nos prestar serviço como consultor. Com o apoio de meu pai e Karla, imediatamente o procurei com uma proposta e firmamos um acordo. Aquela contratação foi acertada: ele fez parte de uma revolução em nossos processos internos. Ao final de nossa parceria de trabalho, depois de dois anos, me perguntou: "João, você venderia a Cimed?"

Foi uma surpresa, claro. Ninguém nunca havia me feito aquela pergunta.

"Eu vendo, sim. Sou vendedor!"

Com a minha resposta, ele insistiu: "Mas por quanto você a venderia?"

Eu não sabia um valor, nunca havia calculado um número para aquela negociação. "Não sei, Rodrigo, mas se você quiser me oferecer 1 bilhão de dólares, podemos negociar."

Ele aproveitou a minha deixa e seguiu. "Está bem. Então, você me autoriza a montar um material da Cimed para fazermos essa transação? Obviamente, tudo vai ser feito com a maior discrição. Vou encaminhar a papelada."

Como se aquela fosse uma conversa corriqueira, ele partiu para fazer o que tinha de ser feito. Ele era o cara ideal para uma venda como aquela — conhecia nossa estrutura, dimensionava nosso rendimento e o tamanho do mercado brasileiro, ou seja, nosso potencial de crescimento. Se aquela venda era para dar certo, ele a faria acontecer.

Passados alguns dias, ele me ligou. "João, estou com a apresentação pronta. Contratei alguns profissionais para agilizar a montagem dos slides. Quando posso mostrá-la a você e à Karla?" Ele foi rápido em montar o material, e eu, mesmo sem dimensionar o impacto daquela ação, prossegui, curioso.

Combinei com Karla uma data para recebê-lo no escritório. No dia marcado, acompanhamos atentamente Rodrigo "apresentar" a Cimed. "O que vocês acharam?", nos perguntou ao final dos slides. Por alguns segundos, Karla e eu nos entreolhamos e, sem precisar trocar palavras, nos entendemos rapidamente. Virei para ele, sabendo que falava por mim e por ela, e afirmei: "Eu compro essa empresa."

A apresentação estava tão boa que eu, com o meu instinto de vendedor, tinha sido convencido do bom negócio que seria aquela aquisição. Após o nosso ok, Rodrigo partiria para as rodadas de negociações com investidores estrangeiros. Reforçamos a importância da discrição e não queríamos ter conversas com *players* estratégicos ou bancos públicos. Preparamos a documentação e, com a assinatura do meu pai, foi dada a largada às negociações. Rodrigo nos prometeu finalizar as transações em 120 dias. Dados lançados, seguimos nossa vida.

O trabalho estava intenso e precisávamos nos dedicar às resoluções do cotidiano, mas entrava semana e saia semana e nada de Rodrigo aparecer. Com a falta de notícias, Karla demonstrou impaciência. O mesmo aconteceu com Mariana, nossa irmã mais nova, que era sócia na empresa, mas se interessava por outros setores do mercado. Para ela, uma venda daquele porte cairia como uma luva. Ela estaria livre para seguir com os seus interesses profissionais.

Para mim, sempre foi muito difícil aceitar a decisão de Mariana de se afastar da rotina da empresa. Sempre a quis por perto. Somos uma família muito unida e misturamos nossas vidas pessoais e profissionais. Era — e ainda é — impensável ter de lidar com a sua distância. Eu entendo o afastamento de Mariana como uma perda, uma das poucas em minha vida. Gostaria de estar perto da minha irmã caçula.

Quando meu pai e minhas irmãs me perguntavam sobre os avanços de Rodrigo, eu os tranquilizava e sugeria que focassem no trabalho, e era uma forma de me tranquilizar também. Aqueles dias foram de muita expectativa e, como não podia falar sobre o assunto devido à discrição que a situação pedia, vivi momentos de muita angústia. Aliás, esta é a primeira vez que conto sobre aquele período tão abertamente.

O silêncio de Rodrigo foi inquietante e o desconforto gerado por ele só crescia, inclusive pela conjuntura econômica do país. Passávamos por mais uma crise de nossa história e o valor do dólar disparava. Se ele fechasse alguma proposta naquela ocasião, nosso lucro seria substancial. Estávamos apreensivos.

Depois de tantas outras semanas sem retorno, o procurei para entender como andavam as negociações. Ele não havia ligado porque ainda não havia chegado ao valor pedido para a venda; as propostas feitas pelos fundos de investimento, até ali, eram insatisfatórias, então ele continuava procurando compradores.

Uma semana antes de vencer o prazo do contrato firmado com ele, Karla, bem cansada da espera — afinal nossos planos futuros dependiam daquela resposta —, desabafou: "Que droga! Não ter nenhum retorno dele é sinal de que a Cimed não é tão boa assim. Esse tempo todos acreditávamos que tínhamos uma empresa fantástica, mas, se não vem uma proposta decente, o mercado nos vê de outra maneira."

Aquele também era o meu sentimento, e meu ego estava machucado. Nos achávamos tão bons, tão relevantes, mas sequer conseguíamos uma oferta de compra decente. *"Nos enganamos por muito tempo"*, eu pensava. Nos 45 do segundo tempo, porém, tudo mudou.

Era noite de sexta-feira e estava jantando em uma pizzaria com Cinthya e um grupo de amigos quando o meu celular tocou. Era Rodrigo.

"Pode falar?", ele me perguntou.

"Sim, posso sempre falar com os amigos", respondi.

"Tudo bem, João?"

"Tudo!", tentava me controlar para não transparecer a ansiedade.

"Então, sabe as nossas negociações, nossas rodadas de conversa? Demorei a te responder porque determinado fundo não conseguiu me retornar no prazo combinado. Eles precisaram de uma semana a mais para se posicionar, mas entraram em contato hoje com uma resposta positiva. Eles têm interesse em comprar a Cimed e pagam o valor pedido, 1 bilhão de dólares. Considerem a Cimed vendida."

Eu o ouvi em absoluto silêncio, me mantive tranquilo.

"Obrigado, Rodrigo. Hoje é sexta-feira. Estou em um restaurante com a minha esposa e alguns amigos. Na segunda-feira, te retorno para conversarmos."

Nos despedimos e desliguei o celular, bem mexido. Não sabia definir exatamente o que estava sentindo, mas estava diferente. Por alguns instantes, observei o meu redor e não interagi. Respirava profundamente. Me aproximei de Cinthya, que continuava animada conversando com as pessoas, e lhe falei baixinho:

"Amor, deixa te falar o que acabou de acontecer nessa ligação. Sabe o Rodrigo?! Ele acabou de me fazer a proposta."

"Ah, que bom que deu certo a participação dele nos comerciais. Boa notícia!"

Ela estava se referindo a Rodrigo Faro, o apresentador de TV. Por coincidência, a Cimed estava em negociação com ele para algumas campanhas publicitárias, e Cinthya entendeu que eu estava falando desse assunto; que iríamos ter as propagandas como planejado, o que realmente aconteceu posteriormente, mas naquele momento não era o caso. O Rodrigo em questão era o Souza.

Ao ouvir a sua resposta, não entrei em detalhes, porque estávamos em um ambiente público. Não queria ser indelicado com os demais ao cochichar no ouvido dela e ainda correria o risco de talvez, ao prolongar a conversa, deixar escapar alguma informação. O risco não seria válido. Me calei, mas não parei de pensar. Fomos para casa e não falei mais nada.

Quando a ficha da venda da Cimed caiu, me bateu o medo — olha ele aí, aparecendo de mansinho. Eu iria vender o negócio da minha família, que nos unia e era parte da nossa história. Minha cabeça estava a milhão. Dormir naquela noite não foi fácil.

No dia seguinte, fui encontrar meu pai. Precisava lhe contar a novidade. Liguei para Karla e pedi que me encontrasse na casa dele. Cheguei lá afobado e, assim que ele abriu a porta para me receber, já saí falando:

"Pai, recebemos a proposta de compra da empresa. Rodrigo me ligou ontem, à noite, para nos dizer que há comprador interessado em pagar o valor pedido."

Mal havia terminado de falar, meu pai me interrompeu, com sua conhecida serenidade. "Vende!"

Surpreso com a rapidez de sua resposta, perguntei se ele tinha certeza. Meu pai estava absolutamente certo do que dissera.

"Claro que tenho certeza. Você é louco de recusar uma oferta bilionária?"

A essa altura do campeonato, Karla já havia chegado. Ela estava exultante. A resposta que tanto esperamos havia chegado, e era positiva.

Os dois estavam extremamente contentes, mas eu sentia algo estranho. Não estava tão empolgado — uma reação inesperada para mim. Evitei falar sobre aquele incômodo para não estragar o momento de felicidade e decidi me isolar por algumas horas para organizar meus pensamentos.

Gosto muito de sauna seca, e decidi ir à sauna para pensar. Foi o que fiz. Fui para casa e me enfiei na sauna quando, de repente, me deu vontade de falar com o meu tio Cleiton para ouvir a sua opinião a respeito daquele negócio, afinal, minha família paterna, os Marques, é do setor farmacêutico. Fazemos parte de uma das primeiras gerações dessa indústria no Brasil e, mesmo que os meus tios e primos nunca tenham participado da Cimed, queria ouvi-lo. Era importante consultá-lo quando iríamos tomar uma decisão tão importante. Saí da sauna e liguei.

"Tio, tudo bem com o senhor? Preciso falar de um assunto em off." Expliquei o que tinha acontecido. Atentamente, ele me ouviu e, como o meu pai, foi direto: "Vende!"

Ao ouvir aquela resposta, me vi encurralado. Meu pai, que sempre foi a minha referência nos negócios, meu ídolo, me havia dito para vender. Meu tio Cleiton, que nunca se envolvia em meus negócios, foi enfático e concordava com a venda. Minha irmã, por quem tenho total confiança, estava absolutamente certa de que vender seria o melhor a fazer. Diante desse cenário, o que me sobrava se não concordar com eles? Aquele era o pensamento mais sensato, mas ainda não estava convencido de que o seria o melhor.

Àquela altura, enquanto me debatia com os meus pensamentos e falava com o meu tio, precisava compartilhar a notícia com os outros envolvidos nos acontecimentos, meus filhos, sobrinhos, minha mulher, cunhado. Eles seriam impactados pela venda e precisavam saber o que estava acontecendo. A missão de juntar todo mundo lá em casa, para um "comunicado importante", foi de meu filho mais velho, Adibe; e ele a cumpriu bem rápido. De repente, todos estavam lá em casa.

"Vamos vender o nosso negócio!"

Com espanto, se entreolharam, me olharam e perguntaram surpresos: "Como assim?!"

"Recebemos uma proposta financeira praticamente irrecusável, que estabilizará a vida da nossa família por gerações. Se o dinheiro que vamos receber for bem administrado, os netos dos netos de vocês terão tranquilidade financeira como todos nós." Tinha certeza de que, ao ouvirem os detalhes do negócio, concordariam comigo. Não foi bem assim.

"E vocês vão fazer o quê?!", os meninos perguntaram, olhando para mim e Karla. Adibe usou o mesmo adjetivo que meu pai havia usado mais cedo, mas em sentido contrário.

"Você está louco, pai?! Você vai morrer!", sentenciou. Mas eu fingi que o "louco" era ele em não concordar com aquela venda. Ou quem mais se colocasse contra.

Com a montanha de dinheiro que receberíamos, por que deveríamos nos desgastar com uma rotina cansativa de trabalho, quando poderíamos comprar um barco e velejar sem rumo? Viver em qualquer país de nossa escolha, sem preocupações?

Como se todos os argumentos não fossem suficientes, ainda insisti que, caso cansássemos daquela vida de sonhos, poderíamos comprar outra empresa. Estava tudo encaminhado.

Fui usando o meu poder de convencimento e, aos poucos, eles cederam e mudaram de opinião, mas a verdade é que tudo o que dizia não fazia sentido para mim. Falava da boca para fora, tentando convencer a mim mesmo. No fundo, não queria aquela nova realidade. Como alguém que trabalha desde os 15 anos de idade e é completamente feliz fazendo o que faz ficaria sem sua atividade profissional?! Adibe estava certo. Eu morreria. De qualquer forma, me mantive firme. "Vamos vender e ponto. Essa venda será o melhor para todos nós."

Segunda-feira, porém, meu humor era outro. Estava bem azedo. Naquele dia, como combinado, eu deveria falar com Rodrigo sobre a venda, mas não contava com o sentimento que me dominou. Eu estava irado e não queria ver Rodrigo nem pintado de ouro. Ouvir a sua voz, então, estava fora de questão.

Foi por isso que passei a ignorar todas as tentativas dele de falar comigo naquela manhã. Obviamente, ele não se conformou com aquela situação. Ele ficou enraivecido com o meu comportamento e estava certo em ficar bravo. Eu também ficaria se fosse o inverso. Mas mesmo com as minhas atitudes erráticas, ele continuou organizando os passos seguintes da venda. Nos informou sobre o que teríamos de fazer, nos orientou a manter a discrição e não falarmos sobre o assunto com os funcionários, enfatizou a necessidade de instaurarmos uma auditoria externa para comprovar nossa lisura. Enfim, continuava fazendo tudo de maneira profissional como tinha de ser, mas as minhas atitudes não correspondiam à situação, e Karla logo percebeu que havia algo errado, e o restante da família também.

Karla, uma pessoa firme e que detesta enrolação, se revoltou. Nosso futuro estava atrelado àquela negociação e nem ela nem ninguém entendia o porquê de eu estar agindo de maneira tão desorientada. Minha família me pressionou e as cobranças tornaram-se diárias. Eles me exigiam um posicionamento coerente, mas eu fugia das minhas obrigações, e a situação ficou insustentável. Cinthya, ao acompanhar de perto minha angústia e irritação, em determinado momento me confrontou.

"João Adibe, não venda a Cimed. Essa empresa é a sua vida e está na cara que você não vai suportar ficar sem ela. E tem mais, você pode até ganhar muito dinheiro com essa venda, mas o dinheiro é só uma das consequências do seu trabalho. Para você, a Cimed vale muito mais do que qualquer quantia que você possa vir a receber. A empresa é parte de quem você é. Não a venda!"

Ouvir o que ela me disse, e a forma como disse, foi o primeiro passo para me tranquilizar. A partir dessa conversa, me senti menos acuado. Na verdade, depois que todo mundo me disse para agir de maneira sensata e vender nosso negócio, só precisava ouvir alguém falando o contrário para me permitir cancelar a transação — e Cinthya foi essa pessoa. Ela me conhece e sabe que a empresa me completa. Vendê-la seria como me amputar, me deixaria incompleto, infeliz.

Me enchi de vitalidade e me senti capaz para enfrentar as situações que viriam após anunciar minha desistência do negócio. Ali, comecei a transformar o medo em coragem para expressar o meu verdadeiro sentimento sobre a situação.

"Não vou vender a nossa empresa e, além do mais, vou provar que o meu negócio vale muito mais do que esse fundo está oferecendo. Somos fortes e temos um futuro de muito crescimento."

Aquela situação mexeu profundamente comigo e quando situações dessa natureza acontecem vou para cima. Elas despertam uma força insana em mim, me renovam as energias e intensificam minha vontade de competir e vencer.

Entre a primeira proposta do Rodrigo e a minha decisão de desistir da venda se passaram três meses. Ao ter absoluta certeza do que fazer, fui conversar com o meu pai. Recorro a ele sempre que estou diante de uma grande decisão, e Karla faz o mesmo. Queremos ouvir a opinião de nosso pai. Isso não significa que fazemos o que ele nos diz, mas é importante para nós ter a perspectiva dele sobre nossos assuntos. E quando essas conversas dizem respeito à Cimed, minha irmã e eu procuramos ouvi-lo juntos. Esteja ele onde estiver, nós nos encontramos para falar com ele ao mesmo tempo. E aquela conversa não seria diferente.

Liguei para Karla e pedi para ela ir ao apartamento dele, porque precisava falar sobre os trâmites da nossa venda. Naquele dia, porém, ela demorou a chegar e eu, agoniado para compartilhar com ele a minha decisão, comecei a conversar antes mesmo da chegada dela.

"Pai, preciso falar algo muito importante para o senhor, e é de coração. Eu não quero mais vender a Cimed. Independentemente de nosso acordo societário, eu desisti dessa venda, porque gosto muito do que faço."

"Você tem certeza do que está me dizendo?", ele perguntou.

"Sim! Toda a certeza do mundo", respondi.

"Ok. Então, você tem de convencer as suas irmãs."

"Mas e o que o senhor acha da minha decisão?", insisti.

"Eu te apoio sem nenhum problema. Aliás, como sempre te apoiei, meu filho."

Karla chegou naquele momento de nosso diálogo e a situação se transformou radicalmente. Ao saber de meu posicionamento, ela "*virou no Jiraya*". Enfurecida, com toda a razão, não mediu palavras para extravasar sua incompreensão e raiva acumuladas naqueles três meses em que agi de forma desconexa. A reação dela foi dura, ao mesmo tempo fundamental para focarmos nos planos de valorizar ainda mais a nossa empresa e o seu significado.

No começo, foi muito difícil voltar a trabalhar e acreditar que estava tudo normal. Karla tinha razão em ter ficado com raiva. Afinal, as indecisões eram minhas, não dela. Ela queria vender o negócio e já se organizava para outra vida. O fato de não concretizar a venda a obrigaria a repensar todos os seus planos, mas com o passar dos dias nosso sangue amarelo falou mais alto. O trabalho na Cimed nos reconquistou. Passei a me relacionar com a empresa de outra maneira, com uma vontade imensa para transformá-la em um negócio muito mais significante.

Voltei com tudo para o comando da área comercial e implementei uma série de atividades que estavam travadas; e se levamos três décadas para chegar ao nosso primeiro bilhão, 2017 foi a arrancada para em três anos termos conquistado nosso segundo bilhão. Essa conquista só foi possível porque a nossa marca estava consolidada. Ficou fácil acelerar, e a equipe veio junto com muito gás.

Foi como se uma mágica tivesse acontecido. Depois de toda aquela “tempestade”, em um ano com péssimas previsões de crescimento, demos a volta por cima e 2017 foi um dos períodos mais lucrativos para a companhia. De lá para cá, só decolamos.

Quando paro para lembrar desse episódio, tenho a certeza de que a minha resposta para Rodrigo não foi calculada como deveria ter sido. Vendedor que sou, ao ouvir a provocação dele não arreguei, truquei com a ideia de que poderia vender o meu negócio. Nada mais falso. Não me dei mal com aquela situação, apesar de todo o estresse causado, mas, quando paro hoje para refletir, percebo a importância e o aprendizado daquele momento. A Cimed ficou mais estruturada e meu pai, de uma maneira tranquila e extremamente lúcido, pôde organizar a sua aposentadoria, enquanto Karla e eu aprofundamos nossa relação profissional e ampliamos a confiança que temos um no outro como irmãos. Mariana seguiu o seu caminho e foi morar na Austrália, onde constituiu uma linda família.

Com essa árdua experiência, pude ver de perto a real preocupação de meus filhos e sobrinhos; e o quanto eles se importam com o meu bem-estar e o de Karla. Por fim, reafirmei minha parceria, admiração e carinho com a minha esposa. É como dizem por aí: às vezes aprendemos pelo amor, em outras ocasiões, pela dor.

D

NOS MEUS 50 ANOS DE VIDA, O QUE LEVO DA EXPERIÊNCIA DE NÃO TER VENDIDO A CIMED?

Ter todo o dinheiro do mundo pode até ser muito bom, mas o dinheiro por si só não é o propósito maior na vida. É preciso ter coragem para transformar o medo e não se deixar paralisar por esse sentimento que pode colocar tudo a perder. Mais uma vez, encontrei na minha família o apoio necessário para prosseguir. Eles estão ao meu lado em qualquer circunstância, e isso me dá a tranquilidade e a segurança para ousar nos negócios, porque sei que não estou só. Tenho eles ao meu lado, e isso me fortalece.

CAPÍTULO 3

O CARA COLOCOU A ARMA NA MINHA CABEÇA (E PUXOU O GATILHO)

É importante reconhecer os traumas pelos quais passamos, mas é ainda mais importante não deixar que eles nos dominem e nos definam.

Os dez dias mais malucos da minha vida aconteceram em 2002. Naquele ano, entre 3 e 12 de maio, fui sequestrado. Apesar de ter sido libertado do cativeiro sem nenhum arranhão (os sequestradores não me bateram), aquele crime terrível me transformou. É impossível ficar indiferente após um sequestro. Agradeço a Deus por não ter paralisado a minha vida ou enlouquecido após aquele trauma.

Os dias de aprisionamento são desesperadores. É muito comum que vítimas desse crime desenvolvam quadros graves de depressão e síndrome do pânico, incluindo comportamentos paranoicos. Isso, felizmente, não aconteceu comigo. Consegui superar essa experiência e hoje até esqueço que vivi algo do tipo. Só me lembro se alguém me perguntar ou se, por algum motivo, acabar pensando naquele ano.

Tenho a impressão de que a minha recuperação emocional em relação a esse episódio está relacionada à minha capacidade de virar a página e deixar o passado realmente para trás. Essa minha característica é muito forte. Simplesmente me situo no agora e olho para frente, procurando caminhos para seguir. Porém, mesmo tendo superado, aqueles dias vão estar para sempre na minha história.

Era tarde de sexta-feira, final de expediente, quando um grupo de sete homens fortemente armados invadiu o meu escritório e me fez refém. Estava na empresa, naquela época ainda na rua Engenheiro Prudente, no Cambuci. Ali, a Cimed ocupava um prédio de três andares, onde mantínhamos o administrativo e um espaço para estoque de produtos. Era uma edificação simples, sem recepção ou área externa de recuo, e não contava com nenhum esquema elaborado de segurança. Na verdade, o prédio era um galpão mais ajeitadinho, com acesso direto à rua. Os funcionários e prestadores de serviço entravam e saíam a todo instante, sem dificuldade.

Minha sala ficava no terceiro andar e, como de costume, realizava os pagamentos às sextas-feiras no final do dia, como parte da reunião com a equipe de vendas. Naquelas ocasiões, conversava com os vendedores sobre os resultados da semana, quanto eles haviam vendido e as metas para a semana seguinte. Refletíamos sobre o que havia dado certo, identificávamos erros e gargalos na operação comercial para revertê-los e, por fim, as duplicatas das vendas eram pagas em cheque. Os vendedores aproveitavam os encontros para pegar novas mercadorias ou devolver algum produto sem saída. Há anos aquela rotina se repetia, mas aquele 3 de maio foi diferente.

Por volta das 17h, ouvimos a campainha tocar, uma das muitas vezes que isso aconteceu naquele dia. Era normal as pessoas chegarem, tocarem a campainha e entrarem, ainda mais em época de pagamento. Porém, daquela vez, não era nenhum de nossos vendedores. Quem descobriu isso foi Cícero, que, ao abrir a porta, se viu diante de vários homens armados. Sem nenhuma resistência, eles entraram no prédio pela expedição e subiram até o primeiro andar, onde meu pai estava.

No momento em que os bandidos encontraram a sala do meu pai, ele estava com alguns funcionários do administrativo organizando pagamentos, identificando recebimentos, separando contas e valores para serem guardados no cofre da empresa até a abertura das agências bancárias na segunda-feira seguinte. E sua mesa estava repleta de maços de cheque.

Meu pai foi pego de surpresa, claro. Os homens chegaram falando alto, apontando as suas armas a todos que estavam ali. Para piorar, jogaram sobre sua mesa um pacote cheio de fotografias, imagens da rotina da nossa família. Flagrantes nossos entrando na empresa ou saindo de casa. Eles fizeram bem o dever de casa. Nos seguiram durante dias para entender nossa movimentação e evitar erros quando nos abordassem. Foram eficientes.

Com uma sacola em mãos, recolheram os telefones celulares de quem encontravam pelos corredores ou nas salas. Ao mesmo tempo, outro sequestrador cortava os cabos dos aparelhos telefônicos, eliminando a possibilidade de alguém ligar para a polícia e pedir ajuda.

Em meio às fotos expostas na mesa, apontaram para uma das minhas imagens e perguntaram ao meu pai onde eu estava. Eles ignoraram completamente os cheques, não queriam saber do cofre, muito menos a quantidade de dinheiro que havia ali conosco. À exceção dos celulares, nenhum bem de valor ou dinheiro os interessava. O objetivo deles ali era exclusivamente sequestrar algum dos filhos do seu João e da dona Cláudia. Como sabiam que as minhas irmãs não estavam na empresa durante a abordagem, virei o foco da perseguição. Por isso, insistiam em saber onde eu estava.

Meu pai hesitou, tentou conversar, reverter a situação de alguma forma, mas eles não lhe davam ouvidos. Queriam saber onde eu estava e, para isso, ficaram mais agressivos, encurralando-o contra a parede. Ainda bem que a minha mãe não estava na empresa naquele dia e não passou por aquela situação horrorosa.

Quando ele se viu dominado, sob a ameaça de armas e sem interlocução, os sequestradores o obrigaram a levá-los, de uma vez por todas, ao meu encontro. Não demorou nada e eles apareceram em minha frente no terceiro andar.

Eu ouvi os bandidos chegarem. Estava com a porta da sala aberta e estranhei uma série de barulhos estranhos se aproximando, mas não identifiquei o que era — até levantar a cabeça e ver um bando de homens com pistolas apontadas para a cabeça do meu pai. A cena foi aterrorizante. Me assustei e pensei, é um assalto. "Calma! Calma!", falava para eles, em voz alta, ainda sentado. Meu pai continuava pedindo tranquilidade. Tudo foi tão rápido que não tive tempo nem de me levantar.

"Pai, o que foi? O que está acontecendo?!", eu perguntava atordoado.

Como se não me ouvisse, ele apenas prosseguia pedindo calma a todos. Agitados, os sequestradores me olharam e gritaram: "Coloca o seu celular na mesa e tira o relógio! Coloca tudo aí em cima onde a gente possa ver."

Aquele pedido me soava como um assalto, mas a esperança de que tudo aquilo se tratasse de um roubo comum desapareceu em um piscar de olhos, ao escutar a súplica de meu pai: "Não leva, não. Não leva! Eu pago agora. Eu pago agora!" Ao ouvi-lo exclamando: "Eu pago agora!", entendi que aquela movimentação não poderia ser um assalto comum. O alvo daquela invasão era eu.

Antes de tudo acontecer, estava na sala com um dos nossos colaboradores, Machado, que também foi pego de surpresa por toda aquela movimentação. No momento em que Machado ouviu o "não leva", dito por meu pai, instintivamente, ele falou: "Me leva junto. Me leva junto!" Lembro com profundo respeito a atitude corajosa dele. Ele foi bem doido em pedir para ser levado junto comigo, mas demonstrou ser um cara de coragem.

Tudo estava muito confuso e acontecendo rápido demais. Aquela sala era apertada e não comportava as oito pessoas que estavam ali se acotovelando e falando ao mesmo tempo.

Os sequestradores ignoraram o que Machado lhes dizia, assim como continuavam sem dar atenção aos apelos do meu pai. Um deles se aproximou de mim e me falou: "Vou botar o capuz na sua cabeça e você vai descer as escadas. Fica quieto e vamos embora." Apesar de resistir, obedeci. Me levantei, coloquei o capuz e fui levado para fora da empresa. Naqueles segundos, pude ouvir meu pai, mesmo naquela situação, me dizendo: "Filho, veste o seu casaco, lá fora está muito frio."

Para não chamar atenção na rua, eles retiraram o capuz de minha cabeça e me fizeram entrar em uma Fiorino branca e velha, estacionada em frente ao prédio. Uma vez dentro do carro, me encapuzaram novamente e nada mais vi. Foi uma experiência horrível não saber para onde estava sendo levado, se estavam com uma arma contra minha cabeça ou se planejavam acabar com a minha vida em qualquer lugar. Eu suplicava para que me soltassem, mas não adiantava.

Para o meu espanto, chegamos muito rápido ao cativeiro. O trajeto entre o trabalho e a casa onde fiquei durou cerca de 15 minutos. Ao sair da Fiorino, por estar com a cabeça baixa, consegui enxergar pelas frestas do capuz que estava em um local não asfaltado — e próximo ao Cambuci não existem muitos lugares assim. O único tão próximo à sede da empresa com ruas de terra era Heliópolis.

Andamos por poucos metros e paramos em frente à casa onde iriam me esconder. Uma vez lá dentro, me colocaram em um dos cômodos e tiraram o capuz da minha cabeça, mas mandaram que eu nunca olhasse para eles. Desorientado, me vi em uma sala muito escura. A iluminação artificial do ambiente era bem fraca e as janelas estavam fechadas por madeiras que tinham alguns espaços entre si, deixando entrar um pouco da luz externa. Ao me aproximar da janela, pude ver que estava no térreo de uma casa cercada por muros altos, impedindo minha visão da rua.

A porta da sala em que me colocaram ficava aberta para quem me vigiava não ter nenhuma dificuldade em me ver; e eles não tiravam os olhos de cima de mim. Também me obrigavam a falar em voz alta quando fosse me movimentar.

Não havia móveis naquele espaço, só um colchão velho para eu dormir — e como dormi. A maior parte do tempo em que estive aprisionado, eu dormi. Não sei se aquele sono era uma proteção emocional, mas dormia sem nenhum problema, e mal comia. Eles me davam comida, mas não tinha fome. Cheguei a passar dias inteiros sem comer e, por isso, emagreci rapidamente.

Como me alimentava pouco, não tinha vontade de ir ao banheiro, que ficava em uma área externa. Para chegar até ele, precisava subir uma pequena escada. Lá, havia um chuveiro, uma pia e um buraco no chão, no lugar do vaso sanitário. Como os sequestradores não permitiam que eu tomasse banho, fiquei sujo todos aqueles dias.

Eles conheciam muito bem a minha rotina quando decidiram me pegar. Sabiam exatamente quem eu era e quanto dinheiro poderiam levantar se me sequestrassem. Eles não estavam brincando ou agindo de forma amadora, muito pelo contrário, estavam preparados e sabiam o que fazer. Esse foi um dos motivos pelo qual, ao invadir a nossa empresa e abordar o meu pai, não quiseram em momento algum levar o dinheiro que tínhamos no escritório, acreditando que aquela soma era "troco" perto da quantia que poderiam levantar com um resgate.

"Vocês têm muito mais dinheiro do que isso. Se você quiser ver o teu filho vivo, vai ter de pagar. Se vira", diziam para o meu pai, e me repetiam aquelas afirmações no cativeiro: "Fale com o seu pai. Faça ele pagar. Senão, você morre", ameaçavam.

Com o passar dos dias, compreendi melhor a dinâmica deles. Quem estava me vigiando era arraia-miúda. Estava ali cumprindo ordens, não participava da estratégia do sequestro nem negociava com a minha família.

Aquela situação foi tão desgastante que, com o passar dos anos, esqueci vários dos seus detalhes. Por outro lado, as marcas daquela violência ainda estão vivas. O medo ao recordar os momentos de incerteza, a angústia pela falta de respostas objetivas, a euforia quando previa o fim daquele tormento, o cansaço indescritível e a vontade de dormir a todo instante continuam em mim. Essas são memórias que me ocorrem quando penso sobre o assunto.

"ME MATA AQUI. ME MATA AGORA!"

Durante as negociações, eles me fizeram falar com o meu pai três vezes. Levavam um celular até a sala onde estava e me obrigavam a conversar com ele sob a mira de pistolas automáticas. Apesar da óbvia tensão, aquelas ligações me davam esperança. Ouvir a voz dele me fazia acreditar em um desfecho positivo e amenizava a sensação de que cada fração de segundo parecia uma eternidade. Sei o quanto para algumas pessoas falar que *cada segundo parecia ser uma eternidade* pode soar lugar-comum, mas essa era exatamente a forma como eu sentia o tempo passar no cativeiro, muito lentamente. Na segunda-feira, três dias após ter sido capturado, me desesperei ao pensar que havia passado o fim de semana preso e ainda continuava lá. Para deixar a situação ainda mais angustiante, havia um intenso e contínuo barulho de motor pelas redondezas. Não identificava exatamente de onde vinha o som e não saber me deixava agoniado. Aquele barulho era insuportável.

No começo, imaginei que fossem turbinas de avião, por isso, supus que poderia estar próximo de algum aeroporto. Nada mais errado. Só vim descobrir, depois de solto que, na verdade, o som se tratava de motores de duas gigantescas caixas d'águas localizadas nas proximidades.

Aliás, os sons ao redor me chamaram muita atenção, porque não tinha a menor ideia de como a favela é silenciosa à noite, os ruídos somem. O relógio batia umas 20h, horário no qual grande parte dos moradores já estava de volta em suas casas, e o silêncio invadia aqueles espaços. O único som persistente vinha dos motores das caixas d'água.

Geralmente, ouvia a movimentação dos moradores da região pela manhã, logo cedo, quando acordavam e saíam para trabalhar. Ao longo do dia, os sons diminuíam e tudo ficava tranquilo. O burburinho das ruas só retornava no comecinho da noite, momento em que dava para ouvir o vai e vem das pessoas voltando às suas casas. Essa dinâmica acontecia da mesma maneira todos os dias. Também me recordo muito das rádios comunitárias, pelas manhãs. Ouvir a programação delas, ao longe, me dava certa sensação de normalidade. As vozes dos locutores eram referência.

Além da incerteza sobre a minha vida naqueles dias em que tinha receio de morrer a qualquer momento, aquela semana sequestrado ainda foi pior porque Luciana (minha esposa à época) estava grávida de Bruna, a filha caçula de meu primeiro casamento. Me aterrorizava pensar que poderia nunca conhecê-la. Esse sentimento foi um complicador para os quatro primeiros dias em que estive nas mãos dos sequestradores. Do quinto dia em diante, contudo, o medo paralisante mudou. Um dos motivos foi o fato de eu ter passado a falar mais com quem ficava na porta da sala me vigiando. As conversas aliviavam a tensão, e a sensação de que poderia morrer a qualquer momento diminuiu.

"Vocês pegaram o cara errado", eu insistia.

"Errado?! Errado nada! Por que você está dizendo isso?", me questionavam.

"Porque eu sou o cara que faz o dinheiro. Se estou fora de ação, não tem como levantar a grana que vocês querem", argumentava.

"Mas você é rico", rebatiam.

"Mas sou eu quem faz o dinheiro na empresa e não posso fazer dinheiro se não estou trabalhando", persistia.

"Você é rico! Você tem Ferrari", falavam.

"Mas o meu patrimônio é alienado. Não é meu, é do banco.", contra-argumentava.

"Mas a tua família é rica. Teus tios, tuas irmãs... Está todo mundo chegando junto. Teu pai vai pagar. Até porque se eles não pagarem, a gente te mata." Eles não estavam brincando quando ameaçavam me matar.

Em uma das vezes que me fizeram falar com o meu pai, um dos bandidos colocou uma pistola em minha cabeça e enquanto dizia para ele que estava fisicamente íntegro e tentava entender o que estava sendo feito para levantar o dinheiro do pagamento do resgate, o cara me disse: "Fala para o teu pai que eu vou te matar, seu filha da puta. Se ele não pagar, eu te mato!" De repente, ele *"pá"* em minha cabeça, puxou o gatilho. Disparou a pistola contra mim, mas ela estava sem o pente de balas. Naquele instante, me tremi de medo. Meu corpo vibrou dos pés à cabeça.

"Se teu pai continuar tentando negociar, não querendo pagar o que a gente tá pedindo, vamos te dar o repique. A gente pega essa miséria de dinheiro que ele tá querendo pagar, te troca de cativeiro e você vai continuar cozinhando, seu filho da puta."

Ao ouvir o que me diziam, imediatamente os contestava:

"Eu já falei pra vocês. Vocês pegaram o cara errado. Eu sou o cara da correria. Meu pai não tem dinheiro. Aceita o que o cara tá oferecendo que é muito mais fácil. Eu pago vocês quando sair daqui. Vocês não sabem tudo da minha vida?! Vocês não sabem onde moro?! Vocês não sabem o telefone da minha mulher?! Vocês não sabem o telefone do meu tio?! Pode confiar em mim! Vocês me libertam e pago vocês. Confia em mim!"

Enquanto conversava com eles no cativeiro, a minha família estava reunida na casa de meus pais. Naquela época, eu morava no mesmo prédio do meu pai e da minha mãe, no Pacaembu, bairro da zona Oeste da cidade de São Paulo. Meus familiares se juntaram para se confortar e tentar, juntos, resolver a situação da maneira mais rápida possível. Alguns amigos também estiveram com eles e, como a minha mãe era uma mulher de muita fé, ela organizou uma corrente de oração, o que foi muito importante. Ainda hoje, acredito que foram aquelas orações que me confortaram naqueles dias traumáticos. E, assim, mantive a minha esperança no cativeiro. Tinha certeza de que tudo acabaria bem. Esse sentimento de positividade foi importante porque pude interagir com mais tranquilidade com quem tomava conta de mim.

Os caras que ficavam de olho na sala onde eu estava se entediavam com frequência, porque só tinham que olhar para mim, e eu não fazia nada a não ser dormir ou ficar parado. Daí, fumavam um cigarro atrás do outro e muita maconha. Resultado, só falavam besteira. Por não ter o que fazer, e estando todos ali obrigados a conviver, desenvolvemos certa relação, ao ponto de eu falar com eles sem precisar virar o rosto ou ser encapuzado. Conversávamos coisas da vida e jogávamos "*stop*". Mesmo sem papel e caneta, íamos fazendo as partidas apenas falando, e assim o tempo passava. Certa vez, aconteceu algo engraçado. Com dor de cabeça, pedi um remédio e eles me trouxeram um *Nevralgex*, medicamento fabricado pela Cimed. Eles me deram com um produto meu sem saber. Parecia ironia.

Durante nossas conversas, percebi que eles falavam o tempo todo que não eram ladrões. Era como se tivessem orgulho em ser sequestradores. Havia essa distinção de crime e eu nem imaginava. Por conta dessa questão, pouco antes de me libertarem, devolveram o meu relógio.

Ao saber do pagamento do sequestro, um deles virou para mim, com o meu relógio em mãos, e disse: "Pega aí. Eu te falei que não era ladrão. Teu relógio tá aqui, seu filho da puta." Mesmo com esse gesto, eles ainda quiseram me aterrorizar antes de me libertar. Diziam que o próximo seria meu pai, que o matariam. Mesmo após toda negociação ter dado certo.

Fui libertado no Dia das Mães. Não foi coincidência. Vagabundo também tem mãe, e eles queriam ver as deles. Não estavam com vontade de passar o domingo comigo se já tinham conseguido a grana que queriam. Hoje, consigo olhar para essa questão com mais tranquilidade, mas na sexta-feira que antecedeu à minha libertação, havia me desesperado. Aquela era a segunda sexta-feira que passava preso, e só pensava: "Vem mais um fim de semana por aí e, se o dinheiro não sair do banco hoje, só sai na segunda-feira. Como vou aguentar mais tempo aqui?!" Aqueles dias me pareciam intermináveis. Quando já tinha perdido as esperanças, eles me falaram:

"Vagabundo, é o seguinte. Teu pai pagou aquela miséria. A gente vai te soltar, porque você é gente boa. Só que você vai ter que dar mais grana pra gente. Você vai sair daqui numa boa, mas a gente sabe o teu corre. A gente sabe onde tu mora."

"Pelo amor de Deus, pode ficar tranquilo, eu pago. Eu trabalho e te pago", garanti.

Lembro daquele momento como se tivesse acontecido ontem, porque depois dessa conversa, o meu medo se intensificou. Quando começou a cair a ficha de que seria solto, achei que iriam me matar. Pensei: *"É a hora do último ataque."* Então, não dormi mais, pela ansiedade. Quando a manhã do domingo chegou, me amarraram com fita *silver tape*. Até ali, eu ainda não tinha sido amarrado. Lutei contra aquela situação, mas eles precisaram me imobilizar, porque iriam encontrar o meu pai e sobraram poucos para me vigiar. Foi quando um deles entrou na sala e me disse:

"Vou ficar sozinho contigo. Por mais que a gente se dê bem, vou te amarrar."

"Não faz isso não. Eu não vou fugir daqui!", pedia.

Meus pedidos não adiantaram de nada, ele me amarrou as pernas e os punhos e me largou sozinho no sobrado. De repente, tudo ficou silencioso. Quando me vi deitado, amarrado, sem conseguir me mexer direito e sem ninguém por lá, comecei a pensar que iria "cozinhar" ali de tanto calor. O sentimento de que ficaria naquela situação para o resto da vida me tomou conta. Aquilo começou a me dar uma *noia*. Era um sentimento muito ruim e só aumentava. As horas passavam e não acontecia nada. Foi quando, por volta do meio-dia (imagino pela sensação de calor e de luminosidade natural que entrava pelas frestas da janela), ou um pouco depois, talvez por volta das 13h, eles apareceram e me disseram ter recebido o dinheiro do resgate. Os ouvi, atentamente, e tentei não demonstrar nenhuma reação, com medo de não saber o que poderiam fazer caso houvesse algo de errado.

Amarrado, eles me conduziram para a mesma Fiorino velha e branca, que iria me levar para um lugar em São Caetano, cidade da Grande São Paulo, onde me soltariam. Sair do sobrado foi muito rápido e já não estava mais encapuzado. O trajeto que fizeram também não demorou muito. O tempo me pareceu muito semelhante ao do percurso da empresa até o cativeiro. De repente, o carro parou. Eles me desamarraram e me disseram:

"Vagabundo, vamos te deixar aqui na rua. Vou abrir a porta do carro, você desce e não olha para trás. Dá um tempo parado aí e na hora que você não ouvir mais o barulho do carro, mete o pé."

"Você não vai me matar não, não é?!", perguntava aflito. "Porque se for para me matar, me mata aqui, me mata agora!"

Falava aquilo porque tinha medo de levar um tiro pelas costas. Depois de todos aqueles dias preso, seria injusto morrer na rua de maneira covarde. E os caras repetiam: "Não olha para trás." Ainda dentro do carro, um deles colocou R$ 50,00 em minha mão para pegar um taxi. Ele abriu a porta da Fiorino e me mandou descer. Eu o obedeci.

Ao sair do carro, estava de olhos fechados, mal conseguia abri-los. Atordoado, fiquei parado e, rapidamente, deixei de ouvir o barulho do motor da Fiorino, o que me deu a certeza de que havia sobrevivido. Eles cumpriram com a palavra e me deixaram ali para que fosse embora. Porém, voltar para casa não foi tão simples. Primeiro, porque depois de tanto tempo no escuro a luz da rua me incomodava. Depois de alguns instantes, quando voltei a raciocinar melhor, não acreditava que aquele pesadelo havia acabado. Fui me convencendo aos poucos e só então tive uma melhor noção do meu estado físico.

Ao olhar para os meus braços, pernas, para o meu tronco, me dei conta de que estava todos aqueles dias com a mesma roupa, sem tomar banho, portanto, imundo. Tinha perdido muito peso e estava barbado. Era difícil me reconhecer. Passado o impacto inicial, olhei ao meu redor e não reconheci nada. Não sabia onde estava. Toquei a campainha de uma casa próxima. Quando o rapaz abriu a porta, imediatamente lhe disse: "Acabei de sair de um sequestro. Tem um orelhão aqui por perto para eu usar? Preciso ligar para a minha família." O cara se assustou, mas me apontou onde teria um orelhão. Ao encontrá-lo, não muito longe dali, liguei a cobrar para a minha casa. Estava ansioso para falar com eles, precisava muito ouvir a voz de cada um da minha família. Naquela primeira tentativa, porém, o telefone deu ocupado. Fiquei frustrado e, impaciente, decidi caminhar. Precisava me movimentar. Saí andando, desnorteado, por algumas quadras, até me deparar com outro orelhão. Parei e novamente liguei para casa. Dessa vez o telefone chamou e fui atendido por meu pai. Ao ouvi-lo dizendo "alô", comecei a chorar. Ele percebeu que era eu e nem conseguíamos falar nada, só continuar chorando.

Depois de alguns minutos, ele conseguiu me perguntar onde eu estava e dizia que viria me buscar, mas eu queria chegar logo. Não ia aguentar a espera e nem saberia explicar onde estava, como ele chegaria até a mim. Disse-lhe que pegaria um táxi e falamos por mais alguns minutos. Nos despedimos e fui procurar algum carro que pudesse me levar para casa. Por sorte, havia um não muito longe dali.

Ao entrar no carro, contei ao motorista que havia sido sequestrado e tinha acabado de ser solto. Ele me olhou com certo espanto e resolveu mudar o percurso da viagem, me levando para o centro de São Caetano. Percebi algo estranho, mas não contestei o trajeto feito por ele, pois minha única intenção era chegar o quanto antes em casa.

Uma vez no centro da cidade, uma região mais movimentada, ele se voltou para mim e disse que não poderia me levar até o Pacaembu. Subitamente, parou o carro e tentou me obrigar a acertar a corrida até ali. Na mesma hora, me enfureci, o xinguei e saí do táxi batendo a porta, sem pagar corrida nenhuma. Imagino que ele tenha ficado com medo de se envolver na minha história, me levando para casa, mas ele não poderia ter tomado aquela atitude, me deixando na rua daquele jeito, no meio do caminho e com pouco dinheiro.

Para a minha sorte, não demorei a encontrar outro taxista, que, esse, sim, me levou para casa, onde a minha família estava ansiosa por minha chegada. Como não aguentaram me esperar no apartamento, desceram para a calçada do prédio e quando me viram no carro invadiram a rua ao meu encontro. Mal saí do táxi e já estava cercado por todos eles. Só ali, entre tantos abraços, senti o fim daquele pesadelo. Quando os encontrei, me senti seguro. Com certeza, aquele foi um dos melhores Dias das Mães da minha vida.

Na segunda-feira, fui à polícia depor sobre o sequestro. Pegamos um helicóptero e sobrevoamos a área que imaginava ser de meu cativeiro. No voo, reconheci o sobrado e avistei as caixas d'água. Felizmente, a polícia desmantelou toda a quadrilha, que já estava operando há algum tempo e, no mesmo período do meu sequestro, tinha feito outras vítimas. Como todos foram detidos pela investigação, não precisei pagar mais nada. Aquela situação tinha terminado e, para minha sorte, não me tornei um cara traumatizado, assombrado e inseguro.

Tomei medidas de segurança para proteger a mim e a minha família, mas não deixei de fazer nada por medo de me tornar uma vítima novamente. Mas, claro, logo após o sequestro, revi alguns dos meus comportamentos e criei novos hábitos. Foi aí que comecei uma parte muito importante da minha história, da qual tenho muito orgulho.

Certo tempo depois de ter sido sequestrado, me mudei para Florianópolis e por lá vivi coisas fantásticas tanto para minha família quanto para a Cimed. Foi em Santa Catarina que a minha paixão pelos esportes se consolidou com força total em minha vida e nos meus negócios. São muitas as histórias da minha relação com os esportes e todas elas fundamentais para hoje ser quem sou. Eu me reconheço nesse ambiente de competição.

NOS MEUS 50 ANOS DE VIDA, O QUE LEVO DA EXPERIÊNCIA DE TER SIDO SEQUESTRADO?

Enquanto estamos vivos, a gente tem sempre a oportunidade de recomeçar, de fazer diferente. Aqueles dias de cativeiro mexeram muito comigo, mas ao superá-los impedi os sequestradores de fazerem algo pior comigo. Fui vítima deles por dez dias, não mais do que isso. Segui adiante e essa superação me fez conquistar muito mais. É importante reconhecer os traumas pelos quais passamos, mas é ainda mais importante é não deixar que eles nos dominem e nos definam.

Ao ter ficado completamente indefeso nas mãos dos sequestradores, revi o meu jeito de ser e percebi algumas características do meu comportamento de maneira mais intensa. Diante daquela situação, percebi o tamanho do amor que sinto por minha família. Sem eles não seria quem sou, nem teria conquistado o que conquistei. Como vivemos juntos e misturados, contar com o depoimento deles sobre nossa relação neste livro é bem especial e reforça a nossa união e afeto.

DEPOIMENTO
de Karla Marques Felmanas

"BORA VOAR AINDA MAIS, JOÃO ADIBE."

João Adibe nunca foi uma pessoa fácil. Desde criança sempre foi hiperativo e aprontava muito. Era um menino difícil para os nossos pais, especialmente para o nosso pai, pela diferença de personalidade entre eles. Em alguns momentos, era tanto desentendimento que tudo se tornava um inferno. Enquanto a casa praticamente caía, eu estava sempre por ali, vivendo tudo de muito de perto, afinal, João Adibe é apenas dois anos mais velho do que eu, mas apesar da nossa idade ser quase a mesma, ele me tratava como filha. Ao longo da minha infância e adolescência, era como se ele fosse o meu segundo pai, e isso não é força de expressão.

Era ele quem ditava as regras da minha vida, controlava as minhas saídas, procurava saber com quem eu andava, quais lugares frequentava, determinava a hora de voltar para casa. Ai de mim se chegasse em casa atrasada! Ele me colocava de castigo. Meus pais não falavam nada, concordavam com a atitude dele.

"*Mas o que devo fazer? Ou aceito o que a vida está colocando para mim ou deixo de viver*", eu pensava. Ao ter inteligência para conviver com aquela situação, nossa cumplicidade se estabeleceu. Nossas vidas ficaram muito unidas. De alguma maneira, temos uma ligação cósmica.

João Adibe se casou muito cedo, eu também. Nossos filhos nasceram com meses de diferença uns dos outros. Assim como ele, também entrei adolescente na empresa, por volta dos 17 anos, e tive de conquistar o meu espaço com muito trabalho. Ninguém me deu nada de mão beijada, principalmente pelo fato de ser mulher em um ambiente de negócio dominado por homens. Foi muito difícil sair da expedição (como João, o primeiro lugar em que trabalhei dentro da empresa), para chegar à vice-presidência da Cimed, cargo de que tenho muito orgulho em ocupar. O convívio com o meu pai, minha mãe, meu irmão e minha irmã, Mariana, foi determinante para essa conquista. Tive de me provar a todo tempo e enfrentá-los para afirmar os meus pontos de vista. Nessa trajetória, me transformei em uma pessoa firme, porque já fui bem medrosa e chorona. Essa transformação além de ter passado pela educação dos meus pais e convívio com os meus irmãos, foi influenciada também por minha vida conjugal com Marcelo Felmanas, meu marido, uma pessoa adorável pela qual tenho grande admiração por sua compreensão e companheirismo. Desenvolvi uma verdadeira gratidão por esses relacionamentos íntimos em minha vida. Reconhecer a importância deles, mesmo com todas as nossas diferenças, foi decisivo para me entender e seguir com segurança.

A IRMÃ DO "FLY NOW"

João Adibe me fez voar, porque eu sou muito pé no chão e ele é o meu oposto, está sempre buscando algo novo, procurando oportunidades. Essa sua inquietação nos movimenta. Foi ele o cara que nos trouxe do Cambuci à Faria Lima. Meu pai teve a coragem de começar esse sonho junto da minha mãe. Ele foi um homem extremamente destemido ao sair da sociedade, com os seus irmãos, de um laboratório farmacêutico já consagrado para investir em um empreendimento que, naquela época, restringia-se a um pequeno prédio em um bairro longe dos centros comerciais.

Até hoje, quando chego em nossa fábrica em Pouso Alegre, me emociono ao ver o tamanho das nossas conquistas, porque nunca sonhei em ir tão longe; e o futuro está se mostrando ainda mais promissor. Crescemos de maneira única, e o nosso parque fabril tornou-se um dos mais modernos no setor farmacêutico em todo o mundo. Agradeço muito a cada um dos profissionais que estão conosco e possibilitaram a existência desse empreendimento, fruto da coragem do meu pai, da delicadeza e generosidade da minha mãe para com cada pessoa que cruzou o seu caminho e das loucuras de João Adibe, que nunca deixou de sonhar.

Muita gente não imagina como é ser a irmã do "*fly now*", um cara que desde pequeno, apesar das insubordinações e hiperatividade, demonstrou que se tornaria uma pessoa diferenciada. Ao completar seus 50 anos de idade, confirmo minha visão.

O tempo passou, crescemos, nos tornamos sócios, amigos; sobretudo, nos entendemos como irmãos no mais profundo significado desta palavra. Ele me faz voar, sair da casinha todo santo dia e, por mais que essa situação me traga medo, quero sempre continuar ao seu lado, crescendo como pessoa, evoluindo profissionalmente, passando os nossos valores aos nossos filhos, a futura geração dos Marques que já está presente no negócio e será responsável pela continuidade das transformações da Cimed.

Em nossa trajetória, tenho inúmeros momentos especiais com João Adibe e cada um deles confirma nosso sólido relacionamento, como quando nossa mãe morreu e estávamos ao seu lado em um pequeno espaço humanizado na UTI do hospital onde ela estava sendo cuidada.

O tratamento oncológico dela foi muito invasivo, e, por isso, em seus momentos finais ela estava bastante debilitada. João Adibe e eu estávamos com ela no quarto, ele fazendo massagens em seu braço direito, enquanto eu massageava as suas pernas. De repente, as máquinas às quais ela estava ligada fizeram barulhos anormais. Marcelo, que também estava conosco, ficou nervoso e pedi para que se retirasse. Tínhamos uma determinação: só estaria ao lado de nossa mãe quem pudesse levá-la alguma alegria.

Desnorteado, Marcelo se retirou e, em seguida, uma enfermeira chegou para checar o quadro clínico de nossa mãe. Ela nos olhou e, numa tentativa de nos acalmar, nos garantiu que estava tudo dentro do esperado, aqueles barulhos das máquinas eram previstos. "Às vezes, o coração bate mais rápido e os aparelhos fazem esses sons tão altos", nos disse. Contudo, alguns instantes depois de a enfermeira nos deixar, a máquina simplesmente parou de emitir qualquer som. Enquanto isso, João Adibe continuava massageando o seu braço e eu as suas pernas.

No momento em que a sala ficou em silêncio, olhamos um para o outro e entendemos que ela havia partido. Silenciosamente, ele se aproximou de mim e nos abraçamos. Ao mesmo tempo, a olhamos e vimos seu semblante sereno, com um pequeno sorriso. Ela havia sorrido para a gente. Havia naquela expressão algo leve, como ela era quando viva, uma pessoa de fé, otimista, que buscava aproximar as pessoas.

Para mim, ficou evidente que até na hora de sua morte a sua força continuou nos unindo, nos apoiou para enfrentarmos a sua falta e seguirmos compartilhando nossas vidas.

Esse é o tipo de conexão entre a gente, muitas vezes, uma ligação que não se explica por palavras e gera os mais diversos comentários, como quando dizem que João Adibe pode até aparecer no mercado, mas quem manda na Cimed sou eu. Essa afirmação não é verdade. Nós nos complementamos e somos muito bons no que fazemos, em empreender, produzir e realizar. Ele, entre outros atributos, com seu poder de persuasão; eu, com a atenção aos detalhes e a paciência para ler extensos contratos e entender a burocracia decorrente dessas questões. Reconhecemos nossas habilidades e não criamos competições entre a gente, não disputamos para ver quem manda. A gente se respeita e confia um no outro para tudo. Isso não quer dizer que sejamos dependentes um do outro, até porque ninguém é indispensável. Esse conceito fez muito mais sentido para mim após a morte da nossa mãe.

Por mais que nós a amássemos, tivemos de aceitar a sua partida e seguir, porque nossas vidas continuaram. Isso nos mostrou que as coisas andam quando olhamos para frente. E mais, como me vejo independente, gosto que ele cultive o mesmo sentimento de independência em relação a mim.

Estou junto de João Adibe porque nos entendemos, nos valorizamos e nos respeitamos, nos sentimos bem na presença um do outro e isso é suficiente. Temos uma boa troca a partir de quem somos. João é o cara e tem uma irmã muito presente em sua vida e que compartilha a empresa com ele, porque na Cimed temos voz de igualdade. Sou grata a ele por termos estabelecido esse convívio, até porque boa parte da transformação da Cimed é mérito dele.

Ele se diverte mais em conquistar do que em ter propriamente. Eu já sou diferente. Gosto de saber o que tenho e aproveitar. Curto as minhas coisas, enquanto ele é ligado no caminho, no processo. Ele tem essa sementinha de querer mais, de fazer mais, junto a um poder de liderança e muito carisma. Ele é um profissional de muito sucesso que hipnotiza plateias como se estivesse falando com cada uma das pessoas individualmente. Por isso tudo, orgulho é uma palavra que uso com frequência ao me referir a ele e à nossa trajetória.

Trabalhamos muito e sabemos o quanto é difícil crescer. É preciso empenho e, como ele diz, o sucesso não aceita preguiça. Somos humildes para reconhecer a necessidade do esforço e não nos acomodamos nas conquistas. Nada para a gente caiu do céu, fizemos tudo acontecer. Nossa história, assim como a dos nossos pais, é de quem trabalha duro.

Gosto muito de como me posiciono na vida, na construção e evolução de nossa empresa, em minha família, no relacionamento com o meu marido, orgulho dos meus filhos e trato esse sentimento com respeito. Não preciso falar disso o tempo todo para os outros, porque me é suficiente saber o quanto e como esse orgulho preenche o meu coração e me faz feliz. Sei o quanto o nosso negócio beneficia a sociedade, e tudo isso é resultado de uma construção compartilhada, com um forte propósito de prosperidade. Essa percepção me dá um tesão por fazer mais, e adoro compartilhar essa sensação com o meu irmão, um cara com uma história de vida linda de muito sucesso. Bora voar ainda mais, João Adibe.

"Como gestor, é um prazer imenso ter Karla ao meu lado com a sua seriedade, sinceridade e competência. Já como irmão, me emociono em ver como ela chegou tão longe, e como merece essa conquista! Voa, Ka – e fique sempre ao meu lado na vida."

CAPÍTULO 4

DIANTE DO NOVO, ME ARRISQUEI; E A OUSADIA DE TER TENTADO SE PROVOU ACERTADA

Ao me mudar para Anápolis, conheci as várias realidades de nosso país. Vivi situações que desconhecia. Aquela foi a minha primeira experiência com *o Brasil de 10 Brasis.*

Depois de ter sido sequestrado, São Paulo, a cidade onde nasci, ficou diferente. Tenho orgulho de ser paulistano, mas algo dentro de mim havia se transformado. Principalmente, nos meses seguintes à minha liberação do cativeiro. Precisei me adaptar a uma nova rotina, mais segura, e levou certo tempo para me acostumar às mudanças. Passei a sair na rua com o apoio de seguranças, troquei meu carro comum por um blindado. Mudei tudo à minha volta para proteger minha família e a mim. E isso é muito difícil porque sou acostumado com a liberdade e flexibilidade de ser vendedor, com uma vida de "*bater pasta*" por aí. Eu visito o cliente onde ele estiver, a qualquer hora, mas é difícil manter essa prática cercado por seguranças o tempo inteiro. Por mais que essa situação seja necessária, ela não é agradável, e me motivou a buscar outra cidade para morar.

A procura por retomar uma rotina mais despreocupada me levou até Santa Catarina. Ao conhecer Florianópolis, tive a certeza de ter chegado ao paraíso.

Havia montado um centro de distribuição na cidade de São José, na região metropolitana da capital catarinense, e visitava esse CD com certa frequência. Em uma dessas visitas, Marcelo e Igor, que estavam à frente do negócio na cidade, me convidaram para almoçar na praia do Forte. Para chegar até lá, tínhamos de passar por Jurerê Internacional e, quando vi aquele visual, me encantei. Aquilo é uma maravilha e está praticamente a uma hora de voo da cidade de São Paulo. Era mais perto do que ir de carro até o litoral norte paulista. E mais: o bairro é reservado e, das casas sem muros, vê-se uma praia deslumbrante. Para quem tinha vivido o trauma de um sequestro há tão pouco tempo, aquele cenário era perfeito.

Por isso, durante o almoço, perguntei a Marcelo e Igor se era caro comprar uma casa por ali. Quando eles me falaram os valores dos imóveis, me questionei por que ainda não estava morando lá. Me mudar faria todo o sentido. Na mesma hora, mandei uma foto por celular para minha ex-mulher e liguei para lhe comunicar: "Vamos começar a nos organizar para vir morar em Florianópolis." Não tive problemas em convencê-la sobre a ideia, porque ela tinha vontade de viver perto do mar, e como não tinha família em São Paulo, nada a impediria. Tudo conspirou para uma mudança rápida.

Poucos meses depois daquele jantar, encontramos uma casa que nos acomodaria perfeitamente. Era um lugar de nossos sonhos, sem muro, com um grande jardim e à beira-mar. Não dava nem para ouvir o barulho dos carros que circulavam pela região.

Aquela mudança foi uma transformação e tanto, e nossa qualidade de vida passou a ser outra, sobretudo, para educarmos as crianças. Os meninos cresceram com muita liberdade, rodeado de amigos e aproveitando as praias. Na capital paulista, eles não tinham essa oportunidade.

Eu passava a semana trabalhando em São Paulo e os finais de semana em Florianópolis. Era maravilhoso chegar em casa sexta-feira, à noite, e encontrar as crianças. Passava o fim de semana com uma sensação de liberdade, curtindo a piscina, a praia e fazendo novas amizades. Foi quando conheci Renan Dal Zotto, alguém que se tornou muito importante em minha vida. Éramos vizinhos e nos demos bem logo de cara. Até então eu não sabia quem ele era, porque não era um cara ligado ao vôlei. Nos esportes, meu interesse era pelo futebol e automobilismo. Dos meus 15 anos aos 40, o automobilismo dominou minha vida. Era uma paixão, quase um vício.

Tenho um enorme tesão por atividades esportivas, mas competir, para mim, é ganhar. Esporte é vitória, não aceito a derrota, e esse foi um dos motivos pelos quais parei de competir — porque perder é parte da competição e ninguém ganha sempre. Apesar de eu ter me afastado de uma prática esportiva específica, a cultura do esporte é fundamental em minha vida, sobretudo nos negócios.

Ter conceitos do esporte como referencial em nossa estratégia na Cimed é um dos nossos diferenciais e está presente em nossa cultura há muitas décadas. De certa forma, tudo começou quando fui morar em Goiás, em meados da década de 1990.

ANAPÓLIS, A DISTRIBUIDORA E O VILA NOVA

Em 1994, levei um fora de uma namorada. Aquele término foi um baque, porque gostava muito daquela menina. Tinha 22 anos e, como sou um cara muito intenso, resolvi me mudar para esquecer aquela decepção amorosa. Naquela época, em Anápolis, tínhamos um representante de nossos produtos. Um vendedor da Honorterápica chamado Levi, um dos caras mais fundamentais da minha trajetória.

Levi foi um dos primeiros profissionais a me ensinar sobre o setor quando eu ainda era moleque e vivia correndo pelos corredores da empresa dos meus pais. Ele foi um vendedor brilhante, decisivo à operação da Honorterápica e, naquela época em Goiás, sozinho, representava mais de 20% das nossas vendas.

Como ele era uma das minhas referências, ao me sentir meio sem rumo, liguei para ele para compartilhar minhas incertezas e planos. Eu queria muito ouvir um conselho seu.

Com o fim daquele namoro, minha vontade era deixar São Paulo para trás, mas não planejava sair da cidade apenas por sair. Queria encontrar oportunidades para desenvolver o nosso negócio em outros estados. Tinha a intenção de montar o nosso primeiro centro de distribuição em Goiás, e convidei Levi para fazer aquela história acontecer junto comigo.

Eu era jovem e nunca tinha feito nada parecido, mas tinha a certeza de que a iniciativa daria certo. Tinha força de trabalho e Levi era um profissional qualificado para fazer o negócio acontecer. Era tudo desafiador e novo, do jeito que eu gosto. Entrei de cabeça nesse novo projeto, claro. Hoje, porém, quando olho para aquele movimento, reconheço que aquela tentativa, que se consolidou como um dos maiores processos de distribuição do setor farmacêutico brasileiro, naquela ocasião, ainda era bem incipiente. Levi e eu fazíamos tudo na operação. A nossa estrutura era muito limitada e não tínhamos funcionários.

Com a ideia na cabeça de montar nosso CD em Goiás, conversei com a minha mãe e o meu pai. Contei que estava triste com o fim do namoro e como era importante para mim "dar um tempo" de São Paulo, e que essa era a oportunidade perfeita para expandir os negócios. De cara, eles discordaram da minha proposta, mas insisti, e eles acabaram se convencendo de que aquela experiência poderia ser boa para o meu desenvolvimento pessoal e profissional. Com a benção deles, fui para o interior goiano em uma aventura sem precedentes.

Na década de 1990, Anápolis tinha pouquíssima estrutura. Era uma cidade muito pequena, mas, mesmo naquele contexto de pouco desenvolvimento urbano, Levi e eu alugamos um pequeno galpão, onde estabelecemos a distribuidora. Naquele momento, começávamos a Cadeia de Verticalização da Cimed que, anos depois, se revelou como uma das decisões mais estratégicas para o nosso crescimento. Naquela ocasião, porém, não tínhamos a menor ideia da dimensão do negócio que estávamos construindo.

Levi era um cara superorganizado, um ótimo parceiro de trabalho. Juntos, a gente entrava em contato com os clientes, fechava as vendas, colocava a mercadoria no carro para fazer as entregas ou despachava os produtos, faturava as compras, enfim, nós fazíamos tudo. Levi e eu éramos a empresa. As únicas pessoas que nos ajudavam eram uns rapazes que contratamos para receber a mercadoria se não estivéssemos lá e fazer a segurança das dependências no horário comercial. Assim, íamos levando os dias.

Em um Uno Mille, viajávamos de Anápolis a Belém vendendo. Eram horas e horas em estradas em péssima condição para chegar até às farmácias, mas o esforço valia a pena. Eu comecei a ver as várias realidades de nosso país. Conheci o Brasil profundo. Aquela foi a minha primeira experiência com o *Brasil de 10 Brasis*, termo que passei a usar para tentar resumir as muitas diferenças que existem dentro de nosso país. Cada região tem seus hábitos e, como vendedor, é preciso entendê-los para aproveitar as oportunidades.

Apesar das viagens serem cansativas e difíceis, comecei a fazer dinheiro e tive a oportunidade de aprofundar o meu entendimento sobre o funcionamento do negócio. Fabricávamos e distribuíamos sem intermediadores. Dominava, cada vez mais, a estrutura do setor.

Levi recebia a comissão dele, eu acertava as contas com o meu pai e ainda sobrava um valor significativo para mim. Essa dinâmica fez o negócio se desenvolver muito rápido, de modo que decidi me mudar de Anápolis para Goiânia, capital do estado. Aquela mudança também marcou o começo da relação da Cimed com o esportes.

Com o objetivo de dar mais visibilidade a alguns de nossos produtos, principalmente nossas vitaminas, pensei que seria uma grande oportunidade para o nosso marketing se patrocinasse o time de futebol do Vila Nova, uma das grandes paixões dos goianos. Não tínhamos experiência com aquele tipo de ação, mas valia a pena arriscar, mesmo com as malsucedidas campanhas do time. Apesar da falta de títulos, eles ainda eram um dos principais clubes da cidade e, com isso, vi uma chance única. A nossa parceria deu muito certo e construímos uma história de êxito, apesar de breve.

Para começo de conversa, patrocinamos, em 2001, a vinda de Túlio Maravilha para jogar. Túlio não estava mais no auge da sua carreira, mas ainda jogava uma boa bola e como era de Goiás havia um apelo emocional para aceitar a nossa proposta. Em termos de marketing, a sua vinda também era interessante, porque no começo de sua carreira ele foi lançado no futebol pelo Goiás, time rival do Vila Nova. Tinha certeza de que sua contratação mexeria muito com os torcedores, e não estava errado. As pessoas se mobilizavam em conversas sobre a sua chegada e especulavam sobre qual seria o seu desempenho.

Como se não bastasse a agitação natural dos torcedores, as conversas também foram insufladas pelas falas de Túlio, que era conhecido como Maravilha, mas, ao ser contratado pelo Vila Nova, passou a se chamar "*Túlio Melancia*", verde por fora e vermelho por dentro, em alusão às cores dos dois times. Essa "brincadeira" fez um grande barulho quando ele voltou à cidade. A mídia esportiva estava interessada em seu retorno e suas entrevistas polêmicas e divertidas ajudavam a ampliar a repercussão de sua contratação na imprensa. Como patrocinadores, acertamos a ação, porque ganhamos uma excelente exposição na mídia na medida em que o time era exposto. Simplesmente, tudo estava acontecendo em nosso favor. Nossas ações deram tão certo que, no primeiro ano de patrocínio, ganhamos o campeonato estadual de futebol.

As pessoas da cidade enlouqueceram de alegria e, em meio a toda aquela vibração, o que estava na camisa dos jogadores do time campeão? O nome das nossas vitaminas. Fizemos uma boa ligação emocional com os torcedores e o retorno comercial foi excelente. Aquela experiência foi um aprendizado e tanto. Vi o quanto nos associar a um esporte poderia transformar a nossa marca. A nossa história com o Vila Nova foi o embrião das parceiras que viríamos firmar no futebol e, logo, outras oportunidades começaram a surgir.

Anos depois, ao me mudar para Florianópolis, conheci João Nilson Zunino, então presidente executivo do Avaí Futebol Clube. A história do Avaí era muito semelhante à do Vila Nova, e tive a certeza de que patrociná-lo seria um bom início em Santa Catarina.

O time estava desacreditado na série B do Campeonato Brasileiro, mas tinha uma torcida apaixonada e uma grande rixa com o Figueirense. O Avaí é o time da ilha e o Figueirense o time do continente que, naquela época, estava na primeira divisão. Fui rápido em acertar um patrocínio para eles e tivemos uma bonita história. Mas ao me referir à Santa Catarina e ao esporte, o Avaí não foi a nossa grande história em termos de patrocínio esportivo. Mal sabia eu que estava próximo de me aproximar do vôlei, e que esse esporte revolucionaria a minha vida.

NOS MEUS 50 ANOS DE VIDA, O QUE APRENDI COM A MINHA MUDANÇA PARA GOIÁS E A MINHA PRIMEIRA EXPERIÊNCIA NO MARKETING ESPORTIVO?

A gente sempre encontra um lugar para recomeçar, apesar de qualquer situação negativa que tenhamos vivido. Eu saí de São Paulo por conta de uma decepção amorosa e, nessa mudança, descobri a diversidade do Brasil, a oportunidade de ampliar o meu negócio e aprender um pouco mais sobre o setor farmacêutico. Tudo isso só foi possível porque, diante do novo, tive a coragem de me arriscar. Ter patrocinado o Vila Nova também foi um risco (dos grandes) pois, naquela época, nossa verba para investimento em publicidade era bem limitada, o que dirá para investimento em patrocínio. No entanto, mais uma vez, a ousadia de tentar se provou acertada, rendeu bons frutos e me deixou preparado para viver situações muito maiores.

CAPÍTULO 5

O VÔLEI REVOLUCIONOU A MINHA VIDA

Ao ter patrocinado uma equipe de voleibol, tive uma das experiências mais afetuosas no esporte. Aprendi muito com essa relação.

Para mim, chega a ser estranho tentar traduzir em palavras as várias emoções que o voleibol me proporcionou na vida. É até inusitado, de certa forma, porque só fui patrocinador desse esporte por seis anos, mas esse período, apesar de breve, foi extremamente intenso, um divisor de águas na minha história. Por isso, é tão difícil encontrar os melhores substantivos, as expressões mais adequadas para traduzir a intensidade da minha experiência com o Cimed Esporte Clube, que se tornou uma das referências do voleibol brasileiro.

Também conhecido como Florianópolis Esporte Clube, esse time tem uma linda história e deixou um legado que está vivo até hoje. Ele foi o primeiro clube profissional de alguns dos atletas mais importantes da categoria. Muitos de nossos jogadores se destacaram em outras equipes e alguns chegaram ao topo da carreira, ao integrar a seleção brasileira de voleibol — entre eles, o levantador Bruninho e o atacante Lucão.

A paixão pelo esporte e a dedicação às competições foi um dos segredos para a obtenção de tanto sucesso; e como patrocinadores daquela iniciativa, tínhamos muita satisfação em ver a evolução competitiva dos atletas e a significativa relação afetiva que se estabeleceu com os torcedores. Aquele time foi um poderoso elo do voleibol com a sociedade. Foi um verdadeiro case de sucesso, e toda essa história exitosa começou quando conheci Renan.

Quando o encontrei pela primeira vez, já me sentia parte de Florianópolis. Morava na ilha há alguns anos, e acabamos tendo um primeiro encontro amistoso, intermediado por amigos em comum. Naquele contato, nos reconhecemos como vizinhos, e ele me falou sobre a sua paixão pelo vôlei e o que via como características únicas daquele esporte que, até então, eu desconhecia.

Ele me convidou para ver uma partida do Unisul, time no qual era coordenador técnico. Ali, me apaixonei pelo esporte. Era a primeira vez que via, ao vivo, uma partida. A dinâmica do jogo e a participação da torcida me envolveram completamente. Na época, o Unisul era o time campeão da Superliga. Após acompanhar alguns dos seus jogos, nos tornamos um dos patrocinadores da camisa da equipe. Eles eram uma potência, gostei do que vi. Então, Renan me convenceu das vantagens em patrocinar um esporte tão familiar quanto o voleibol.

O futebol pode ser a maior paixão do brasileiro, mas o vôlei é um esporte que une. É uma atividade inclusiva, um esporte gostoso de ver. As torcidas não são tão fanáticas quanto as do futebol que, em algumas ocasiões, promovem brigas vergonhosas. Sem contar que para ser um atleta de alta performance no vôlei é preciso treinar muito. É muita repetição, muito estudo, muita potência e explosão. Eu fiquei louco naquilo tudo e comecei a acompanhar a Unisul. Porém, apesar de o time ser muito bom, teve uma série de derrotas e, no primeiro ano de nosso patrocínio, foi eliminado nas quartas de final do campeonato. Foi muito frustrante vê-los perder, mas naquela ocasião eu já havia estabelecido uma amizade muito forte com Renan e, durante um dos jantares de nossas famílias, falei a ele:

"Renan, por que você não monta um time?"

Surpreso, ele me respondeu: "Como assim? Toda a sua estrutura?!"

"Sim!", respondi.

"Você está maluco?! Eu tenho emprego. Não posso simplesmente abandoná-lo.", ele me contestou. Mas contra-argumentei e o lembrei da sua importância para o esporte e de como haveria interesse de empresas por patrociná-lo.

Assim, o Cimed Esporte Clube começava a surgir. O time foi batizado em homenagem à empresa que acreditou naquele sonho e se tornou patrocinadora desde o comecinho de sua existência. Aquela foi uma das experiências mais instigantes de minha vida no esporte, por ter tido a chance de ver surgir do nada toda a estrutura de uma equipe de voleibol. Eles não tinham sequer uma quadra para treinar. Por outro lado, aqueles atletas e a comissão técnica tinham muita vontade de fazer a ideia dar certo e, com empenho, conseguiram atrair muita gente boa para aquele sonho. Foi um projeto maravilhoso.

A proposta era começar as atividades com dois jogadores experientes para garantir certa senioridade à equipe e, com isso, atrair uma molecada promissora de jogadores. Sem contar que a comissão técnica, além de Renan, tinha outros integrantes experientes como Marcos Pacheco, um dos profissionais mais respeitados do voleibol brasileiro. Havia, ainda, o fato de o time ser em Florianópolis e o estilo de vida da cidade por si só ser um atrativo. Como patrocinador, garanti uma verba inicial para que a proposta do time acontecesse e a equipe pudesse ser administrada em acordo com as necessidades que se apresentavam. Assim, o trabalho foi tocado.

Os treinos iniciais aconteciam na quadra da Associação dos Funcionários do Banco do Brasil, AABB. O time providenciou alojamento para quem vinha de outra cidade, e era divertido acompanhar a chegada daquela meninada, que tinha uma altura gigantesca. Eles eram verdadeiros "pirulões", o que dificultava a compra dos uniformes. Não era nada fácil encontrar o tamanho adequado dos shorts e camisas para eles usarem. Aquilo era tudo muito novo. O meu papel naquela engrenagem era de ser uma espécie de inspiração e, por meio do patrocínio, viabilizar o pagamento das contas.

Eu era o cara que assistia aos jogos agitando, incentivando. Minha vontade de vê-los ganhar as partidas era enorme, ao ponto de que, se precisasse enxugar o chão da quadra, eu pegava o pano para enxugar. Fiz isso em várias partidas. As disputas me contagiavam.

O sonho de toda equipe que começa no vôlei é jogar a Superliga. Aquele também era o desejo do Cimed Esporte Clube, e a equipe achava que seria convidada a participar do torneio por ser uma equipe nova. Mas esse convite não aconteceu, e o time teve de disputar a série B do torneio, uma espécie de acesso à Superliga.

No primeiro ano, no campeonato catarinense, os meninos tomaram um pau da Unisul, que até então dominava as disputas estaduais. Os caras eram uma potência, e o objetivo, depois daquela derrota, era vencê-los em futuros embates. Em paralelo àquela saudável rixa, o time seguiu o seu roteiro e foi disputar a série B. Por lá, tornaram-se campeões, ganhando a chancela para disputar a Superliga no ano seguinte.

O TIME ATROPELOU OS ADVERSÁRIOS

Aquele ano da Superliga foi marcante, algo extremamente emocionante. O primeiro jogo aconteceu em São Paulo contra o temido Banespa. O Cimed Esporte Clube era a equipe novata e estava prestes a enfrentar os campeões, uma equipe cheia de estrelas e muita estrutura. Além do mais, a partida aconteceria no bairro de Santo Amaro, zona sul da cidade de São Paulo. Estava emocionado por vê-los jogar na cidade do surgimento da Cimed. Reuni a minha família e saímos juntos do escritório para acompanhar o jogo deles contra os, então, campeões da última Superliga na casa dos caras. Era muita pressão, mas aquela situação não intimidou os meninos. Pelo contrário, o desafio deu um gás a eles, que meteram 3 a 0 na partida de estreia.

Aquele resultado fora um prenúncio. Ao final da competição, eles se sagraram campeões da Superliga, um feito inédito. A partir dali, o time simplesmente estraçalhou, ganhou todos os torneios os quais participou. Havia muitos talentos reunidos naquela equipe. Aquela garotada foi a base para a seleção brasileira de vôlei que disputou os Jogos Olímpicos de Pequim, em 2008, e de Londres, em 2012. Eles eram como uma família, tinham muita conexão e todos queriam conquistar os títulos. Sempre brinco que o Cimed Esporte Clube era o único time com dois técnicos, Renan (o oficial) e Bernardinho (extraoficialmente), como pai de nosso levantador Bruninho, então estreante nos campeonatos brasileiros de voleibol.

De 2005 a 2011, ano de dissolução da equipe, entre os campeonatos relevantes, eles só perderam o mundial no Catar. No mais, foram tetracampeões brasileiros da Superliga, batendo, inclusive, os supercampeões do Minas Tênis Clube, que à época eram tricampeões brasileiros; Campeões sul-americanos, do Mercosul, entre outros.

A equipe conquistou um enorme sucesso, ao ponto de as pessoas acharem que a Cimed havia surgido em Santa Catarina. Por sermos o seu patrocinador, nossa marca ficou muito associada ao time, e tivemos uma grande identificação com a ilha. Por lá, proporcionalmente, nossas vendas eram o dobro das registradas em outros estados.

O primeiro ano de disputa da Superliga foi mágico, na temporada 2005 – 2006. Se eles começaram a competição ganhando do Banespa, a finalizaram derrotando o Minas Tênis Clube em uma final histórica. A disputa aconteceu em uma melhor de cinco jogos, todos marcantes para mim.

O Minas foi o mandante do primeiro confronto e eles decidiram que o jogo aconteceria em Belo Horizonte. Naquela partida, eles ganharam. Na sequência, o jogo aconteceu na casa do Cimed Esporte Clube e o que aconteceu na disputa? Os meninos destruíram os caras! Aí veio o terceiro jogo, novamente na casa deles, e o time perdeu. Houve outro encontro em Floripa, e esse embate favoreceu o Cimed Esporte Clube. O último jogo, então, acabou com o mando do Minas Tênis, e eles lotaram o Mineirinho. Eram vinte mil pessoas gritando "Minas, Minas, Minas". Já o Cimed Esporte Clube, por outro lado, tinha uns cem torcedores presentes no estádio, tentando levantar a moral dos jogadores. Mas diante da presença dos apoiadores dos adversários, ninguém ouvia o barulho feito por eles. Porém, não teve torcida que segurasse o talento da molecada do Cimed Esporte Clube.

O jogo foi uma porradaria, era disputa de ponto em cima de ponto e, no final, eles enfiaram 3 sets a 1. Foi um delírio, uma verdadeira catarse dentro do Mineirinho. Em plena casa lotada dos caras, que tinha o peso de uma das camisas mais importantes do voleibol brasileiro, a molecada do Florianópolis foi lá e os derrotou. Ninguém acreditava no resultado, e eles voltaram para Santa Catarina como reis. A cidade parou para recepcioná-los em um desfile em carro de bombeiro até o Capoeirão, o estádio do time.

Eles eram tão populares que a cidade acompanhava em peso quando jogavam em casa, até porque os portões do estádio eram abertos à torcida. Não se cobrava ingresso e ainda havia a distribuição de pipoca, camisetas, entre outros objetos aos torcedores. Quando o Capoeirão estava lotado, só se ouvia o nome da Cimed sendo gritado, enlouquecidamente.

Até hoje, quem fala sobre o vôlei em Florianópolis, fala sobre a Cimed. Por lá, aquele time era uma paixão e dividia esse lugar de carinho com outro grande ídolo do esporte brasileiro, Guga. Contudo, depois de seis anos, em 2011, suspendemos o patrocínio, porque aquele ciclo havia terminado.

Estou envolvido com o esporte como um projeto, e para mim aquele projeto tinha se esgotado. Os jogadores começaram a receber propostas de outros times, e a base da equipe iria se envolver em outros desafios profissionais, representando outras equipes. Diante daquelas modificações, o patrocínio perdeu sentido, mas para além das boas memórias que aconteceram enquanto ele durou, aquele entrosamento contagiou a empresa de forma única. Nossos colaboradores acompanhavam os jogos, queriam camisetas do time, tornaram-se fãs e os clientes da região nos adoravam. O DNA da Cimed se misturou aos objetivos do esporte, e essa união foi vitoriosa.

Na Cimed, nossa equipe de vendas age como um time de alto rendimento. Sempre tivemos essa prática e não cultivamos a imagem de um vendedor estrela. Não vendemos bem por causa de uma pessoa específica. Vendemos bem porque temos um time talentoso. Essa também era a cultura no Cimed Esporte Clube, que não tinha um atacante estrela, campeão. Aliás, para mim, se quisermos pensar em uma estrela no time de vôlei, ela não será os ponteiros ou o levantador, atletas que pela dinâmica da partida ganham muito destaque. O "cara" do time de vôlei é o líbero, porque ele tem a responsabilidade de defender as bolas do ataque dos adversários e iniciar as jogadas de contra-ataque. Se ele passa a bola de forma errada, meio torta, a jogada provavelmente não vai acabar bem. Os demais não rendem tanto se não recebem uma bola na medida para finalizar a jogada. Essa mesma ideia acontece no desempenho de nossa equipe de trabalho: nosso líbero está na área comercial, muitas vezes sem ser notado pelo resto da engrenagem, mas é a partir da ação dele que a operação pode deslanchar de maneira promissora e esse profissional pode ser qualquer um.

CIMED ESPORTE CLUBE: Uma sequência de títulos

2005
Vice-campeão do Campeonato Catarinense
Campeão da Superliga 2005/2006

2006
Campeão do Campeonato Catarinense
Vice-campeão da Superliga 2006/2007

2007
Bicampeão da Superliga 2007/2008
Bicampeão do Campeonato Catarinense

2008
Campeão do Campeonato Catarinense

2009
Tricampeão do Campeonato Catarinense
Conquista do Sul-Americano de Clubes

2010
Tetracampeão da Superliga
Tetracampeão do Campeonato Catarinense

2011
Pentacampeão do Campeonato Catarinense

Tirando o primeiro título da equipe, que foi conquistado com Renan Dal Zotto como treinador, os demais títulos aconteceram com a equipe sob o comando de Marcos Pacheco, um dos mais respeitados profissionais do voleibol do Brasil.

O SANGUE AMARELO DA CIMED

Depoimento de Renan Dal Zotto, um dos ídolos do voleibol brasileiro

"ESSE TIME TEM ALGO DIFERENTE, ELE TEM ALMA."

Antes de conhecer João, uns amigos insistiam que eu teria de conhecê-lo, porque, de acordo com eles, ele "teria o esporte nas veias". O "esporte seria o seu DNA". Foi com essa descrição que parti para encontrá-lo e, rapidamente, constatei que a descrição feita era completamente acertada. De fato, João traz o esporte em sua personalidade.

Eu o convidei para acompanhar algumas partidas do time da Unisul, que comandava à época, e ele acabou se interessando pelo esporte. Sem pressa, então, tornou-se, um dos patrocinadores da camisa da equipe. Ali, a gente começou uma relação de trabalho e de amizade e, depois de um ano de parceria com a Unisul, percebemos que poderíamos levar nossa relação para outras equipes.

João é faminto por resultados, e a Cimed era uma empresa jovem, dinâmica muito legal, que tinha a ver com o espírito esportivo do voleibol. Ele entendeu, então, que poderia se tornar um patrocinador relevante para o esporte e, desse entendimento, surgiu o Cimed Esporte Clube. A empreitada começou do zero, com uma garotada promissora.

Apesar de nossa empolgação, muita gente se aproximava para falar: "Cara, não vai dar certo. Vocês só têm garotos no time." Ignorávamos aquelas previsões negativas, porque acreditávamos no projeto como um todo. Não só no time, como time, mas em algo muito maior. A equipe tinha a cara da empresa, e essa característica era mérito de João, que a inspirava.

A primeira atitude dele, quando o Cimed Esporte Clube foi montado, foi colocar todos os jogadores no avião e levá-los para conhecer a fábrica da empresa em Pouso Alegre. Ali, os atletas entenderam o negócio e "vestiram" a camisa.

Como João estava muito empolgado com o projeto, muitas vezes, durante a semana, ele pegava os jogadores e os levava para competições em um kartódromo. Aquela atitude estabelecia uma relação fraternal na equipe para além dos jogos e treinamentos. Dessa forma, como o time não era tratado apenas como um objeto de marketing, vários acontecimentos extraordinários aconteceram, como o fato de termos sido campeões da Superliga B, em nosso primeiro ano da competição. Com a vitória alcançada, ainda no primeiro ano de atividades, nos habilitamos a disputar a Superliga A e, também, nos sagramos campeões. Foi um feito inédito na história do voleibol.

Até hoje, o Cimed Esporte Clube é o único time que ganhou as Superligas A e B em um mesmo ano. A partir dessas conquistas, veio um segundo fenômeno incrível: o retorno das outras equipes e do público. "Cara, esse time tem algo diferente, ele tem alma", diziam. Ao ouvirmos esse tipo de mensagem, acreditávamos estar no caminho certo. Não éramos só um time de voleibol, éramos um projeto com uma raiz mais profunda e que representava valores de uma empresa. Havia uma forte conexão. Era muito bonito de se ver. A empresa toda "vestia" a camisa do time. Era incrível. Costumávamos dizer que tínhamos a maior torcida de voleibol do Brasil, porque aonde íamos, pela relação da Cimed com o varejo farmacêutico, visitávamos as farmácias das cidades. Com aquelas visitas, estabelecíamos uma conexão bacana com as farmácias e aumentávamos a quantidade dos torcedores, porque, afinal de contas, há farmácia em todo o país.

Em retribuição às nossas visitas, o pessoal da farmácia ia ao estádio acompanhar os jogos. Era muito gostoso. Os atletas entendiam a importância de fazer essa relação, porque tinham a consciência de serem representantes do esporte, bem como da relevância de serem patrocinados por uma fabricante de medicamentos. A gente inovou muito o marketing esportivo no Brasil, porque a Cimed, como patrocinadora, investiu muito no vôlei.

Apesar de termos sido campeões praticamente em todos os torneios que participamos, a essência desse projeto foi muito maior do que os campeonatos e as vitórias em si, e parte do mérito dessa trajetória de sucesso tem a ver com o fato de João ser uma pessoa com uma mentalidade ágil e voltada à inovação.

D

NOS MEUS 50 ANOS DE VIDA, O QUE LEVO DO VOLEIBOL EM MINHA VIDA?

Na minha vida, a cultura do esporte influencia minha maneira de agir nos negócios. É exemplo de como posso buscar o melhor rendimento nas atividades que desempenho. Me faz criar equipes de trabalho colaborativas e facilita a construção de objetivos comuns. Acredito no trabalho conjunto das pessoas, e, para mim, esse pensamento tornou-se mais evidente quando a Cimed patrocinou, pela primeira vez, um time de futebol e, depois, viabilizou financeiramente, por meio de patrocínio, a criação e desenvolvimento de uma equipe de vôlei. Esses esportes são coletivos e neles o entrosamento é decisivo para se obter as vitórias. Foi natural levar esse espírito para dentro da empresa, reforçando o desempenho de alto rendimento das pessoas, deixando claro um objetivo comum a todos e o poder disruptivo dessa prática.

CAPÍTULO 6

"EM 30 MINUTOS, EU FECHEI O MAIOR CONTRATO DE PUBLICIDADE DA MINHA VIDA: A SELEÇÃO BRASILEIRA DE FUTEBOL"

Quem é líder deve exercitar o seu propósito com paixão

Até agora, os anos de 2010 foram o ápice da minha participação nos esportes. Como patrocinador, participei ativamente das grandes paixões esportivas brasileiras, o automobilismo, o vôlei e o futebol, esse de longe a competição que envolve as maiores cifras de investimento publicitário, movimenta a maior máquina de marketing do país e gera uma pressão sem tamanho para quem têm alguma ligação com ele. Além disso, é disparado a maior paixão do brasileiro e, até 2014, meu envolvimento com essa categoria esportiva era apenas como torcedor, como brasileiro que comemorava as vitórias de seu time e ficava puto com as derrotas. Foi o que aconteceu naquela fatídica terça-feira, 8 de julho de 2014, no Mineirão, em Belo Horizonte. Aquele dia de tanta vergonha, em que perdemos de 7 a 1 para a seleção da Alemanha, foi a maior derrota de nossa seleção em mais de 100 anos de sua existência. Nunca um campeão mundial da estatura do Brasil caiu de forma tão humilhante. Eu nunca pensei estar vivo para presenciar um fracasso daqueles. Aquele jogo me tirou do sério, mas, sem saber, aquela derrota histórica me ligaria à seleção.

Quase dois anos depois daquele constrangimento internacional, me reuni com um antigo amigo do setor farmacêutico, Sidney. Fui até o seu escritório ter uma conversa sobre negócios. Falaríamos sobre o mercado, o andamento de nossas vendas, coisas do tipo, mas, quase no fim de nosso encontro, Sidney me perguntou se eu não estaria interessado em patrocinar a seleção. Eu olhei bem para a cara dele e respondi: "Você está doido?! Quer que coloque o meu dinheiro depois de tudo o que aconteceu? Você não lê os jornais? Aquilo lá é uma bagunça." Ele não quis saber de meu desinteresse e insistiu. Ele deve ter entendido que a minha resistência tinha mais a ver com a minha revolta como torcedor. Não estava ali conversando como homem de negócios, mas como um torcedor cheio de raiva.

"João, essa é uma oportunidade. Você vai ligar sua marca à seleção brasileira de futebol!" Eu não queria saber daquela história, que me parecia muito mais uma roubada do que uma oportunidade de marketing. Aquilo me soava como uma conversa de um amigo da onça, mas até aquele nosso encontro, de fato, nunca havia pensado na seleção como possibilidade de patrocínio. Para me fazer mudar de ideia, ele me apresentou os números dos resultados das campanhas de marketing de uma marca envolvida com a CBF. Diante das estatísticas mostradas por ele, entendi quanto os retornos eram gigantescos. Ele me garantiu que aquele fora o melhor investimento em publicidade que já havia feito; e Sidney é um cara de marketing pesado. Sempre foi agressivo nas estratégias de anúncio de seus produtos e a sua imagem pessoal está espalhada por todos os lugares, de outdoor a páginas de jornais, revistas e comerciais de televisão em rede nacional. O cara sabe do que está falando e insistia: "Você vai gostar. Vai lá que você vai gostar."

Contudo, depois de muito argumentar, e eu me manter irredutível, ele concluiu: "Tá bom, João. Se você não querer, vou oferecer para outra empresa. Estou fazendo essa aproximação contigo porque, como tenho um relacionamento com o pessoal da CBF, eles me pediram para procurar alguma indústria farmacêutica interessada, e acho que essa oportunidade tem a ver com os seus produtos. Mas se não quer, tudo bem."

A minha ficha caiu quando ele falou, "se você não quer, vou oferecer a outra empresa". Ali, pensei: "Opa, vou perder essa história?! E se for algo bom mesmo? Não me custa nada ouvir a proposta dos caras."

Quando Sidney estava me falando do patrocínio, ainda desconhecia a dinâmica do marketing da Confederação Brasileira de Futebol. Eles dividem os patrocínios por setor. Entre outras áreas, têm as cotas para os fabricantes de carro, para quem vende eletrodoméstico, para os bancos e para a área de saúde, onde me encaixei. Mas, em 2016, depois de tantas derrotas, entre elas a histórica para a Alemanha, aquele era um momento crítico, tudo estava comprometido, desde a montagem da equipe até a organização da estrutura da Confederação. Por isso, para mudar a imagem de desorganização e a sensação persistente de fracasso em campo, eles colocaram em curso ferramentas de *compliance* para reestruturar a administração e nesse momento veio a oportunidade, porque eles buscaram por novos patrocinadores.

Saí da reunião com Sidney e fui, imediatamente, conversar com a minha família sobre a possibilidade de nos tornarmos patrocinadores, ação que se tornou nosso maior movimento de marketing. Precisava entender qual seria a opinião deles sobre esse possível envolvimento, mas minha sondagem não foi muito bem recebida.

"Ó, amanhã vou à CBF no Rio de Janeiro?", falei.

"O que você vai fazer lá?!", me questionaram.

"Vou falar sobre patrocínio. Surgiu uma oportunidade de compra de uma cota de patrocínio."

"Você o quê?! Está doente? Perdeu a razão?!", me contestaram.

A reação negativa deles foi muito parecida com a minha quando Sidney falou sobre o assunto pela primeira vez. Eles também haviam se baseado nos últimos acontecimentos que envolviam a seleção para emitir uma opinião, mas a resistência tinha outros fatores para além dos resultados negativos da equipe. Eles ficaram apreensivos quanto aos gastos envolvidos, porque, a título de comparação, enquanto investíamos algumas centenas de milhares de reais para patrocinar a Stock Car, passaríamos a desembolsar milhões para o patrocínio da seleção. Era uma porrada. Mas, como sou movido por desafios, tomei aquela situação como estímulo para firmar uma grande parceria, a depender do que ouvisse na conversa com os executivos da Confederação.

Garanti à minha família que, se a proposta fosse ruim, cairia fora na mesma hora. No dia seguinte, peguei o avião e voei para a cidade do Rio de Janeiro. Ao chegar, me levaram à sede da CBF na Barra da Tijuca. Nunca havia visto aquela edificação, nem sabia onde era, mas ao me aproximar do prédio gostei do que vi. A sua imagem impressiona e pensei: "O negócio por aqui é poderoso."

O então diretor de Marketing da Confederação estava me esperando. Ele havia assumido o cargo há pouco tempo. Não fazia nem bem um ano que se sentara na cadeira. Antes, porém, era executivo de mercado. Havia trabalhado para a Alpargatas. Começamos a conversar por seu histórico de trabalho e, aos poucos, ele introduziu o assunto seleção, detalhando o plano de marketing elaborado, me mostrando a potencialidade do produto e em sua explanação vi a oportunidade. Com trinta minutos de conversa, ele me convenceu em assinar o contrato, mas tentei não esboçar nenhuma concordância. Me mantive calado para entender até onde poderia negociar o valor do patrocínio.

Ele me pegou quando disse que a seleção era o "único produto que parava o Brasil". Até me envolver com o universo da seleção, não a observava como um produto de marketing. Sequer me interessava por saber detalhes da vida dos jogadores, mas meus olhos brilharam quando ele me mostrou a audiência alcançada em uma transmissão de jogos e na geração de mídias cruzadas.

A publicidade ligada à seleção é imensa e os retornos gigantescos. Gera uma exposição incrível da marca. Ele ia falando e eu só pensava: "Quer saber, vou assinar esse contrato custe o que custar." Agradeci pelo encontro e saí certo da minha decisão, mas deixei a resposta em aberto, garantindo retornar com um posicionamento quanto antes.

Após aquele encontro, começou a segunda fase de minha missão para firmar a nossa parceira: teria de convencer a minha família. Voltei para São Paulo e me apressei para compartilhar com eles as minhas intenções. Na hora, levei um pau daqueles. Todos discordaram das minhas ideias, mas bati o pé, fui irredutível. Pela primeira vez, tomaria uma decisão que contrariava a todos. Na verdade, estavam com medo do alto investimento para fechar o acordo. Esse medo foi além da minha família. Os diretores de Marketing e Comercial da Cimed também estavam em desacordo. A reação deles não tinha como ser diferente, era muito dinheiro para a nossa empresa. É bom lembrar que, em 2016, ainda nem tínhamos feito nosso primeiro bilhão de reais.

Sentei-me à mesa com os diretores e com cada integrante de minha família que tivesse uma voz de decisão para avaliarmos como poderíamos estar naquele negócio imenso e dividir as responsabilidade com equilíbrio. Fui incansável. Foram horas de conversa com todos. Como aquela decisão impactaria a todos de forma direta era justo que os envolvidos pudessem falar suas incertezas e sugerissem alternativas. Não dá para esquecer que somos uma empresa familiar, e a minha insistência no diálogo se comprovou acertada, deu bons retornos.

Aos poucos, eles se convenceram de que iríamos investir nosso dinheiro em um bom produto. Então, na manhã da sexta-feira, 18 de março de 2016, partimos juntos de São Paulo para assinatura do contrato na CBF. Com aquele acordo firmado, além de termos estabelecido uma ótima associação de marca, comemoraríamos também nossos quarenta anos de existência, que seria celebrado em 2017.

Nossa caminhada com a seleção começou sete dias depois, em 25 de março no jogo entre Brasil e Uruguai, realizado na Arena Pernambuco. Entramos com o slogan "Cimed é + Brasil". Aquela partida era válida pela quinta rodada das eliminatórias da Copa Sul-Americana e era uma chance para definirmos vaga para a Copa do Mundo na Rússia. Aproveitamos aquela oportunidade para distribuirmos 100 mil sachês do nosso repelente "Xô, Inseto", um dos nossos produtos líderes de venda no Nordeste.

Como disse o diretor de Marketing da CBF, à época da assinatura do nosso contrato: "Nossa parceria é mais que um patrocínio ou um acordo comercial. A Cimed tem o DNA da Seleção Brasileira." Ele tinha razão. Somos uma empresa de capital fechado, 100% brasileira. Nascemos no Brasil, crescemos no Brasil e conquistamos mercados internacionais a partir do Brasil. Assim como a seleção, somos brasileiros e queremos estar associados ao principal produto de nosso país. Aliás, vamos ser hexacampeões. No Catar em 2022, o título é nosso! A seleção brasileira é a maior paixão nacional e para quem trabalha na Cimed é um orgulho estar ao lado de algo que tem tanta força de mobilização, engajamento e emoção.

Porém, como não dá para tudo ser perfeito, aquele começo da parceira foi conturbado. Havíamos vindo de uma derrota para o Paraguai, nos pênaltis, na disputa pela Copa América. Dunga tinha sido substituído por Tite e até ali nossa perspectiva de chegarmos à Rússia não era nada boa. O clima era de tensão e suspense, mas com a chegada de Tite veio a virada. Ele assumiu a equipe e partimos para uma série de vitórias. Algumas pessoas chegaram a me disser que a Cimed era "iluminada", que havia "trazido sorte" à seleção, mas houve, também, quem se aproximasse para nos chamar de "oportunistas", para insinuar que havíamos conseguido o patrocínio por um valor muito abaixo do mercado, porque quando acertamos o contrato a seleção estava "desvalorizada". Tudo conversa furada, de quem é corneteiro, porque não pagamos um centavo a menos no valor do patrocínio. O preço cobrado por nossa cota era o de mercado, praticado pela CBF. Não demos ouvidos a quem falava mal de nosso patrocínio e, só para contrariar quem estava torcendo contra, renovamos nosso contrato por mais quatro anos, um mês antes da Copa da Rússia. Quem tinha alguma implicância conosco teve de nos engolir e vamos comemorar muito nosso hexacampeonato, porque seremos hexa no Catar.

Hoje, a equipe da CBF está mais experiente. A Copa da Rússia foi muito importante para avançarmos, para ganharmos repertório. A Copa do Mundo de futebol é um campeonato no qual tem de se estar muito preparado para vencê-lo, a pressão é violenta. Eu senti na pele um pouco do que eles sofrem. Fiquei 15 dias com o time na Rússia e, depois daquela experiência, voltei com uma visão completamente diferente.

Somos a maior seleção do mundo. Ninguém tem a quantidade de nossos títulos e ela ainda é a nossa única instituição em que a gente pode pegar a bandeira, com orgulho, e gritar: "Brasil! Brasil!" Mesmo assim, ainda tem brasileiro torcendo contra. É impressionante como brasileiro gosta de ver outro se dar mal.

Na seleção, sou apenas patrocinador, posição diferente de minha participação em outras modalidades esportivas, as quais cheguei até a me envolver como um competidor. Apesar de estar mais limitado com eles, consigo ver o esforço dos profissionais da CBF, tanto dos jogadores quanto da equipe técnica, dos executivos e administradores da Confederação. Eles têm um alto nível de profissionalismo e vivem sob constante cobrança. Os jogadores, então, nem se fala. Esses convivem com uma permanente pressão negativa. Os caras não podem fazer nada que são imediatamente cobrados, acusados, apontados. Muitos deles só ouvem críticas, dia e noite, pelos motivos mais bestas, porque pintou o cabelo, porque usou o celular, porque não tira o fone de ouvidos, qualquer coisa é motivo para apontar uma atitude como erro. É muito difícil aguentar esse nível de acusação o todo tempo.

Durante a Copa de 2018, quem era patrocinador pôde se hospedar no hotel com a família dos jogadores e da comissão técnica. Essa possibilidade gerou mais proximidade e empatia entre as pessoas. Nesse contato, convivi de perto com os altos e baixos emocionais pelos quais eles passam, inclusive Tite, a despeito de sua força de liderança.

Em um determinado dia fui à academia do hotel treinar. Eram 19h e não havia ninguém por lá. Alguns minutos depois de ter iniciado a minha série de exercícios, vi uma intensa movimentação se formar. Integrantes da comissão técnica entraram na sala de treinamento – entre eles, Tite.

Alguns meses antes da competição na Rússia, havíamos nos conhecido em um evento realizado para os patrocinadores e, ao me ver, ele me reconheceu e conversamos por alguns instantes.

Tite é um cara religioso, muito ligado à família e ao Brasil. Naquele nosso encontro, havia acabado de sair de uma coletiva com a imprensa e estava focado na montagem do time. Parou alguns minutos na academia para manter o condicionamento físico a fim de enfrentar aquela rotina puxada – e, sobretudo, para manter o seu emocional controlado. Aquela era a sua primeira Copa, portanto, a situação não era corriqueira e ele reconhecia a importância de estar à altura dos desafios, como sempre esteve.

Depois de falarmos um pouco sobre a emoção de viver uma Copa do Mundo, ele expressou a sua confiança em seus jogadores e reconheceu quão desafiante é conviver com cobranças a todo o instante. Parou a conversa e subiu numa bicicleta ergométrica para se exercitar. Colocou fone de ouvidos, pedalou e cantou para aliviar o estresse em que estava envolvido. Eu o deixei pedalando com uma certeza ainda maior de como é importante para os líderes exercitarem o seu propósito com paixão.

Aqueles foram dias emocionalmente intensos e de muito trabalho. A Cimed levou para a Rússia 150 clientes para acompanhar os jogos da primeira fase. Após as oitavas de final, retornei ao Brasil e falei para a minha família: "Se passarmos do jogo contra o México, volto para a Rússia." Ganhamos por 2 a 0. Fiz um evento com os funcionários na fábrica e a vitória foi bem comemorada. Corri para casa, peguei o passaporte e meu filho Adibe e lá fomos nós, em um voo comercial, para à capital do Tartaritsão, Cazã, cidade a 825 quilômetros de Moscou. Chegamos lá no dia do jogo, em 6 de julho, duas horas antes de a partida começar, mas naquele confronto, infelizmente, não tivemos o mesmo desempenho contra o México, perdemos para a Bélgica por 2 a 1. Fiquei praticamente quatro dias dentro de avião, indo e vindo, para acompanhar um pau que levamos dos belgas, mas valeu a pena, porque queria ganhar. Queria ter a emoção de estar no estádio para ver a seleção avançar para as semifinais. Falava para Adibe: "Se vencermos esse jogo, seremos campeões do mundo, filho." Não deu. Não foi daquela vez que o meu desejo se realizaria. Meus planos eram reunir a minha família, em 15 de julho, no estádio de Lujniki, em Moscou, para acompanharmos a final, em que a seleção seria protagonista e levantaríamos a taça. Já tinha até os ingressos comprados. Tive de revendê-los, porque preferi estar no Brasil para acompanhar a vitória da França sobre a Croácia.

Todo o meu envolvimento com a participação da seleção na Copa da Rússia me gerou um profundo respeito à história de quem está na CBF. Essa admiração pelo nível profissional dessas pessoas só aumentou a minha vontade de continuar renovando nossa parceria.

A seleção subiu o nível da Cimed no mercado publicitário. Nos colocou ao lado de grandes multinacionais como Nike e Samsung, assim como passamos a ser reconhecidos entre as grandes empresas nacionais. Esse fato é importante para nossa identificação como uma marca relevante. Para mim, é inegável que quando assinamos com a CBF, a Cimed entrou em outro patamar comercial – com um detalhe relevante: nossos concorrentes não entram. Na indústria farmacêutica, a seleção é exclusiva da Cimed. Essa é uma situação completamente diferente de eu patrocinar um time como o Corinthians, Palmeiras ou Flamengo. O patrocínio dos clubes tem outras regras de marketing e comercial. Então, esse exclusividade da seleção é um diferencial bastante atraente, que tem total relação com o nosso DNA, como uma empresa 100% brasileira. Somos o genérico da seleção e as vitaminas que patrocinam a seleção. Nosso marketing esportivo é construído a partir dessa relação e expandimos esse relacionamento para nossos clientes. Vestimos as farmácias do Brasil com material de divulgação da marca da seleção e, no país do futebol, vamos combinar, quem não quer ações de marketing com essa potência publicitária? Nossa marca fica cada vez mais forte. Ganhamos em credibilidade e fazemos muito endomarketing com algo superexclusivo. Ativamos campanhas de relacionamento extremamente interessantes para nossos clientes, porque o contrato com a CBF possibilita ações de bastidores que só é possível quando se é patrocinador. Isso gera um valor intangível para os negócios. A seleção endossa a marca. Por isso, ativamos o Projeto Catar imediatamente após o fim da Copa da Rússia. Estamos vibrantes com a sua realização.

Em 2022, a Cimed vem com tudo nesse projeto. Vamos juntos com a Seleção buscar nossa sexta estrela. Sem contar que, do ponto de vista de negócio, teremos uma grande transformação. Será o primeiro ano de funcionamento de nossa nova fábrica de orais sólidos, a mais tecnológica fábrica da indústria farmacêutica na América do Sul. O ano promete e já antevemos as mudanças como o início do bom faturamento previsto para 2023. Estamos nos preparando para crescer ainda mais e 2022 é um ano decisivo para atingirmos essa meta. Será um período de ajustes e com muita comemoração com a vitória no Catar.

NOS MEUS 50 ANOS DE VIDA, O QUE LEVO DE EXPERIÊNCIA COM A SELEÇÃO BRASILEIRA DE FUTEBOL?

O ambiente de pressão na seleção brasileira é único. As cobranças estão por todos os lados. Mesmo assim, quem está envolvido com os jogos, seja como for, não deixa que essas cobranças os derrotem. Eles até podem sentir medo, mas o enfrentam com muita garra. Essa é uma atitude muito bem-vinda no universo do trabalho. Desde minha aproximação com a CBF, tento levar esse espírito guerreiro para os meus funcionários. Tenho certeza que esse comportamento é essencial para atingirmos nossas metas. É um grande orgulho estar ao lado de uma das marcas mais valiosas do planeta. A maior seleção de futebol do mundo.

CAPÍTULO 7

"GANHAR EM EQUIPE É MUITO MELHOR"

Tenho como princípio acreditar em quem trabalha comigo. Se não houver essa confiança e troca, não há trabalho.

O esporte é uma das minhas grandes paixões. Quando jovem, estive envolvido em várias competições inusitadas, mas de todas as modalidades esportivas de que já participei, o automobilismo sempre foi especial. Amo carros e sou obcecado por velocidade, a combinação ideal para fazer das disputas nos autódromos quase um "vício" para mim. Por um tempo, eu mesmo gostava de pilotar. Era uma sensação incrível, sem igual. Com o passar dos anos, contudo, controlei esse hobby — não sem antes ter vivido alguns acidentes, determinantes à minha "aposentadoria" das pistas de corrida, e ter visto o meu filho Adibe se acidentar em uma prova de kart, o que me disparou um sinal de alerta.

Quando Adibe nasceu, o vi como piloto profissional e não demorei para colocar essa minha visão em prática. Mal ele começou a andar, eu o levei para o autódromo. Queria não só incentivá-lo, mas fazer do automobilismo uma paixão de pai e filho. Quando eu treinava e participava de torneios, era sempre solitário, porque meus pais e minhas irmãs nunca ligaram muito para esse esporte. Com a chegada de Adibe, me animei e tive a certeza de que, dali em diante, tudo seria diferente.

As primeiras competições de Adibe foram no kart, ainda quando morávamos em Florianópolis. Ele mal havia completado nove anos e já estava rodando nas pistas, se mostrava um talento nato. Porém, aquela experiência não foi duradoura. Depois de algum tempo treinando, ele capotou feio. Fiquei assustado com o acidente, principalmente quando o vi de cabeça para baixo, com o pescoço torto.

Ao ver aquela cena, tive certeza: "Morreu!" Me bateu um desespero gigante, claro. Corri em sua direção para virar o kart e só fiquei tranquilo quando o peguei em meus braços e senti que estava vivo, sem nenhum ferimento grave. Ali, disse para mim: "Chega! Tenho de parar com essas maluquices. Vou cuidar da minha família." E assim eu fiz por uns quatro anos: parei de levá-lo aos autódromos e, aos poucos, busquei outras atividades. Quando Adibe completou 14 anos, porém, ele me pediu para voltar a correr. Insistiu muito. Era uma época em que ele só falava sobre kart. Depois de muito ponderar, cedi aos seus apelos e o coloquei no esporte novamente.

Naquele recomeço, eu o acompanhava com frequência, mas logo isso se mostrou inviável. Não seria possível continuar organizando sozinho suas atividades, participando dos treinos e indo a todas corridas. Por isso, montei uma equipe para ele conseguir dar conta do que precisasse fazer. Aquela iniciativa rendeu bons frutos e ele alcançou ótimos resultados em campeonatos locais, regionais e nacionais. O seu desempenho surpreendeu, e a sua evolução na categoria foi evidente.

O seu prazer, interesse e bons resultados pelo esporte tornaram-se tão comuns que até a mãe dele, que nunca foi favorável àquela história, não o proibia de correr. Vendo todos os resultados dele, encarei com mais seriedade sua trajetória e profissionalizei o seu entorno.

Eu sabia que o próximo passo para Adibe e seu crescimento como piloto estava nas disputas das categorias de base da Fórmula 1, que acontecem na Europa. Ele teria de ser inserido nesse contexto para almejar novas conquistas e evoluir. Mas aí entrou o meu lado emocional e, como pai, não o queria longe. Eu gosto de estar junto dos meus filhos. Além do mais, fiquei inseguro quanto à pressão a que ele seria submetido para alcançar esse sonho.

A F1 é um esporte extremamente competitivo. Para ter bons resultados é preciso se dedicar intensamente e desembolsar muita grana para abrir espaço entre tantos interessados. A maioria dos iniciantes fica pelo caminho, e muitos daqueles que continuam tentando, depois de um tempo, voltam emocionalmente quebrados aos seus países de origem. Como pai, tinha medo de meu filho ficar exposto a essa realidade, e não queria que desgastes emocionais desnecessários comprometessem seu amadurecimento. Era importante analisar todas essas questões antes de prosseguir para as próximas etapas. Foi nesse momento de dúvidas que tive um estalo: a Stock Car era uma possibilidade para ele.

A Cimed já estava ligada à categoria pelo fato de a Stock ser uma competição majoritariamente patrocinada pela indústria farmacêutica. E ainda melhor: muitas das disputas da Stock acontecem aqui no Brasil. Era perfeito, Adibe continuaria a correr e não seria submetido às pressões (e à distância) da F1. Me organizei, então, e comprei uma equipe para quando ele estivesse com mais experiência e pudesse migrar do kart para a Stock sem contratempos. Quando ele pegasse a mão, iria direto para Stock e, de quebra, eu continuaria tendo o meu filho por perto.

BARULHO DOS BONS

Mal havia parado com o vôlei quando cheguei para Marcelo Vanzelotti, que trabalha há anos comigo na Cimed cuidando, entre outras atividades, do marketing de nossas iniciativas esportivas, e lhe falei: "Marcelo, vamos entrar na Stock." Ele me perguntou: "Vamos patrocinar?" Eu lhe respondi: "Não! Vamos comprar uma equipe."

Como já tinha passado pela experiência de montar o time de vôlei e aquele movimento me fez muito bem, eu estava disposto a ter outra vivência como gestor esportivo. Aprendi muito com a fase de estruturação do Cimed Esporte Clube e enxerguei a possibilidade de criar uma equipe vitoriosa na Stock Car.

Marcelo e eu procuramos por boas oportunidades no mercado. Foram muitas conversas até encontrarmos a JF Racing, uma equipe que se encaixava no perfil do que estávamos buscando. Até hoje, lembro o dia em que fomos conversar com o seu dono, Jorge Freitas, e ver os carros pela primeira vez. Eram dois e estavam em uma oficina, que mais parecia um canil, na cidade de Petrópolis, região serrana do Rio de Janeiro. Apesar da cachorrada no terreno onde eles estavam, encontramos ali carros com potencial competitivo.

Saímos de lá com o negócio fechado e, rapidamente, estruturamos o nosso plano para aquele que seria o primeiro ano nas competições. Tivemos a ajuda fundamental de William Lube, que fazia parte da JF Racing, que passou a atuar conosco como diretor técnico. Era 2013 e surgia, assim, a *Voxx Racing*, equipe da Cimed em que Adibe viria a competir por dois anos, em 2015 e 2016. Sua carreira só foi interrompida porque ele começou a trabalhar comigo e optou por parar com as disputas para se dedicar à empresa.

Aquele começo exigiu muita dedicação de nossa parte, porque carros utilizados para competições na Stock Car não são convencionais, é preciso montá-los. É como se fossem um grande quebra-cabeças. Um ajambrado de peças e equipamentos para dar sustentação a um motor potente. O desafio era grande, mas, como sempre, o encaramos de frente — até porque tínhamos um tempo muito curto para fazer tudo dar certo, e estávamos com pressa. Uma das nossas principais metas naquela ocasião era nos classificar entre as seis primeiras equipes da disputa daquele ano. Queríamos ganhar. Não precisávamos estar em primeiro lugar, mas o nosso desempenho teria de surpreender.

O primeiro ano foi bom, mas não atingimos as metas que havíamos determinado. Mesmo assim, a equipe ascendeu e isso foi importante. As pessoas nos viram com respeito e entenderam que não éramos aventureiros. Tínhamos chegado e queríamos ficar, apesar de nosso pouco tempo de preparação, além de todas as limitações naturais de quem está começando.

Revimos nossos objetivos para o segundo ano das competições e focamos na conquista de uma *pole position*. Queríamos ganhar pelo menos uma das corridas — e conseguimos, mais rápido do que pensávamos.

No meio da temporada, nosso carro estava muito veloz, era bem competitivo. Foi aí que Lube me procurou para falar que precisávamos de um novo piloto, porque o desempenho do nosso, Sérgio Jimenez, tinha sido tão bom que as outras equipes foram atrás dele com melhores propostas salariais.

Como gestor em atividades esportivas, entendo que ninguém vence as competições sozinho. Acredito no trabalho em equipe e na importância de cada integrante desse time. Com certeza, a saída de Sérgio nos desfalcaria, mas tínhamos um carro veloz e excelentes mecânicos. Precisávamos, então, encontrar um novo piloto. A sorte não nos abandonou.

Um belo dia, estava em Goiânia acompanhando uma das corridas da temporada quando um cara se aproximou e disse que tinha um menino de Tocantins que estava arrebentando nas competições. "O moleque é um fenômeno", me garantiu. "Quem é?!", perguntei. "Felipe Fraga." Conversamos um pouco mais e fui conhecer o pai de Felipe, Irineu Fraga. De cara nos demos muito bem. Ele era um homem simpático, tinha boa conversa e o filho dele estava sendo bem indicado nas competições.

Desde o começo de sua carreira, Felipe conquistou fama por ser um piloto rápido, e ele era muito veloz, apesar do seu porte físico destoar do dos demais pilotos. Ele era um cara um pouco maior, não tinha o biotipo dos pilotos convencionais, mas isso não o impedia de nada. Felipe era uma promessa real, o que lhe faltava era uma chance, um patrocínio robusto. Como gostei do seu desempenho técnico e me dei bem com o seu pai, reconheci naquele encontro uma oportunidade. Decidi contratá-lo. Com ele, trouxemos outro piloto: Marcos Gomes, o Marquinhos, que além de ser filho de um antigo campeão da categoria, Paulo Gomes, era excelente na direção. Montamos uma dupla competitiva de pilotos e nossa equipe ficou forte.

Tínhamos um carro rápido, um piloto em início de carreira com promessa de um futuro brilhante e ao seu lado um piloto mais experiente, que teria uma segunda chance na categoria. Ou seja, disposto a dar o seu máximo para honrar o nome de sua família, que tem peso e história na competição. O que aconteceu logo em seguida? Ganhamos! Nossa equipe destroçou os competidores. Ganhávamos provas em cima de provas, os principais troféus. Surpreendíamos a cada corrida e nos firmamos como uma das principais equipes de Stock Car do Brasil — nada mal para um grupo que tinha se reunido em tão pouco tempo.

CIMED VOXX RACING: linha do tempo

2013
Compra da equipe

2014
Estreia da Cimed Racing na Stock Car

2015
Título com Marcos Gomes

2016
Título com Felipe Fraga

2017, 2018 e 2019
Vice-campeonato com Felipe Fraga

2020
A equipe chegou ao fim

Para mim era claro que colhíamos esses frutos porque investimos na equipe como um todo. Sempre conseguimos melhores resultados quando temos mais de um talento trabalhando juntos, e não estou me referindo só aos atletas. A equipe técnica, os dirigentes têm a mesma importância nas competições. Esses profissionais precisam ser valorizados e reconhecidos. Quando todos trabalham em harmonia, as conquistas são garantidas.

DEPOIMENTO
de Felipe Fraga,
Piloto Profissional de Automobilismo

"JOÃO SE ENVOLVE COM MUITA PAIXÃO NOS PROJETOS QUE REALIZA."

De forma geral, a gente precisa estar no lugar certo, na hora certa, com a pessoa certa, para as coisas acontecerem. E eu sou prova viva disso. Só pude me transformar em um piloto profissional, com carreira internacional, porque tive a sorte de fazer parte da Voxx Racing.

Desde os seis anos, a minha família me apoia em tudo para que eu possa competir. A minha gratidão ao meu pai e à minha mãe, por eles terem se dedicado tanto ao meu sonho, é enorme. Mas, ao olhar para trás, reconheço a importância decisiva de João à minha trajetória. Só tenho de agradecer por ele ter confiado tanto em meu potencial, por ter acreditado em mim quando eu ainda era uma promessa no automobilismo. Ele tinha a opção de apoiar e patrocinar pilotos mais experientes, mas optou por mim e me acolheu como um irmão mais velho, como um pai faria.

Nossa relação na Voxx Racing era muito mais do que profissional. A gente nem tinha contratado assinado, situação que no automobilismo é completamente fora do normal. Meu pai e João se entendiam no "fio do bigode", firmavam os acordos e selavam o compromisso com um aperto de mão. A partir dali, competia despreocupado. Meu foco era pilotar os carros e ganhar as disputas. Cumpri muito bem a minha parte.

Em 2016, meu segundo ano correndo pela Voxx, a gente ganhou tudo. Eu me tornei o piloto mais jovem a ser campeão na Stock Car, o mais jovem a conseguir uma *pole position*, o mais jovem a ganhar a Corrida do Milhão e o mais jovem a ser campeão individual e por equipe. Éramos um time vitorioso e grande parte dessas conquistas tinha a ver com a personalidade de João, cheia de energia. Ele vai para cima, sempre com uma atitude positiva e muita paixão por tudo o que faz.

Aquele projeto da Stock Car foi bem-sucedido por ter sido bem fundamentado. Os sólidos pilares técnicos e a ampla visão de gestão, somados ao talento dos pilotos, nos fizeram alcançar bons resultados. Por isso, insisto em investir em esportes e em mostrar que, para conseguir o que se quer, é necessário trabalhar em conjunto.

Desde que montei a minha primeira equipe de venda lá no Cambuci, entendi a força do trabalho em equipe. Foi decisivo ter reunido um grupo de profissionais — sem estrelas (e estrelismos) — que acreditava um no outro, que se dedicava para alcançar o mesmo objetivo e que se esforçava por algo maior que ganhos individuais e reconhecimentos pontuais.

É fundamental acreditar em quem trabalha ao nosso lado. Não é preciso de contrato para garantir essa relação, e penso que isso se estende para qualquer uma das minhas relações profissionais, independentemente do cargo ocupado pela pessoa.

No trabalho, não há sentido investir tempo em quem está em uma sintonia diferente da sua. Uma das piores maneiras de se levar um projeto à frente é com indecisão ou frequentes mudanças de planos. Às vezes uma equipe se reúne para discutir um plano de ação e estabelece coordenadas específicas, mas logo em seguida, após a reunião, saem falando pelos corredores da empresa coisas completamente diferente das ditas anteriormente. Esse comportamento enfraquece qualquer relação e mina qualquer iniciativa. Por isso, tenho como princípio acreditar em quem trabalha comigo. Se não houver essa confiança e troca, não há trabalho.

E tem mais: na Stock Car o prêmio é em dinheiro, e sempre altas quantias — como no caso da Corrida do Milhão (que também vencemos), em que o primeiro colocado recebia, literalmente, um milhão de reais. Quando a Voxx ganhava, o prêmio era 50% dos pilotos e 50% da equipe, que dividia o valor igualmente. Aquela forma de compartilhar a premiação envolvia todo mundo ainda mais, porque a equipe já era comprometida emocionalmente com o trabalho.

Quem tinha se esforçado para conquistar a vitória via a divisão de valores como um incentivo e tanto. Todos davam o seu máximo, e essa postura nos fez vencer a prova em duas ocasiões. Esse comportamento reforça a ideia de que numa equipe a estrela tem de ser o projeto no qual todos estão trabalhando. É desnecessário ter uma pessoa como centro das atenções, como se fosse responsável por conquistar a vitória. Coletivamente, a realização do projeto é mais forte do que as individualidades profissionais e pessoais de quem o faz. E ninguém queria perder.

Claro, até se pode perder, mas as pessoas vão dar o sangue para eliminar essa possibilidade, para que ela não aconteça de maneira alguma. É algo semelhante ao que temos no setor de vendas, quando falamos sobre *bater as cotas* mensais. Se ao final do mês os vendedores olham para seus resultados e percebem que ainda estão distantes de atingir as metas estipuladas, eles procuram se superar, indo além dos seus limites.

UMA VITÓRIA INESQUECÍVEL

A vitória na Corrida do Milhão, em 2016, foi um dos momentos mais especiais de minha trajetória no automobilismo. A disputa acabou com todo mundo chorando de alegria no box da equipe, que estava lotado de parentes dos profissionais que participavam daquele sonho.

Naquele dia, todos queriam ganhar, e logo nas primeiras voltas da disputa percebemos que a vitória era possível. O desempenho do carro era muito bom e havia muita garra envolvida — até nas trocas de pneus percebia-se um esforço maior dos mecânicos, uma vontade de fazer dar certo, mais do que nas outras disputas. Isso impactou no desempenho do carro. Na pista, nossa máquina voava baixo.

Na sexta volta, Felipe Fraga ultrapassou Rubens Barrichello, que, até então, estava na frente. Dali em diante, não perdeu mais o primeiro lugar. Rubinho se manteve por perto, mas não conseguiu mais ultrapassá-lo.

Quando menos esperávamos, já perto do final da corrida, vimos que as equipes de televisão se aproximavam do nosso box. De repente, estavam lá dentro conosco, conversando com o pai de Felipe, com os mecânicos. A adrenalina, claro, só aumentava. Eu estava no *pit lane* acompanhando tudo e, quanto mais próximo do fim chegávamos, mais vantagem Felipe abria. Ele liderava com segurança volta a volta e, em determinado momento, ficou evidente, o título seria nosso.

Aquela vitória era especial porque tinha uma ligação com a história comercial da Cimed. No ano seguinte, chegamos ao nosso primeiro bilhão de faturamento. Era como se a vitória em Interlagos prenunciasse nosso sucesso.

NÃO SE ENTREGA

Na época do vôlei, quando o time estava mal, quando as jogadas não encaixavam, eu ficava literalmente ao lado da quadra gritando, pedindo para a equipe não desistir. "Não se entrega! Não se entrega!", era o que costumava berrar com frequência. Nos treinos, sempre falava para eles: "Quando bater o desespero, olha para mim. Me acha ao lado da quadra, que vou gritar para levantar a sua moral!" Esse comportamento contagiou geral. Mas, assim como no vôlei, quando nossa equipe da Stock Car começou a ser reconhecida, ao nos tornarmos os caras as serem vencidos, a pressão aumentou, a rotina ficou estressante. Aquele sucesso me cobrou um preço alto, e inviabilizava minha rotina.

De segunda a sexta-feira, trabalhava feito um leão na Cimed e, nos finais de semana, lá ia eu para as corridas Brasil afora, acompanhar tudo de perto. Não descansava nunca, porque na segunda estava novamente na empresa pronto para a rotina. Onde ficava a minha família nesse esquema? E o meu tempo de lazer, meus exercícios físicos? Como encontraria tempo para eles?

O que estivesse fora das atividades da Cimed e das corridas não encontrava espaço em minha agenda. Não conseguia fazer mais nada, e olha que sou um cara que, todos os dias, pula da cama ainda de madrugada. Aquela rotina me consumia além do possível, porque o esporte exige demais.

Nas corridas para se conquistar títulos e ter boas performances é preciso dedicação e investimento de tempo. Quando tive a certeza de que aquele universo me cobrava atenção plena, dei tchau para ele. Precisava seguir com o que é meu melhor, a Cimed.

NOS MEUS 50 ANOS DE VIDA, O QUE LEVO DE EXPERIÊNCIA COM A STOCK CAR?

A Stock Car me reforçou a importância de acreditar no outro. Eu acredito em quem trabalha comigo e experimentar essa sensação em um ambiente esportivo é muito forte, porque o esporte envolve vitória; e ganhar tendo ao lado quem a gente confia é ainda melhor. Dá mais prazer às conquistas e ao nosso crescimento. A Stock Car é mais um episódio em minha vida sobre o quanto o trabalho em grupo é importante.

CAPÍTULO 8

OS CARROS TURBINAM A MINHA ADRENALINA. TENHO PAIXÃO POR ELES

A junção da máquina com o homem tem ritmo, cria uma respiração especial. Estar disponível a essa dinâmica mostra a importância de se entregar a qualquer atividade.

Para mim, é impossível escrever um livro que conte a minha história sem destacar a importância dos carros na minha vida — e não só como esporte, como relatei no capítulo anterior, mas como um objeto de desejo. Muito dessa obsessão me foi despertada por meu pai, que sempre gostou de automobilismo e se aventurou como piloto em um curto período de sua vida.

Ele foi um dos responsáveis por essa minha paixão, que começou ainda na infância. Fui um moleque gordinho que brincava com carrinhos de ferro e recortava fotos que saíam na revista *Quatro Rodas* para fixar nas paredes do meu quarto e sonhar. Aos 18, quando pude dirigir, a sensação de prazer e excitação foram especiais, mas eu queria mais. Queria dirigir uma Ferrari.

Nos anos de 1980 ainda eram poucos os carros importados no Brasil, e ver supermáquinas como uma Ferrari pelas ruas de São Paulo era bem raro. Aqueles modelos esportivos e sofisticados pareciam ficção se comparados aos melhores carros da época, como o Opala, Santana, Escort XR3 conversível. E eu queria a sensação de guiar uma verdadeira máquina.

Enquanto não conseguia realizar o meu desejo, improvisava como dava. Ainda adolescente descia à garagem do prédio onde morava e "adesivava" o carro do meu avô Adibe para que ficasse com um visual esportivo e diferente. Antigamente, os frisos dos carros eram cromados, o que deixava os automóveis com uma cara mais antiga. Como aqueles frisos me incomodavam bastante, não pensava duas vezes: passava uma fita isolante para que eles "desaparecessem". Hoje, já não sei se o efeito pretendido era tão bom assim, mas na época me sentia o cara, dirigindo um bólido esportivo — o que de fato aconteceria aos

26 anos, quando comprei minha primeira Ferrari, mas bem antes dessa compra aproveitava as minhas visitas à garagem do prédio para me divertir um bocado, munido de balde, bucha, sabão e cera para lavar e deixar a lataria do carro do meu avô brilhando. Era um prazer. Aliás, ainda lavo alguns dos meus carros e continuo sentindo aquela empolgação que tinha quando adolescente.

PAGUEI MINHA PRIMEIRA FERRARI COM CHEQUE PRÉ-DATADO DE TERCEIROS

Muitas pessoas se aproximam de mim para conversar sobre carros e algumas delas se surpreendem quando descobrem que conquistei o meu primeiro esportivo bem cedo. Essa conquista foi resultado do meu trabalho, não o recebi de presente. Como trabalhava na empresa desde os 15 anos e minha meta sempre foi comprar um importado, foquei em economizar parte do meu salário para alcançá-la. Foram anos assim, guardando dinheiro para o meu objetivo. Claro, o fato de eu morar com os meus pais ajudou bastante, pois meus gastos eram limitados.

Tive uma Porsche, uma BMW e uma Mercedes-Benz, mas meu desejo era chegar na Ferrari, uma categoria diferenciada de esportivo. Por coincidência, naqueles anos a Ferrari abriu uma de suas lojas em São Paulo. Era uma oportunidade e não demorei a bater na porta da concessionária, mesmo não tendo dinheiro suficiente para fazer a compra. Cheguei à loja com o bolso repleto de cheques pré-datados de terceiros.

Havia feito uma venda significativa para uma farmácia e eles me pagaram a compra com cheques pré-datados. Fui à concessionária da Ferrari e, diante de Francisco Longo, o Chico (que com o passar dos anos se tornou um grande amigo), coloquei aqueles cheques na mesa. Queria negociar.

Tenho uma enorme admiração por meu amigo Chico, um ex-feirante que se tornou importador da Ferrari, Maserati, Rolls-Royce, ícones do luxo mundial. Costumo dizer que se tem exemplo de vendedor bem-sucedido na vida, esse exemplo é o Chico. Para mim, ele é o maior vendedor do mundo, porque vende sonhos. No Brasil, quem compra o tipo de carro negociado por ele não faz isso pensando em adquirir um veículo para rodar no dia a dia, cumprir tarefas cotidianas. Infelizmente, por aqui, carros superexclusivos são de uso restrito, não dá para ir ao supermercado, ao shopping. Esses supercarros são comercializados para quem é apaixonado pelo que representam, para quem os entende como uma peça de arte. E Chico vê isso como ninguém.

Era 1998 quando o conheci em sua concessionária.

"Como é que você quer comprar esse carro?", ele me perguntou.

"Com cheques pré-datados", respondi.

"Mas os cheques são de terceiros!", ele me contestou, ao que lhe garanti: "Se algum deles voltar, te pago conforme a necessidade." Chico acreditou em mim e fechamos o negócio.

Ele acreditou na força do meu desejo, em minha história e percebeu que, se desse continuidade à venda, poderia fazer parte da minha vida como, de fato, faz até hoje. Vinte e quatro anos depois de nosso primeiro encontro, continuo comprando carros com o Chico; e, se fiz a primeira compra utilizando cheques pré-datados a perder de vista, em uma das últimas paguei o carro antecipadamente — mas levei dois meses para retirá-lo da loja. Aliás, menciono esse entrave porque esse acontecimento ganhou repercussão nacional por conta de um imprevisto com a transportadora que o trouxe. A história ganhou a atenção da mídia por seu caráter inusitado: não é todo dia que se vê uma Ferrari SF90 Stradale, primeiro modelo híbrido da marca, feito sob encomenda pela fábrica em Maranello, despencar do guincho que a retirava de um caminhão-baú e sair ilesa, sem nenhum arranhão na pintura amarela exclusiva.

A história dessa compra, desde o início, fugiu do padrão de negociação que tenho com Chico. Gosto de parcelar as minhas compras, qualquer uma delas, porque assim me comprometo em quitar o parcelamento. Para mim, essa obrigação é um incentivo. Por isso, nunca havia comprado um carro pagando antecipadamente, e aquela seria a primeira vez. Além disso, havia sido uma exigência da fábrica da Ferrari, em Maranello, porque queriam saber quem seria o dono. "João, fico até um pouco constrangido em te falar isso, mas se você quiser esse carro vai ter de ser assim. O pagamento é antecipado", disse Chico. Mandei o dinheiro e eles produziram o carro em cerca de um ano. Chico fez a importação, pagamos os devidos impostos, e, em julho, minha nova Ferrari chegou a São Paulo. Fui, enfim, com um dos meus filhos vê-la.

Ficamos impressionados com a sua beleza, mas não saímos para dar uma volta nem a levei para casa imediatamente. Uns dois meses depois da sua chegada, Chico me ligou:

"Irmão, você está doente?", me perguntou.

"Por quê?", questionei.

"Cara, quando te conheci, você vinha aqui me dar chequinho pré-datado para comprar carro. Agora você antecipa o pagamento, o carro chega, e você me larga ele aqui por dois meses! Você não vem buscá-lo?"

Ao lembrar dessa história, percebo algo de muito louco. Primeiro, o tempo passou e não sou mais tão fissurado por carros como já fui. Essa situação só evidenciou quais eram minhas atuais prioridades. Deixei o carro por uns dois meses com Chico porque estou completamente envolvido com o trabalho. Minha dedicação às atividades na empresa só cresce. Deixei para pegá-lo no dia seguinte e os dias viraram meses, e sequer percebi. Aquela situação me confirmou como não dá para ter tudo. Principalmente quando o meu desempenho à frente da Cimed tem de ser mais assertivo, na medida de nosso crescimento.

A cada dia é maior a quantidade de famílias dependentes dos bons resultados da Cimed. Essa situação aumenta a minha responsabilidade e, por isso, o foco é nos negócios, atividades fora do escritório perdem espaço — mas não desaparecem. Para mim, os carros ainda são como obras de arte. Gosto de olhá-los, senti-los e lavá-los. É bom demais pegar uma mangueira no final de semana e limpá-los, e faço isso com qualquer um deles, não importa se o carro é menos sofisticado ou um superexclusivo.

Essa relação com meus carros é uma forma de terapia e literalmente me cerca. Em uma das minhas casas mantenho, no hall, um dos carros da F1 que Felipe Massa dirigiu, uma Ferrari original da Fórmula 1. Quer demonstração maior de amor do que essa? A minha mulher às vezes implica com a presença da Ferrari dentro de casa, mas quem convive comigo se habitua a compartilhar um pouco dessa minha paixão.

GT3, MASERATI E LAMBORGHINI

Minha mãe morria de medo de eu me envolver em corridas, mas meu pai era o contrário: foi ele quem me levou para o kart, em 1986. Eu tinha 14 anos e boa companhia para competir — sou da geração de Rubinho Barrichello nas corridas do kartódromo de Interlagos. Naquela época, porém, meu biotipo não me favorecia para o esporte. Eu era grandão, pesado e tomava pau de todo mundo. O kart mal andava, mas insisti apesar dos péssimos resultados. Evoluí, mesmo sabendo que nunca seria um piloto de F1 por conta do meu tamanho. Depois do kart corri campeonatos estaduais de Gol, aquele modelo quadrado, até chegar às mil milhas da categoria e me tornar um dos seus campeões. Estava nessa época da vida quando Chico me convidou para acompanhá-lo no lançamento da Ferrari na Itália. Fui e me encantei.

Naquela viagem, calhou de a Ferrari lançar a categoria Maserati de competição. Chico aproveitou a deixa e me perguntou: "Por que não levamos essa categoria para o Brasil? Você compraria um desses carros?" Empolgado com a proposta, respondi na hora: "Eu compro!" Resumindo a conversa: Chico trouxe trinta Maseratis de corrida para garantir uma disputa em que os competidores não poderiam ser pilotos profissionais; só aficionados do automobilismo estariam aptos a competir. Era 2004, e começava o Troféu Maserati Brasil. Três anos depois, me tornei um dos campeões brasileiros e participei da final do campeonato mundial em Monza.

Depois daquela conquista, me envolvi nas disputas de GT3. Passei a correr com uma Lamborghini. Mais uma vez, Chico teve uma participação decisiva nessa história, porque ele também era importador da Lamborghini. Juntos, nos tornamos a equipe oficial da marca em competições dentro e fora do Brasil. Ao relembrar das provas fora do país, recordo de uma experiência inusitada vivida nos Estados Unidos.

Era inauguração do Circuito das Américas, em 2010, no autódromo de Austin, capital do Texas. Viajei acompanhado por Adibe e Chico para uma corrida da Ferrari. Ao chegarmos lá, alugamos um Ford Taurus no aeroporto e seguimos para o autódromo. Lembro de cada minuto desse primeiro dia do evento, porque a pista estava aberta e eles permitiram que déssemos uma volta poucos dias antes de todo aquele lugar ficar tomado por carros da F1. Foi incrível. No dia seguinte, para melhorar, começaram os treinos, e eu estava ali dirigindo uma Ferrari. A emoção foi gigante, indescritível. Foi uma experiência muito melhor do que a corrida em si, porque fiquei tão nervoso durante a disputa que nem corri direito. Não me controlei e o meu desempenho foi uma catástrofe: larguei em penúltimo lugar e cheguei em último.

De certa forma, a partir daquela prova, comecei a me despedir do automobilismo como piloto. Esse é um esporte exigente mesmo para quem o disputa nas categorias amadoras, como eu. Como o meu maior comprometimento é com o meu negócio, não conseguiria me dividir ainda mais para obter um bom desempenho nas competições, então precisava diminuir o espaço das corridas em minha rotina. Mas isso não foi tudo.

Alguns anos depois de ter começado a pensar sobre a minha despedida, após a prova no Circuito das Américas, outro fator foi decisivo para o meu afastamento definitivo da pilotagem, e ele tinha a ver com os medos de minha mãe. Durante uma corrida em Interlagos, me envolvi em um grave acidente.

APÓS BATER O CARRO, MEU BRAÇO ENCURTOU

A Ferrari organiza um campeonato chamado Challenge (Ferrari 458), que roda o mundo com corridas em diversas cidades. Chico conseguiu trazer uma de suas etapas para ser disputada em Interlagos e eu, claro, me programei para participar. O evento fez parte do Ferrari

Racing Days SP 2013, uma ação promocional da marca que na ocasião mostrou o seu então novo modelo, F12 Berlinetta, V12, 6.2 litros e 740 cavalos. Aqueles dias eram dos *rosso corsa* na pista em Interlagos, com carros da F1, modelos *old time* e exibição dos FXX.

Naquele ano, a Cimed estava virando os negócios com mais força. Já começávamos a perceber que o sonho de chegar ao um bilhão de reais seria possível. Ou seja, para variar, estava trabalhando bastante.

Três dias antes da competição, na quinta-feira, fui a Interlagos treinar com o carro que competiria e me sai superbem. No dia seguinte, voltei à pista para novos ajustes. O dia também foi muito bom e antecedeu a tomada de tempo que aconteceria no sábado. Fui confiante para fazer as minhas voltas e garantir uma boa posição na largada, mas chovia em São Paulo. Entrei em Interlagos e fiz uma boa volta de classificação. Ali, percebi que poderia apertar um pouco mais. O carro tinha condição de entregar um desempenho melhor. Me preparei para uma nova tomada de tempo e pisei fundo, queria dar o meu melhor. Deu tudo errado naquela volta, colidi no *guard rail* e o carro ficou completamente destruído — ainda bem que o seguro cobriu a perda total.

Por sorte, consegui caminhar após o acidente, apesar de todos os ferimentos e de meu ombro direito ter ficado gravemente machucado, o que resultou em um encurtamento do braço. Entendi aquela situação como um sinal e resolvi parar com o automobilismo de uma vez por todas. Deixei de competir e, logo depois, passei a focar na equipe de Stock Car.

O automobilismo sempre foi um hobby gostoso — a adrenalina e a pressão são sem igual —, mesmo sendo uma competição tão acirrada, em que as intensas disputas fazem com que sejam poucas as amizades feitas nos autódromos ou pelos boxes das competições, pelo fato de todo mundo estar sempre competindo entre si. Nesse ambiente é preciso estar muito bem preparado, principalmente pelos possíveis acidentes fatais que podem acontecer.

Vivi intensamente o automobilismo dos 15 até os 40 anos, mais de duas décadas de uma grande paixão, mas precisei mudar por minha família e pela responsabilidade no meu negócio.

NOS MEUS 50 ANOS DE VIDA, O QUE APRENDI COM A MINHA PAIXÃO POR CARROS?

Os carros me fizeram perceber a importância de termos adrenalina circulando em nosso corpo para fazermos nossas atividades. Ao dirigir um carro, seja competindo ou não, o motorista se torna parte de uma engrenagem. O corpo fica ligado ao motor, aos pneus, à direção, à aceleração, ao freio, à equipe de mecânicos, à briga contra o tempo, em que milésimos de segundo fazem a diferença. Essa junção da máquina com o homem tem ritmo, cria uma respiração especial e é um momento sempre inesquecível.

CAPÍTULO 9

MODO *FLY NOW* ATIVADO

Na vida tudo é uma conquista e ninguém consegue ter prosperidade sozinho. Muita gente precisa estar envolvida para o processo da conquista acontecer, e todos merecem atenção e reconhecimento.

Outra paixão que me faz ser quem sou é a aviação. As aeronaves ganharam grande importância em minha vida e, a cada dia, estão mais presentes em minha rotina. Assim como conquistei meu carro esportivo dos sonhos muito cedo, aos 27 anos, adquiri o meu primeiro helicóptero, um Bell JetRanger 206, com autonomia de voo de duas horas.

Estávamos em 1999 e a Cimed ainda era uma empresa pequena (o Brasil nem tinha aprovado a lei dos genéricos ainda). Apesar de nosso tamanho não ser nada significativo para o mercado, sabia que se tivéssemos um helicóptero isso melhoraria a nossa imagem comercial e eu conseguiria visitar mais clientes Brasil afora. Tinha certeza dos benefícios que ele nos traria — e estava certo.

Além dos ganhos profissionais evidentes, os meus tios, donos da União Química e da Biolab, que são referência para mim nos negócios, me serviram como inspiração para aquela aquisição. Eles possuíam suas aeronaves particulares e me fizeram acreditar que era possível eu ter uma também. Mesmo sem dinheiro suficiente para fechar a transação, não duvidei um minuto sequer da minha capacidade de compra. Levantei uma linha de crédito para pagá-lo e parti para os Estados Unidos, onde fica uma das fábricas da Textron, fabricante do JetRanger.

Aquela viagem foi mágica, principalmente porque estava prestes a realizar mais um sonho significativo, a compra de um helicóptero novinho em folha. Extremamente feliz, segui em um voo comercial com dois amigos, Marcos e Marcelo, e com o primeiro piloto que contratei, o Kauffmann. Lembro vivamente de toda essa viagem.

Voltaríamos em cinco pessoas para São Paulo, nós quatro mais um piloto norte-americano. Em compras desse tipo, o fabricante do helicóptero tem obrigação de disponibilizar um piloto da fábrica para tirar o helicóptero do país onde foi fabricado e encaminhá-lo ao destino de sua venda, mas não é necessário seguir por todo o trajeto caso haja outro piloto para substituí-lo.

Saímos do Texas e viajamos em direção a Fort Lauderdale, na Flórida. Percorremos, então, os primeiros 2.432 quilômetros do caminho de volta e nos preparamos para fazer a travessia das Bahamas. Compramos colete salva-vidas e, na manhã seguinte, levantamos voo para o Brasil. Era o início dos mais de 5 mil quilômetros que nos separavam do nosso destino.

Ao chegarmos na Flórida, Marcos desistiu de completar o resto da viagem conosco e decidiu voltar ao Brasil em voo comercial. O restante da tripulação seguiu devidamente trajada com os seus coletes salva-vidas durante a travessia do Caribe e, de duas em duas horas, fazíamos uma aterrissagem para reabastecer.

Viajávamos sempre pela manhã e no meio da tarde parávamos para reabastecer e descansar. No dia seguinte, levantávamos voo logo cedo, cumprindo um trajeto de aproximadamente seis horas ao dia. Essa foi a rotina ao longo de toda a viagem. Grande parte do trajeto foi uma delícia, principalmente ao sobrevoarmos as ilhas caribenhas com aquele visual incrível do mar. Tudo foi muito bem até chegarmos na região amazônica.

A floresta é um verdadeiro mar verde de vegetação. Ela é muito densa e, por isso, há pontos específicos para a aterrissagem das aeronaves, que se não for nos aeroportos das cidades, acontece em clareiras no meio da mata, abertas em meio a centenárias árvores gigantescas. É um cenário muito louco.

Sobrevoamos a Amazônia primeiro pela Venezuela, depois pela Guiana e por fim pelo Suriname, último país antes do Brasil. Foi no Suriname que uma situação inusitada aconteceu. Ao pousarmos, tive vontade de fazer xixi. Por desatenção, não encontrei o banheiro da pista de pouso e entrei no aeroporto. Nesse momento, sem perceber, cruzei o serviço de imigração sem mostrar nenhum documento, porque não havia ninguém nos guichês e portas de acesso para me cobrar identificação.

Ao sair do banheiro, percebi que a porta que indicava a saída estava travada, só abria pelo lado de fora. Sem encontrar ninguém, fiz o caminho inverso e saí do aeroporto pela porta que havia entrado. Nesse instante, alguém da torre de controle falou com o meu comandante, informando que um dos tripulantes do nosso helicóptero havia entrado "ilegalmente" no país. Esse alguém era eu, que só fui fazer xixi. A comunicação estabelecida conosco ficou tensa e o tempo todo eles falavam que havíamos quebrado uma lei, que ao ter cruzado a área alfandegária deveria ter trocado dinheiro pela moeda local.

Ficamos nervosos com a situação e insisti para o piloto decolar. Queria sair logo dali até porque, naquela ocasião, havia uma situação de conflito armado no país e não quis esperar para ver o que poderia acontecer. Resumo da ópera, levantamos voo em uma altitude um pouco abaixo do radar e rumamos ao Brasil, para o estado do Amapá, onde retomaríamos nossa altitude de voo para sermos identificados pelos radares das autoridades aéreas brasileiras e evitarmos qualquer problema. E assim fizemos. Saímos, rapidamente do Suriname e chegamos ao Amapá, onde tivemos mais uma surpresa.

Ao entrarmos no espaço aéreo brasileiro, precisávamos reabastecer, porque já havíamos voado quase duas horas e os tanques estavam vazios. Transportávamos galões com querosene de aviação para garantir o abastecimento.

Aterrissamos no interior do estado em uma das clareiras abertas no meio da floresta. Esses lugares são destinados a pousos desse tipo, porém, mesmo tendo uma localização conhecida e servirem para isso, descer em meio as árvores traz sempre uma apreensão extra à viagem. O piloto precisa de atenção e tem de ser habilidoso para não cometer pequenos erros que possam comprometer a integridade da aeronave e gerar um grande problema, porque o acesso a essas clareiras, por terra, é restrito.

Naquele momento, quem nos conduzia era Kauffmann. O piloto norte-americano havia nos deixado quando cruzamos o Caribe.

Ou seja, se começamos nossa vinda com a capacidade máxima de passageiros para o JetRanger, naquela altura do percurso só restavam três pessoas a bordo. Eu ia ao lado de Kauffmann e Marcelo estava no banco de trás, cercado por galões de combustível que garantiram nossa autonomia sobre a Amazônia, a região mais complicada para o reabastecimento.

Outro aspecto importante das aterrissagens nas clareiras é o fato de que o motor do helicóptero tem de ficar ligado. Ao descermos, Kauffmann nos falou: "Eu fico no comando e vocês saem para abastecer." O helicóptero ficou ligado para evitar que o seu motor, ao ser desligado, tivesse alguma pane e não voltasse a funcionar. Se uma situação dessas acontecer, não há como consertá-lo ou buscar por ajuda tão facilmente, porque as clareiras, apesar de constar nos planos de voo, são área remotas em plena selva Amazônica, sem comunicação.

Aqueles momentos foram tão marcantes que acho que jamais vou esquecer. A pá do helicóptero rodava em baixa rotação, enquanto Marcelo e eu, com os galões de querosene em punho, enchíamos o tanque do helicóptero. Como se a situação por si já não fosse tensa o suficiente, do nada apareceu uma enorme caminhonete em nossa frente, aparentemente, uma F-4000, com o seu bagageiro cheio de troncos de madeira. Não dava para saber quem estava na cabine conduzindo o automóvel, mas ao vê-los, suspeitei imediatamente.

Por terra, as clareiras funcionam como trechos de estradas locais. É possível circular por entre elas para se chegar a um destino específico. Quando a caminhonete parou para nos observar, consegui ver o símbolo da empresa adesivado na porta do carro, Transportadora Arco-Íris. Fiquei com aquele nome na memória. Naquele momento, me pelei de medo. Pensei: "Cataram a gente. Devem ser traficantes." Para a nossa sorte, os caras na caminhonete não quiseram nada com a gente, só nos observaram por alguns minutos e depois seguiram o caminho deles. A gente também. Com o abastecimento completo, partimos para Macapá. De lá, fomos a Manaus e assim seguimos, até São Paulo. Foram 8.369 quilômetros percorridos em 11 dias, em um voo "pinga-pinga" que percorreu quase todas as ilhas do Caribe.

UM SUPERCARTÃO DE VISITAS

Aquele Bell JetRanger foi muito importante para mim e de grande utilidade como ferramenta de trabalho. Eu podia ter uma empresa que não representava o tamanho daquela conquista e a sua funcionalidade para os negócios, mas ele era um supercartão de visita para que eu mostrasse o potencial da Cimed.

Estamos falando de 1998, quando a aviação aérea corporativa no Brasil ainda não era tão forte. Eu, deste lado, não media distância. Várias vezes utilizava o JetRanger para me levar às reuniões no Nordeste ou até para realizar o sonho de alguns clientes que nunca haviam voado em um helicóptero.

Anos depois, no começo do anos 2000, a Bell lançou um novo modelo de JetRanger, o Bell 407 (com capacidade para piloto, copiloto e mais cinco passageiros). Foi com esse modelo que viajei entre São Paulo e Florianópolis, onde fui morar depois do sequestro. Ele foi muito importante, porque além do uso no trabalho, transportava a minha família com mais conforto. Mesmo assim, apesar de seu bom desempenho, ainda levava de duas a três horas para percorrer o trecho entre Florianópolis e a capital paulista, e ele não tinha radar ou instrumentos sofisticados de navegação, e muitas das viagens sobrevoavam o mar. Com receio de que algo pudesse acontecer e aproveitando uma oportunidade que havia surgido, troquei o helicóptero por meu primeiro jato, um Cessna CitationJet, CJ, prefixo XMM, que intensificou minhas viagens pelo Brasil.

DESBRAVANDO O PAÍS NO JATINHO

Com o CJ, tinha muito mais conforto e mais velocidade para chegar aos locais. Conseguia visitar clientes em até cinco cidades diferentes em um mesmo dia, e isso bem no período de expansão dos nossos centro de distribuição. Minha vida ficou muito dinâmica. Morava em Florianópolis, o escritório de marketing e administrativo da Cimed estava em São Paulo, nossa fábrica no sul de Minas e abríamos distribuidoras por todo o país. Definitivamente, a aquisição do jato nos ajudou a entrar em outro patamar de operação. Ao ver os resultados concretos do investimento, decidi que compraria um jato zero. O meu primeiro Citation era usado e, como não gosto de comprar nada de segunda mão, me programei para investir em um avião novo.

Naquela época, quem representava a Citation no Brasil era a TAM, e eu havia ficado próximo de um dos seus vendedores, que me procurou e me propôs: "Dentro de algumas semanas vou ter um novo jato que pode ser mais adequado para a quantidade de horas que você voa. Eu compro o seu avião pelo valor que você pagou, e você paga a diferença do jato novo, que é maior do que esse seu."

Ele não precisou argumentar muito para me convencer, pois eu já estava decidido. Mais uma vez sem todo o dinheiro em mãos, fui fechar o negócio, comprar o meu segundo jato, o Cessna Citation CJ2, que me dava muito mais autonomia e conforto para voos locais e regionais. Coincidentemente, naquele período tinha comprado a fazenda Lago da Ema, no Mato Grosso.

O PESQUEIRO FEZ SUCESSO

Quando morei em Goiânia, um dos meus passeios preferidos era ir ao rio Araguaia, conhecido como a praia do goiano. Gosto muito desse rio, que além de Goiás, percorre Mato Grosso, Tocantins e Pará. No começo dos anos 2000, eu ia muito para Mato Grosso, onde o meu ex-sogro tinha uma fazenda próximo ao Araguaia. Em uma daquelas viagens, percebi uma oportunidade de investimento e comprei uma fazenda na região, então batizada de Lago da Ema. Aquela foi uma decisão muito acertada, porque a fazenda foi um dos lugares preferidos de meus filhos na infância. Minha mãe tinha uma verdadeira paixão por aquele lugar e nos divertíamos muito. O contato com a natureza fazia muito bem para ela e os meninos adoravam a proximidade com os animais.

Construí uma boa sede e montei um grande pesqueiro na propriedade, deixando uma estrutura preparada para levar clientes que gostassem de pescar. Mas para aquela ideia dar certo, havia uma questão: por terra, o acesso à fazenda era péssimo, e oferecer aquele espaço como uma área de lazer só funcionaria se conseguisse levar meus convidados de avião para lá.

Foi a partir dessa necessidade que entrou na minha vida o Caravan, uma aeronave que atende muito bem propriedades rurais por ser um pouco como um cargueiro. A ideia da compra deu certo. Colocava os meus clientes no Caravan e rumava todos os finais de semana para a fazenda, descendo em uma estrada de terra na propriedade a poucos metros do pesqueiro.

Naquela época, estava com dois aviões e sem o helicóptero, portanto o Caravan era usado tanto para ir à fazenda quanto à fábrica da Cimed, em Pouso Alegre. O CJ2 tinha dificuldade para aterrissar em Pouso porque era grande demais para as pistas existentes na época por lá. Depois de alguns anos de voo com o Caravan, repeti a fórmula do jato: a fábrica o comprou de volta e adquirimos um modelo zero, pagando a diferença.

Essas transições são comuns no mercado aéreo, a fabricante compra o modelo usado do seu avião e oferece um novo ao cliente, com este pagando a diferença de valor. De certa maneira, a estratégia fideliza o cliente, mas esse processo passa pelo relacionamento da equipe comercial com o seu comprador. No meu caso, a relação que tinha com os profissionais que me atendiam na Cessna era muito boa, então quando eles foram trabalhar na Bombardier os segui. Como em um ato contínuo da entrada deles na fabricante canadense, eles me ofereceram o Bombardier LearJet 40XR, uma aeronave linda, mais veloz e que comportava a mesma quantidade de passageiros do meu CJ2. Aquele foi o momento em que deixei de voar no Cessna.

Ao fechar a compra do 40XR, o personalizei com uma pintura superarrojada e ele se tornou o primeiro jato personalizado no Brasil. Esse avião foi muito importante para mim, porque foi com o apoio dele que pudemos realizar o tratamento oncológico da minha mãe em Houston, nos Estados Unidos. Apesar de irmos parando (São Paulo – Manaus; Manaus – Caracas; Caracas – Miami; Miami – Houston) e gastarmos até 13 horas no voo, era uma delícia fazer aquele percurso. Sobretudo, porque era um momento de muita intimidade e conversa com a minha mãe. Geralmente, saíamos de São Paulo no sábado à noite e chegávamos nos Estados Unidos no meio da manhã do domingo. Nos acomodávamos e, nos dois dias que se seguiam, ela fazia o tratamento e as consultas médicas programadas. Na quarta-feira, estávamos liberados para retornar.

Ao viver essa experiência e compreender a utilidade de ter um avião com mais autonomia para voos de longa distância, decidi comprar um Bombardier Challenger 300, que comportava dez passageiros, era bem mais confortável e com muito mais tempo de autonomia de voo, além de ser mais bonita. Com ele, acabaríamos com as viagens "pinga-pinga".

Antes de fechar o negócio, perguntei à minha mãe o que ela achava da transação; a resposta foi como um balde de água fria sobre mim: "Você está louco, João Adibe." Ela fez a sua afirmação pensando no preço, um investimento significativo, mas insisti: "Nossa família está crescendo, Karla já está com os filhos dela, eu tenho os meus, daqui a pouco Mariana tem os dela. A gente merece comprar um avião maior, mais confortável. A gente é trabalhador, vamos dar conta de pagá-lo." E, mais uma vez, fiz a compra sem ter o dinheiro todo para pagar. Dessa vez, porém, os mercados globais estavam passando por um período de crise econômica e bateu uma insegurança em não conseguir honrar as prestações do pagamento. Procurei a Bombardier para desfazer o negócio e aleguei que a economia brasileira estava ruim, portanto, precisava cancelar a compra, mas como conversei com um bom vendedor, ele me convenceu do contrário. Mostrou que, sim, poderia pagar o valor estipulado; e ainda me ofereceu algumas vantagens de opcionais pelo preço combinado. Mantive o negócio. Depois dessa compra, vieram outras e sempre as personalizei com pinturas especiais e diferenciadas. Ao todo, já tivemos oito aviões e três helicópteros desde que comecei a comprá-los, aos 27 anos.

Ao escrever este livro, temos um Pilatus PC-12 para voos de curta distância; um helicóptero Bell 429 GlobalRanger, para voos semanais à fábrica no sul de Minas; e uma aeronave de longa distância, o Bombardier Global 6000, com capacidade para 15 passageiros e autonomia de voo de 11.390 quilômetros. Ele dá a volta no globo terrestre com apenas uma parada. É o primeiro avião executivo com esse desempenho.

As aeronaves fazem parte do estilo do nosso negócio e são uma de nossas ferramentas de trabalho, e também são usadas por nossos executivos para agilizar as negociações, para dar mais capacidade de autonomia e maior presença no país. As aeronaves são um grande diferencial em minha vida. Por meio delas encontrei liberdade de locomoção e ampliei a minha presença nos lugares. Por isso elas se tornaram sinônimo de liberdade, pois não tenho mais hora, nem dia, posso ir a qualquer lugar com muita facilidade — e o melhor: vou e volto em poucas horas e consigo dormir em casa. O Global ampliou essa independência nas viagens internacionais.

Os aviões me proporcionam um prazer imensurável. São uma ferramenta de trabalho importante pela agilidade criada a partir de seu uso e, ao mesmo tempo, possibilitam um lazer que aos 50 anos de idade posso oferecer à minha família. E mais, uma de minhas características é que nunca voo sozinho. Compartilho o benefício dessas locomoções com quem convive comigo, tanto em âmbito profissional quanto pessoal. Tenho uma média de dez passageiros por voo. Essa é uma estatística significativa quando comparada a média de uso dessa categoria de aeronave. O avião para mim é para ser usado.

NOS MEUS 50 ANOS DE VIDA, O QUE APRENDI COM A MINHA PAIXÃO PELAS AERONAVES?

Os meus aviões me dão autonomia e uma enorme sensação de liberdade. Posso ir e vir quando preciso e quero. Com eles aprendi também a valorizar, ainda mais, quem trabalha comigo, porque a prosperidade não se conquista sozinho. Muita gente precisa estar envolvida, e todos merecem atenção e reconhecimento. Sem contar que faz muito mais sentido compartilhar a prosperidade. A vida ganha outro propósito e dimensão.

CAPÍTULO 10

CLÁUDIA MARQUES, MINHA MÃE, MEU SÍMBOLO DE VITÓRIA

Na vida, temos de tomar decisões rápidas e parar de perder tempo com o que não tem relevância.

Em 2009, minha mãe, Cláudia Marques, completou um ciclo de 11 anos de um intenso tratamento médico. No final daquele período, o seu corpo, exausto, descansou, e ela partiu. Em 1998, ela foi diagnosticada com câncer de mama. Dali em diante, a quimioterapia, as internações hospitalares e as muitas consultas com um especialista invadiram a sua rotina. Ao lado dela, estávamos todos nós, a sua família, para lhe confortar naqueles momentos difíceis de muita dor e incerteza, mas também de muita união, demonstração de afeto e coragem.

Ao longo dos anos em que sua doença se manifestou de maneira mais aguda, minha mãe foi uma guerreira. Não digo isso apenas por amá-la profundamente, mas porque sua força e seu otimismo sempre foram contagiantes. Ela não se entregou aos difíceis diagnósticos, nem desistiu de sonhar ou se desesperou, por conta das notícias desanimadoras que os médicos lhe traziam. Muito pelo contrário, fez questão de se manter ativa e próxima à sua família. Essa garra, que vinha acompanhada de muita firmeza e uma boa dose de doçura, era uma das principais características dela. Os muitos profissionais das equipes médicas que a atenderam no Brasil e nos Estados Unidos, onde ela realizou procedimentos clínicos e se consultou com especialistas, se impressionavam com sua determinação em superar a situação, em não se abater e seguir sua recuperação com esperança.

Incansável, minha mãe acreditou até o último momento de sua vida que venceria o câncer. A sua fé inabalável em Nossa Senhora lhe dava mais certeza ainda de que no final daquela jornada ela sobreviveria a tudo o que viria a surgir em seu caminho. Para reafirmar a sua fé, sempre levava consigo uma medalhinha de Nossa Senhora da Medalha Milagrosa, comprada em uma de suas tantas viagens a Paris. Ela adorava descansar e passear com o meu pai, seus filhos e netos na capital francesa, momentos em que ela realmente relaxava e conseguia se distanciar da sua dura rotina de tratamento.

Minha mãe foi a prova viva de que, apesar das limitações impostas por uma doença tão grave, é possível criar perspectiva de vida, sonhar e não simplesmente jogar a toalha como se tudo estivesse perdido. Essa lição de como viver com esperança foi um de seus mais preciosos legados. Até seu último suspiro na UTI, ela fazia planos dos mais simples aos mais complexos, porque olhava com otimismo para tudo o que estivesse envolvida, mesmo quando os resultados saíam do esperado. Eram inúmeros os exemplos dessa sua característica — alguns até inusitados, mas não para ela.

ELA TOMA CONTA DE TODOS NÓS

Poucas semanas antes de minha mãe morrer, ela criou o hábito de ligar para Marcelo Vanzelotti, para saber como os treinos da equipe de vôlei estavam. Minha mãe adorava o Cimed Esporte Clube e, em 2009, iriam disputar a Sul-Americana de clubes. Antes desse campeonato, contudo, participaríamos de um torneio menor, que serviria como uma preparação. Estávamos empenhados em dar o nosso melhor para surpreender na Sul-Americana. Minha mãe, uma das torcedoras mais entusiasmadas de nosso time, mesmo internada, queria sempre saber sobre o resultado das partidas. Por isso, Marcelo falava com ela todos os dias para lhe atualizar dos resultados.

Eles chegaram à final daquele torneio preparatório, mas perderam o jogo decisivo. Disputaram a última partida, pau a pau, contra o Sada, um time de Minas Gerais, mas eles foram melhores. Se aceitar o vice-campeonato já foi algo ruim, dar a notícia para ela seria mais desagradável ainda. Queríamos animá-la e não falar sobre uma perda fora do planejado. Mas, como de costume, Marcelo ligou para ela para lhe contar o que havia acontecido. Ela já esperava a ligação dele. “Alô, Dona Cláudia, as notícias não são boas”, disse Marcelo. “Perdemos a final do torneio.” Ela o ouviu e, calmamente, respondeu: "Não tem problema, meu filho. O que eu quero mesmo é ganhar a Sul-Americana. Nós seremos campeões."

Naquela ligação, ela previu o futuro da equipe, mas infelizmente não teve tempo para ver a sua profecia acontecer. Duas semanas depois, não resistiu. Minha mãe faleceu em 26 de setembro de 2009. Apesar daquele desfecho ser esperado, foi um choque para todos nós. Perdê-la não foi nada fácil.

O coração de minha mãe parou de bater dentro da UTI no instante em que Karla e eu estávamos juntos a ela. Aquele momento está comigo até hoje. Foi algo muito forte em minha relação com ela e com minha irmã. Por 11 anos, acompanhamos o seu sofrimento e ali, em nossa frente, de maneira tranquila, ela partiu por inteiro, sem deixar questões pendentes. A família foi a sua prioridade e, no final, estávamos ao seu lado, como ela sempre quis.

Ela amava estar junto do nosso pai, seus filhos foram uma das suas principais razões de existir e, quando os netos chegaram, ela se encheu de esperança. As crianças foram fundamentais em seu tratamento. Ela descansava com eles e se sentia mais forte. A presença deles era revigorante e a incentivava a buscar a cura para seus problemas, afinal, é preciso de uma dose cavalar de esperança para enfrentar 33 procedimentos cirúrgicos, como ela teve de se submeter durante o seu tratamento, e não esmorecer, não desanimar e se manter como o centro da nossa família. A sua presença nos unia. Mesmo depois de sua morte, eu a sinto muito perto. Tenho certeza de que, esteja ela onde estiver, ela toma conta de todos nós, como sempre fez.

O TIME FOI CAMPEÃO, MÃE

E lá foi o time, em 2009, entre 7 e 11 de outubro, disputar o Campeonato Sul-Americano de Clubes de Voleibol Masculino. Aquela foi a primeira edição desse torneio coordenada pela Confederação Sul-Americana de Voleibol e autorizada pela Federação Internacional de Voleibol. O local das partidas não poderia ter sido melhor: Florianópolis. Lá, o time recebeu sete clubes da região para as disputas e fez um trabalho incrível. Eles saíram invictos dos confrontos, e, na final, meteram três sets a dois em cima do Vôlei Brasil de São Bernardo do Campo e se consagraram campeões Sul-Americanos de Clubes. Aquela partida foi demais, um jogo bastante disputado e uma grande homenagem à minha mãe. O time entrou em quadra muito motivado e eles queriam oferecer aquela vitória a ela. Os jogadores também reconheciam o seu apoio e carinho por todos os envolvidos naquele projeto, tanto é que, antes da partida, na preleção com os atletas no vestiário, Marcelo, chorando muito, lembrou aos jogadores que jogassem "por dona Cláudia, a maior torcedora do time, que havia partido há poucos dias e não teria a chance de acompanhar a final".

Os jogadores embarcaram naquela emoção e quando nosso ponteiro, Tiago Alves, fez o último ponto da final, ele desabou no chão entre câimbras e lágrimas. Assim que uma equipe da televisão entrou na quadra para entrevistá-lo, ele se levantou e não hesitou: dedicou o título à minha mãe.

Dona Cláudia era assim, uma pessoa que contagiava o ambiente em que estava por sua fé, por sua atitude maternal. Ela tratava a todos muito bem, fazendo as pessoas se sentirem queridas e acreditando que na vida temos de tomar decisões rápidas para deixar de perder tempo com o que não tem relevância.

Além do amor por sua família, ela adorava seu trabalho na empresa, ao lado de meu pai. Como casal, sempre estiveram juntos, nos melhores e nos piores momentos da vida. A ligação deles era muito forte e sempre víamos a força dessa relação, como quando ela teve de fazer a primeira punção em sua mama direita, após ter sido diagnosticada com o câncer. Ela entrou no hospital onde o procedimento aconteceria de mãos dadas com meu pai, em uma evidente demonstração de carinho e cumplicidade. Eles sempre estiveram juntos e se apoiaram. Essa é outra lição de vida ensinada por eles.

DESCOBRI A IMPORTÂNCIA DE COMPARTILHAR

A minha mãe era uma pessoa agregadora que sempre tomou conta da casa com dedicação. De fato, mereceu o título de mãezona, por ser um balizador da família e nos unir com seu alto astral, beleza e elegância. Ela era muito de bem com a vida e, consequentemente, ajudava quem estivesse passando por alguma dificuldade. É duro demais aceitar a perda de uma pessoa que agia com tanta compreensão, ainda mais tão cedo, aos 58 anos de idade. Eu continuo tendo muitas saudades dela. A dor de sentir a falta de alguém que te faz tão bem é muito forte, mas a sua morte me trouxe maturidade.

Quando ela morreu, eu tinha 37 anos e até aquela idade achava que "tudo era meu, que eu podia tudo. Eu queria tudo", porque ela sempre me apoiou em minhas decisões. Ela me incentivava a fazer, eu ia lá e fazia. Nunca foi fácil, claro, porque ela era exigente e não entregava nada de mão beijada. Meu pai e minha mãe sempre deram muita liberdade para os filhos empreenderem, eles nos conscientizavam de que tínhamos de "abrir a porta e seguir" e de que o esforço deveria ser nosso. Eles apoiavam nossas conquistas e se faziam presentes quando errávamos.

Como família, valorizamos muito as pessoas que estão à nossa volta. Temos humildade em reconhecer as qualidades de quem nos cerca e muita vontade em querer crescer, em conquistar as coisas juntos; e a morte da minha mãe acentuou essa característica. Além de ter me trazido maturidade, nos trouxe união. É muito ruim e doloroso tê-la perdido, mas todo o processo de sua doença, todo o longo e penoso cuidado necessário que tivemos de buscar para tentar mantê-la saudável, fortaleceram nossos valores familiares.

Para começo de conversa, no início do seu tratamento, minha mãe, em uma de suas consultas, olhou para a equipe médica e foi extremamente objetiva em seu desejo: "Precisamos de um time vencedor. Quem não acreditar que vamos vencer essa batalha, que se retire da sala." Essa foi a "ordem" dada por ela aos médicos antes de eles estabelecerem as cirurgias e os procedimentos de seu tratamento.

Ela queria lutar contra o câncer e precisava ter a certeza de que quem estivesse ao seu lado compartilharia a sua visão sobre a situação.

Foi assim durante 11 anos em que foi submetida às mais diversas intervenções cirúrgicas e de análise. Como disse seu médico, dr. Celso Massumoto, especialista em hematologia e oncologia: "Cláudia mostrou ao mundo a possibilidade de um paciente oncológico viver em harmonia com sua doença." Para ele, essa experiência foi tão significativa que escreveu um livro baseado no comportamento de minha mãe durante o seu tratamento. Em *Como viver em harmonia com o câncer*, publicado pela editora Cultrix, dr. Celso ressaltou as qualidades do comportamento da minha mãe diante da doença. Por ter sido tamanha referência, ao final de seu texto, enumerou as aprendizagens que obteve ao acompanhá-la em seu tratamento. Como escreveu, foram 18 lições:

- Você pode dominar a situação, mesmo diante de problemas sérios;
- Mesmo em situação de extrema gravidade, saiba que existe uma saída;
- O medo da morte faz parte da rotina da maioria dos pacientes com câncer. É preciso paciência para atingir bons resultados;
- Monte projetos de vida durante o tratamento quimioterápico e use suas habilidades pessoais para desenvolvê-los;
- Converse com o seu médico. O diálogo pode ajudar mais que antidepressivos;
- Para ajudar alguém, você deve se ajudar primeiro;
- Fique atento aos sintomas de seu corpo e avise ao seu médico. Ninguém melhor do que você para perceber suas alterações;
- Metas devem ser ajustadas às finalidades particulares;
- Volte a apreciar a natureza e use os seus cinco sentidos (visão, olfato, paladar, tato e audição);
- Vença as crises e cresça;

- Imagine que você tem o controle total da situação. Isto faz parecer que os problemas são menores;
- Encontrar harmonia familiar também ajuda no equilíbrio da doença. Portanto, sempre que puder, reúna a sua família;
- Nunca deixe escapar uma grande oportunidade de suas mãos, mesmo que você esteja doente;
- Continue trabalhando em projetos que gosta enquanto continua o seu tratamento médico. Isto traz satisfação e bem-estar;
- Estimule áreas adormecidas do cérebro;
- Ocupe o seu tempo com atividades prazerosas e trace um plano de metas;
- A sustentabilidade de um processo depende de atitudes rápidas;
- Independentemente da crise pela qual esteja passando, mantenha a sua mente ocupada com alguma coisa. Assim, os problemas se tornam menores.

Essas foram algumas das lições extraídas por dr. Celso de práticas que minha mãe manteve para enfrentar os sintomas da doença e passar pelos tratamentos clínicos. Ela era uma mulher determinada, cheia de coragem que não deixava para amanhã o que poderia ser resolvido hoje. Que amava a vida e tinha um grande prazer em vivê-la à sua maneira.

DETERMINADA

Minha mãe foi diagnosticada com o câncer quando o Brasil regulou a legislação para os genéricos serem comercializados no país, e sequer havíamos entrado nesse segmento da indústria. Quando a doença dela foi tomando maiores proporções, em paralelo, expandíamos a nossa atuação para os genéricos e ela foi fundamental a essa transição, estando, inclusive, à frente da primeira grande reestruturação de nossa fábrica em Pouso Alegre.

Apesar das intensas e seguidas sessões de quimioterapia, ela não parou de viajar e de cumprir seu expediente diário na empresa. É preciso muita força para fazer isso, porque quem já acompanhou de perto um tratamento oncológico entende o quão difícil é. Mas ela não esmoreceu e manteve a sua rotina enquanto se tratava, porque entendia que estava lutando pela vida, não a perdendo.

Naquela época, houve ainda o nascimento de Adibe, meu primogênito e seu primeiro neto. Adibe foi batizado com esse nome em homenagem ao meu avô, pai de minha mãe. Ao mesmo tempo em que ela descobria uma terrível doença terminal (os médicos desde as primeiras biópsias sabiam da gravidade de seu câncer, da letalidade que ele provocava em suas vítimas e quão improvável seria o tratamento para recuperá-la daquele quadro), a esperança de dias melhores e a continuidade da família surgiu com Adibe. Foi um período com muitos altos e baixos, de muita felicidade e muita tristeza. Comemorávamos a chegada de Adibe e chorávamos pensando sobre a possibilidade da morte que a rondava.

Minha mãe estava amedrontada com o prognóstico da evolução do câncer, mas, ao mesmo tempo, foi tomada por uma determinação significativa para superar aquela situação. O seu espírito empreendedor foi fundamental para essa reação, mas a doença, implacável, foi lentamente dando sua cara.

Os primeiros sinais apareceram em 1999. Ali, os médicos conseguiram, aparentemente, retirar o câncer por meio de cirurgias, mas aquele resultado positivo não passou de aparência. Ela viveu por mais alguns anos sem sentir nenhum sintoma até ser acometida por sua primeira recidiva, momento temido pelos pacientes com câncer, porque é quando os sintomas da doença são novamente detectados. Isso aconteceu em 2004 e, rapidamente, ela foi submetida a novos tratamentos e os sintomas recuaram. Daquela vez, a estabilidade de seu quadro se manteve até 2006, quando exames de rotina detectaram nódulos em seu fígado.

O câncer que havia surgido em sua mama direita, naquela ocasião, já havia percorrido outros lugares de seu corpo, se revelando mais gravemente em seu fígado. A partir daquela descoberta, as cirurgias se intensificaram e ela melhorou bastante, mas uma terceira recidiva estava prestes a acontecer, em 2008.

Em cada um desses novos aparecimentos, a doença vinha com mais força. Os médicos conseguiram controlar a metástase, em 2008, mas, no ano seguinte, seu organismo cansou. Foi no momento da quarta recidiva que a quantidade de nódulos no fígado se revelou significativa. Daquela vez, comprometia os seus canais biliares. Esse diagnóstico em si até foi combatido, mas como o seu corpo já estava extremamente fragilizado, ela não aguentou mais. Seu organismo entrou em falência e ela partiu após uma parada cardíaca.

A NOSSA MAIOR TORCEDORA NA VIDA

Quando menciono que a minha mãe sempre me acompanha, não é à toa. No dia em que me sentei para escrever este livro, quando parei para organizar as minhas ideias e começar a colocá-las no papel, ela faria 70 anos de idade. Era a data do aniversário dela e eu não havia feito nenhuma relação até aquele momento, mas esse fato, para mim, só é mais uma comprovação de sua continua presença em minha vida.

O câncer não a privou de acompanhar o nascimento de vários de seus netos, não tirou a oportunidade de ela ver a expansão empresarial da Cimed e o quanto os seus filhos estavam envolvidos no negócio, criado por ela e meu pai, como ela queria. Sim, é muito incômodo lembrar de tudo isso e, ao fazê-lo, me vem uma forte vontade de chorar, mas consigo me controlar e seguir adiante como seria de sua vontade, porque a minha relação com a vitória vem dessa relação com a minha mãe. Do privilégio que foi para mim acompanhar de perto uma guerreira que não desistiu da vida, que jamais se entregou e que ainda me fez ser um homem mais completo no momento de sua partida, valorizando a união e o compartilhamento.

De certa maneira, as minhas atitudes no mundo corporativo são para, no final do dia, poder dizer à minha mãe: "Eu consegui!"

Porém, quando tenho essa vontade de dialogar com ela, não procuro por suas fotos e vídeos. Rever essas imagens mexe muito comigo, não me sinto bem, apesar de já ter digerido a sua partida nesses anos todos. Como vi a sua morte chegar aos poucos, tive a chance de trabalhar dentro de mim a falta que ela me faria. Por essa razão, entendo a partida dela como uma despedida bonita, completamente diferente da morte de meu avô Adibe, pai dela, a quem era muito ligado. Tínhamos uma grande relação, mas ele foi embora quando tinha 15 anos.

Morávamos no mesmo prédio e, praticamente todos os dias, tomava meu café da manhã com meu avô. No dia da sua morte não foi diferente. Desci para o seu apartamento, nos sentamos à mesa, conversamos como de costume, comemos e nos despedimos para seguir com nossas atividades.

Naquela idade, já estava na empresa com meus pais e, ao chegar ao escritório, fui informado do seu falecimento. Em um susto, soube que ele havia morrido subitamente. Aquela notícia foi traumática. Eu o amava muito, era muito próximo dele e ele era minha referência. Como era possível ele ter morrido aos 62 anos de idade tão jovem e aparentando tanta saúde? Como poderia ter ido embora se eu tinha acabado de passar a manhã com ele, como fizemos em tantas outras? Como alguém, do nada, olha para mim e me fala: "O seu avó morreu." A ficha demorou muito para cair. Aquela situação não fazia o menor sentido e chegou até a mim quando estava completamente despreparado para lidar com ela. Com a morte da minha mãe, em comparação, tudo foi diferente. O processo de sua partida me deu muita base emocional e ela sempre nos preparava com afirmações como "No dia em que eu tiver de ir, eu vou".

Aos poucos, ela partiu e garantiu que a sua família continuaria unida. Até porque o meu pai, um homem extremamente forte, sentiu muito a perda da mulher. Ele, inclusive, por tudo o que viveu, desenvolveu um quadro grave de reumatismo. Na minha opinião, essa doença se instalou nele por tantos anos compartilhados ao lado da mulher em meio a tanta dor. Muitas vezes, quando o quadro de minha mãe se agravava, ele também caía de cama. Nessas ocasiões, sobrava para Karla, Mariana e eu enfrentarmos os perrengues. Auxiliávamos com tudo o que era preciso e nos desdobrávamos entre a empresa e os cuidados médicos. Era uma loucura generalizada, mas como a minha mãe fazia quimioterapia e, após suas sessões ela ainda vinha trabalhar, éramos tomados por seu exemplo para realizar nossas atividades. Por isso, vivíamos em uma dinâmica alternando negócio e doença. A gente não perdeu o foco. Ficamos até mais determinados e compreendendo melhor a urgência do tempo. Era preciso agir com objetividade, e muito rápido, para dar conta de tudo.

Precisávamos do trabalho para termos dinheiro para pagar o tratamento dela, que era muito caro, porque não medimos esforços para encontrar os medicamentos mais avançados, os melhores especialistas. Ao mesmo tempo, queríamos que a empresa crescesse, nosso filhos estavam nascendo, Mariana se casou nesse período, viajávamos juntos, fazíamos as comemorações de final de ano juntos. Como ela estava doente, sempre pensávamos "Esse pode ser o último réveillon dela, o último natal", então sempre nos uníamos, o que de certa forma criou uma questão para quem era casado conosco, porque só queríamos estar com a nossa família. Não frequentávamos a casa de mais ninguém. Toda nossa atenção e tempo livre eram dedicados a ela. Essa rotina se repetiu por 11 anos, período em que convivi diariamente, até setembro de 2009, com o medo de sua morte.

No dia do seu enterro, o então treinador do Cimed Esporte Clube, Marcos Pacheco, que tinha um grande apreço por minha mãe, levou uma camisa do time para colocá-la em cima do caixão, mostrando o quanto ela foi, de fato, a maior torcedora daquele projeto. Ela tinha um grande orgulho das conquistas do time. Afinal, ela sempre foi a nossa maior torcedora na vida.

NOS MEUS 50 ANOS DE VIDA, O QUE APRENDI COM A MINHA MÃE?

A minha mãe sempre foi tudo para mim. Um referência de força, integridade, generosidade. A sua atitude fazia diferença. Ela se preocupava com o outro e procurava encontrar maneiras de ajudar, de se fazer presente. Ela era uma pessoa especial e deixou uma marca de carinho em vida. Só aprendi com o exemplo dela e não canso de repetir o quanto ela foi decisiva para eu ser quem sou. Se sou um profissional bem-sucedido, parte do meu sucesso é responsabilidade dela, por ter me garantido espaço para tomar atitudes, por me apoiar quando queria fazer diferente e por se colocar de forma enérgica quando achava que havia algo errado. Meu amor por ela é imenso e reconhecer esse sentimento me faz mais vivo e atento.

Mariana escreveu seu depoimento para este livro literalmente do outro lado do mundo, da Austrália. Minha irmã caçula sempre foi presente em minha vida, mas há alguns anos tenho de engolir essa distância. Ela decidiu morar por lá, mas por mim ela, meus sobrinhos e seu marido estariam bem mais próximos, porque ainda temos muito a compartilhar. Sua ausência é um buraco na rotina de nossa família.

DEPOIMENTO
de Mariana Marques Barbosa:

"ELE SONHA EM SER GRANDE, MAS REALIZA O GIGANTE E SUPERA O PRÓPRIO SONHO."

Em 2016, ao completar 40 anos, tive de chegar para meus irmãos João Adibe e Karla e dizer: "Escutem: vou ser eternamente a irmã caçula de vocês, mas vocês precisam entender, eu cresci! Já tenho 40 anos." Pode parecer estranho que uma mulher nessa idade tenha esse tipo de diálogo com os seus irmãos, que nem são tão mais velhos assim do que ela. A diferença entre mim e João Adibe é de apenas quatro anos; já em relação a Karla, só dois anos nos separam. Esse é um dos motivos de sermos tão próximos. Crescemos juntos, amadurecemos em condições muito parecidas.

Lembrá-los o fato de eu já ser uma mulher adulta, porém, era muito importante para nossa relação, porque precisava que eles respeitassem minhas escolhas, algumas delas bem diferentes das decisões da nossa família.

Para alguns pode soar estranho, mas quando falamos em *família* a gente entende que a nossa família é composta por nossos pais e nós três, João Adibe, Karla e eu. É como se quem viesse depois fosse agregado. Apesar de nossos casamentos e filhos, temos uma união especial, mesmo considerando nossas diferenças e, agora, o fato de eu morar do outro lado do mundo, a mais de 15 mil quilômetros de distância.

João Adibe e Karla nunca aceitaram a minha decisão em viver tão longe, mas não me apartei deles nem da Cimed, empresa que tenho muito orgulho em fazer parte. Decidi sair do Brasil por medo da violência. Estava muito cansada da ideia de sair de casa de carro blindado e, mesmo assim, continuar sentindo que a qualquer momento poderia ser vítima de alguma agressão. Essa apreensão só aumentou quando os meus filhos nasceram. Definitivamente, eles precisam crescer em liberdade, com autonomia para ir e vir, mas dada à minha condição social, essa realidade tornou-se inviável.

Meu marido e eu sempre pensamos em um estilo de vida integrado à natureza, sem sobressaltos ou um comportamento defensivo necessário de ser adotado em cidades como São Paulo. A partir da constatação dessa realidade nos mudamos. Eu até costumo brincar que sou paulistana por engano, porque sempre procurei viver longe daquele caos. Essa decisão, infelizmente, me deixou distante da minha família, mas meu amor não diminuiu. Nosso afeto aparece nas situações mais inusitadas, como, por exemplo, no dia em que nossa mãe morreu. João Adibe e Karla fizeram tudo para me resguardar.

Naquela data, estava com uma barriga gigante de grávida. Nossa mãe morreu 45 dias antes do nascimento de minha filha Sophie, minha caçula. Estávamos reunidos no apartamento de nossos pais nos arrumando para irmos ao hospital visitá-la e, durante o almoço, faltou energia. Aquela situação foi suficiente para os dois me olharem e me obrigarem a ficar em casa. "Com esse barrigão, você não pode descer tanta escada. Não dá para você fazer esforço. Vai que acontece alguma coisa contigo no meio do caminho." Não teve santo que os convencesse do contrário. A preocupação deles era inacreditável.

É como se, por amor e cuidado, adotássemos medidas extremas para nos proteger. Esse comportamento, inclusive, sempre propiciou discussões fenomenais, principalmente no trabalho. Quem vê algumas de nossas conversas acaloradas, se assusta. Quando nosso sangue de libanês, misturado com o de italiano e português ferve, é um Deus nos acuda.

Na empresa, perdi a conta de quantas vezes Gláucia, que há anos trabalha conosco, saía correndo para fechar a porta da sala de reunião onde estávamos batendo boca para a discussão não vazar pelos corredores. A gente quebrava o pau, mas as nossas discussões nos levavam às resoluções das pendências, e entrávamos em um acordo final. Depois da brigalhada passar, olhávamos uns para os outros e nos perguntávamos: "Onde vamos jantar?" Parecia que nada havia acontecido; e, de fato, não havia acontecido mesmo. Aquilo é parte do nosso jeito de nos relacionar.

Somos explosivos, mas as nossas discussões e a maneira com que tratamos um ao outro é para nosso fortalecimento. Não nos depreciamos, pelo contrário, reconhecemos nossas virtudes, as qualidades que nos fazem ser prósperos. Com certeza herdamos essa característica de nossos pais, que sempre prezaram por nossa união. Eles nos ensinaram sólidos valores familiares e isso nos aproximou demais.

ELE NÃO SE INTIMIDA, VAI LÁ E FAZ ACONTECER

No início da minha adolescência, aos 12 anos, um dos passeios que mais gostava de fazer era ir aos jogos do Palmeiras com o meu irmão. Somos palmeirenses roxos e íamos juntos no ônibus da Mancha Verde, uma das torcidas organizadas do time, para acompanhar as partidas. Aquilo era incrível. Era uma maloqueragem saudável e inesquecível. Tem coisa mais gostosa do que você dar um abraço em alguém depois de um gol?! Você está ali na arquibancada, torcendo como uma louca pelo seu time e, de repente, vem o gol. É uma explosão de felicidade sem tamanho. João Adibe e eu compartilhamos muito a energia desses momentos, que foram vários.

Até hoje, um desses jogos me marca muito. Em 1999, fomos à Tóquio acompanhar, em 30 de novembro, no Estádio Olímpico, a final do Mundial de interclubes, em que o Palmeiras perdeu por 1 a 0 para o Manchester United, da Inglaterra. Sinto a dor daquela derrota até hoje. Perder aquela partida foi terrível, porque conquistar o Mundial era um grande sonho, mas depois do gol de Roy Keane aquela conquista ficou distante. Não deu mais para a gente. Apesar da derrota, não baixamos a cabeça.

A vida inteira João Adibe desejou patrocinar o Palmeiras. Quando éramos jovens, ele me falava: "Um dia, vamos ter dinheiro para patrocinar o Palmeiras, você vai ver!" Quando me dei conta, aquela vontade juvenil havia sido superada e ele tornou-se patrocinador da seleção brasileira de futebol. Ele já não iria patrocinar apenas um time, mas a Confederação Brasileira de Futebol, que é algo gigantesco. Esse é meu irmão, um cara que faz muito mais do que sonha. Às vezes, tenho a impressão de que na cabeça dele o seu primeiro sonho se torna pequeno e ele precisa se superar. Ele não se intimida. Vai lá e faz acontecer. Mais do que um sonhador, ele realiza seus planos.

O dia da assinatura do contrato com a CBF no Rio de Janeiro foi insano e nós três estávamos lá. Sem acreditar no que estávamos vivendo, falava para ele: "Teu sonho era patrocinar o Palmeiras. Mano, a gente está patrocinando a CBF! A gente está patrocinando a seleção!"

A assinatura daquele patrocínio foi um marco e só aconteceu pela energia dele. Meu irmão acreditava no potencial do futebol brasileiro e, seguindo um ensinamento de nosso pai, que sempre acreditou que vencedores se fazem em momentos de crise, João Adibe nos fez ir para cima daquela oportunidade.

Para mim, a Cimed é uma empresa incrível. É a minha vida, porque cresci lá dentro. Quando nasci, em 1976, minha mãe já trabalhava com meu pai e nos acostumamos à rotina da empresa. Nas sextas-feiras, antes de descermos para o litoral, minha mãe nos pegava na escola e nos levava direto à fábrica, que era junto do escritório, lá no Cambuci. Ao chegarmos por lá, ia para a linha de produção e dobrava cartucho, ajudava como podia os funcionários do turno. Sempre trabalhamos e é algo lindo de constatar, principalmente, quando a gente observa o crescimento alcançado, fruto de muita dedicação. A Cimed é a nossa família e, mesmo estando fisicamente longe, transmito esse sentimento aos meus filhos.

Antes da pandemia de Covid-19, viajava duas vezes por ano ao Brasil. Para o meu filho mais velho, Kaíque, essas viagens eram também especiais, porque ele estaria próximo do tio, uma referência para ele.

É impressionante como o meu irmão cativou o sobrinho. Kaíque vibra com as conquistas de João Adibe, o adora. O melhor é que a relação deles não teve a minha mão para forçar a barra. Por suas atitudes, por ser pura energia, João Adibe encantou Kaíque. Meu filho se sente impulsionado pelo tio e esse sentimento é visível nos exemplos mais simples.

Um dia, Kaíque estava caminhando em uma das esteiras ergométricas da academia que João Adibe construiu em sua casa. Meu irmão o olhou, se aproximou e lhe deu um tênis de corrida. "Põe no pé e corre aí." Essa atitude parece bobagem, mas ela faz a diferença. Ao se sentir visto e valorizado, Kaíque respondeu a esse estímulo, deixou a caminhada de lado e correu. Incentivar o outro a fazer mais, a fazer melhor, é algo de João Adibe desde moleque. Ele detesta puxar as pessoas, mas adora dar espaço para o outro crescer.

ELE É INCANSÁVEL

Quando éramos pequenos, João Adibe era o neto predileto de meus avôs, e essa predileção foi decisiva para ele, até porque quando se conhece a história de meus avôs, dá para entender melhor porque meu irmão é como é, a começar pelo nome. Nosso avô paterno se chamava João e nosso avô materno, Adibe. É incrível como meu irmão sintetiza as virtudes desses dois homens.

Sua inteligência comercial é um talento herdado de nosso avô João, um excelente propagandista. João Adibe, por sua vez, tem uma rapidez única para fazer cálculos de vendas. Ele é muito rápido e, geralmente, as pessoas demoram para acompanhar o seu raciocínio nesse assunto, sem contar que ele é um marqueteiro de primeira. Junto a essa qualidade vem a sua força de trabalho, a sua vitalidade, características herdadas de nosso avô Adibe, uma pessoa cativante, que impulsionava todo mundo e gostava de ver as pessoas crescerem, atitude replicada por meu irmão. Para completar, ele ainda teve a decisiva influência de nossos pais, o transformando nesse homem que chega realizado aos 50 anos de idade.

Foi um acerto de meus pais batizá-lo como João Adibe. A junção dos nomes dos meus avôs simboliza a personalidade dele, porque, de alguma maneira, ele incorporou as suas atitudes, mas, irrequieto, se aprimorou.

A escuta de meu irmão é fenomenal. Ele sabe ouvir o outro e desenvolveu essa habilidade ouvindo os ensinamentos de nossos avôs. Esse comportamento ajudou em sua formação e ele acabou contagiado pela vontade de conquistar o seu espaço, algo decisivo à sua motivação profissional.

Não existe "não" para João Adibe e quando ele fala que ser vendedor é ser incansável, é nunca desistir, ele está falando a verdade, porque ele é um profissional incansável, que não tem medo do "não". Por isso ele tem tantas histórias engraçadas de venda.

Ele vai até um cliente e mostra o produto. O cliente olha para ele e diz não ter interesse. No dia seguinte, lá volta ele para conversar com o esse cliente e tentar vender o mesmo produto, declinado no dia anterior. Ele também aproveita a ocasião e tenta vender algo novo. Se ele ouvir uma nova negativa, vai agradecer a atenção dada, mas, no dia seguinte, lá estará ele novamente, batendo à porta desse cliente. Ele repetirá essa visita tantas vezes quanto for necessário e, no final das contas, vai realizar a venda. Isso é tão certo quanto o sol nascer amanhã, porque para ele não há barreiras. Ele não se limita, e aprendeu isso no convívio com nossos avôs e nosso pai. E mais, como não é mesquinho, compartilhou conosco esses aprendizados.

Em uma ocasião, estávamos entre alguns dos seus amigos e um deles lhe perguntou sobre mim e Karla. "E as suas irmãs na empresa, como é essa situação?" Ele olhou para a pessoa e lhe respondeu: "Cara, já estou onde gostaria de estar. Agora, quero que elas cheguem aonde quiserem." Com aquela afirmação, estava dizendo como queria nos ver bem, porque vibra com nossas conquistas, sempre procura nos levar para cima. Mesmo eu estando a milhares de quilômetros de distância dele, ele celebra minhas vitórias. Para João Adibe, é uma grande motivação ver a prosperidade das pessoas acontecendo e esse sentimento é muito presente na administração da empresa.

Uma das coisas que mais me encanta na Cimed é servir a sociedade. É garantir acesso a remédios de qualidade para toda a população. A acessibilidade é um dos seus maiores pilares de gestão, e sempre foi. Não adianta ser uma farmacêutica tão grande em um país com tantas dificuldades econômicas quanto o nosso se não damos acesso a um bom tratamento medicamentoso.

João Adibe e Karla sabem o quanto ainda têm de trabalhar. Há um imenso espaço para a diversificação das linhas de produção. A Cimed se expande de maneira sustentável e será tão gigante quanto os sonhos do meu irmão. Como ele é uma máquina de trabalhar, não para de ter ideias. São centenas, e é impossível controlar sua capacidade criativa.

O fato de João Adibe ser esse homem incansável, com certeza, tem forte influência dos ensinamentos de nosso pai, que sempre detestou preguiça, e do exemplo da nossa mãe, que, mesmo enfrentando situações limitantes, nunca esmoreceu.

Nosso pai ainda teve uma grande sensibilidade em perceber o talento dos filhos. Viu em Karla a naturalidade dela em lidar com a produção da fábrica; assim como percebeu em mim o quanto sou detalhista com números e me dou bem na área financeira. Já em relação a João Adibe, reconheceu, desde muito cedo, as habilidades dele para a área comercial; e o fato de a sua energia ser contagiante e desmedida. Ele sonha em ser grande, mas realiza o gigante e supera o próprio sonho. Irmão, estamos juntos para sempre.

Eu não tenho derrotas na vida, mas uma situação me incomoda muito: minha irmã mais nova vive longe de mim e queria muito reverter essa situação. Sinto a sua falta, e seríamos mais completos se ela estivesse por perto.

CAPÍTULO 11

UM PIRULITO ME FEZ VENDER 1 MILHÃO DE UNIDADES DE FRENOTOSSE

Empresas que não batem as suas metas, que não constroem formas inteligentes de se comunicar com seu cliente, não se sustentam no mercado e são atropeladas pela concorrência.

Ao começar a trabalhar na Honorterápica, em meados da década de 1980, logo percebi que não tínhamos uma linha de produtos populares que atraíssem o interesse dos consumidores de verdade e despertassem a vontade de comercialização dos balconistas nos pontos de venda. Se não mudássemos a situação depressa, iríamos ficar patinando no mercado. Precisávamos inovar para virar aquele jogo, e achar esse diferencial tornou-se uma das minhas motivações de trabalho no começo da minha carreira. E quem me conhece sabe: não desisto facilmente dos meus objetivos. Essa é uma das minhas mais importantes características profissionais. Jamais desisto antes de tentar.

A vontade de transformar a Honorterápica me movia. Eu procurava diariamente por oportunidades para fazer isso acontecer, e assim me mantive por cinco anos, ao menos, até encontrar o produto popular com que eu tanto sonhava — e ele veio ao comprarmos a Cimed das mãos do sr. Passos. Com aquela aquisição, construímos ao longo dos anos a reputação do nosso primeiro carro-chefe de vendas, o xarope Frenotosse.

A estratégia de marketing usada para a sua comercialização se tornou um *case* de sucesso na história da nossa empresa, o primeiro de muitos. Uso aqui a palavra "estratégia" só por uma questão formal, porque para mim foi tudo pura intuição, um movimento de acreditar em meu instinto, empenhar muito trabalho e ir além de nossa capacidade de entrega.

A história de venda do Frenotosse foi sensacional e carrega a marca de um cara que reconhece e sabe da importância e valor do marketing dos produtos e como esse trabalho é decisivo para se bater as cotas planejadas nas vendas.

Era 1998, eu tinha 26 anos e minha experiência profissional ainda era limitada, mas em compensação minha força de trabalho era gigante, tinha muita vontade de fazer, não tinha medo de errar e, ainda por cima, contava com os meus pais para me apoiarem caso tudo desandasse. Mas os ventos sopraram a meu favor e toda a história do marketing e venda do Frenotosse aconteceu da melhor maneira. Ela começou quando Machado, um dos mais experientes vendedores da Honorterápica e um dos meus mentores no início da minha carreira, disse que eu precisava conhecer o dono de uma farmácia com bons números de venda.

"João Adibe, temos de ir lá na rua Brigadeiro Luís Antônio para você conhecer o Sidney. O cara é uma máquina de vendas, e parte disso se deve aos anúncios que ele coloca no programa de rádio do Zé Bettio", me falou Machado.

Eu o ouvi com atenção e lhe disse que queria, sim, conhecer o dono dessa farmácia. Marcamos a data do encontro e lá fomos nós. Com a pasta embaixo do braço, eu fui com vontade de convencê-lo a fazer um grande pedido de compra de Frenotosse.

Sidney tinha a idade de meu pai e era um empresário experiente, mas não me intimidei, pois vendedor bom não fica acanhado diante de seu cliente, o trata com respeito e encontra a melhor forma de lhe oferecer o seu produto para fechar o negócio. Vendedor bom bate cota.

Com esse espírito, fui conversar com ele e logo lhe mostrei o Frenotosse. Ele me ouviu, fez perguntas e percebeu que aquele xarope poderia melhorar seu desempenho de vendas se conseguisse chegar à mídia. Se fosse anunciado para seu público consumidor no programa certo de televisão. Então, me olhou e disse que havia conhecido um comunicador que tinha um programa popular em Curitiba. A pessoa a quem ele se referia era o Ratinho, que tinha um programa de TV com excelente audiência na capital paranaense, mas ainda era desconhecido nacionalmente.

Sidney achava Ratinho um "fenômeno" e insistiu para que eu o conhecesse, que eu entenderia assim que nos encontrássemos. Topei a sugestão e, dali a alguns dias, fomos a Curitiba para uma reunião. Sidney tinha razão, Ratinho se comunicava extraordinariamente bem e o resultado era fácil de ver: o programa dele, *190 Urgente*, era um sucesso na televisão do Paraná.

Conversámos, entendi quais seriam as possibilidades comerciais para anunciarmos com ele e fiquei de pensar em uma maneira de firmarmos uma parceira. Voltei para casa, em São Paulo, pensando em campanhas publicitárias que poderíamos fazer juntos, mas, sobretudo, me preocupava a maneira como convenceria meus pais a topar aquela inciativa. Nunca havíamos feito nada tão grande em televisão. Por isso, não tínhamos experiência com os valores para o investimento, nem conseguiríamos prever os retornos com precisão. Aquele movimento seria algo ousado, novo.

Apesar das incertezas, confiava no potencial do Frenotosse. O meu instinto de vendedor me fazia acreditar nos bons resultados que obteríamos. Convencer meu pai, contudo, nunca foi uma tarefa muito fácil. Como empresário, ele sempre calculou muito bem os seus riscos, enquanto eu prefiro sempre arriscar. Em alguns momentos, batíamos de frente por essas nossas diferenças de gestão. Sempre acontecia algum desgaste em nossa relação e, como ele tinha a palavra final, precisava me esforçar muito para convencê-lo de minhas ideias.

"Pai, essa campanha do xarope vai ajudar as vendas. Temos de investir em televisão." Ele me olhava e não hesitava em responder: "Essa não é uma boa ideia e é muito cara, não temos dinheiro para bancá-la." Assim, discordando, seguíamos conversando. Eu mostrava as possibilidades e ele as descartava sem pensar duas vezes, mas eu insistia e não me dava por vencido diante de suas negativas. A minha insistência foi tanta que acabei por convencê-lo.

No fundo, as negativas dele me davam mais vontade de fazer o negócio acontecer. Tinha para mim que aquela cautela dele era como um sinal positivo para a minha ideia. Ela iria dar certo como, de fato, deu. Foi a minha primeira campanha de xarope e a maior ação de marketing e publicidade que até então havia participado.

Um dos argumentos de meu pai para que eu desistisse de fazer a campanha era a nossa capacidade produtiva. Fabricávamos 30 mil unidades do xarope ao mês e nossa equipe de vendas se resumia a 20 profissionais, sendo que minha proposta era mirabolante, praticamente triplicar as vendas. Na verdade, meu objetivo era chegar a 100 mil unidades vendidas.

Fiz as contas e vender 100 mil unidades do Frenotosse aumentaria consideravelmente nosso faturamento, mas meu pai entendia que aquele movimento poderia ser um tiro pela culatra. Por não termos a estrutura adequada para dar suporte a tantos possíveis pedidos de compra, facilmente quebraríamos. Apesar desse receio, ele concordou em se arriscar e fizemos o anúncio com Ratinho. Os bons resultados, porém, não aconteceram de cara. Levou certo tempo até entendermos o que tínhamos de fazer para virar o jogo ao nosso favor.

O gosto do xarope era muito forte, e por isso seu sabor desagradava os consumidores. Como tomar remédio já não é gostoso, aquele amargo atrapalhava o seu consumo (ele era feito com *Bromoformio e Benzoato de Sódio*). Por isso, dia e noite, pensava em como modificaríamos aquela situação. Foi quando o destino agiu a meu favor.

O PIRULITO DA VIRADA

A Blockbuster havia acabado de chegar ao Brasil e junto com a sua entrada no mercado veio a febre de alugar filmes para se assistir em casa. Aquela foi uma época de ouro para esse negócio, principalmente em São Paulo. As pessoas consumiam muito aquele serviço, inclusive eu.

Em um fim de semana fui a uma das megalojas alugar alguns vídeos. Escolhi os filmes que queria assistir, fui ao caixa e paguei o que devia, o vendedor colocou as fitas em uma sacola sem que eu prestasse muita atenção aos seus movimentos. Agradeci e fui embora. Ao chegar em casa e tirar as fitas da sacola, me deparei com um pirulito. Ele o havia colocado ali e eu nem havia percebido. De certa forma, me surpreendi com aquele brinde inusitado e me detive nele por alguns segundos, mas depois o larguei sobre a mesa.

Coloquei o filme para assistir, porém, para a minha surpresa, não parava de pensar no pirulito. A sua imagem ficou em minha cabeça por toda a noite, e não tenho a menor ideia do porquê isso aconteceu, afinal era um pirulito completamente comum.

Fui dormir e, ao acordar, lá veio a imagem do pirulito mais uma vez à minha mente. Aquilo tinha virado uma "perseguição". Parti para ação, então. Em sua embalagem, descobri o CNPJ da fabricante. Peguei uma lista telefônica e identifiquei o telefone da empresa. Queria falar com o cara que o fazia para saber o seu custo, porque tinha me decidido, iria tê-lo como brinde do Frenotosse.

Liguei ao fabricante e falei sem intermediários com o dono. Em nossa conversa fui informado de que, se comprasse o pirulito em grande quantidade, o seu valor sairia por poucos centavos. Não me lembro do custo exato, mas não era mais que 15 centavos. Rapidamente, fiz uma conta de qual seria o meu investimento para colocar um pirulito junto a cada vidro do Frenotosse, e o valor se encaixou em nosso orçamento. A oportunidade estava feita.

Se o sabor do xarope era forte, o pirulito iria adoçar a boca de quem o tivesse tomado. Nada mal levar um pouco de doçura para quem estava tentando se recuperar de uma gripe e, ainda por cima, tinha um quadro de tosse persistente. A ideia parecia boa, mas ela não se sustentava sozinha. Tínhamos de impulsionar a associação do pirulito ao Frenotosse e, por isso, criei um personagem, o Super Frenotosse, um molequinho simpático que segurava um pirulito.

A criação daquele personagem fechava um ciclo do marketing do produto. Teria um brinde para ser distribuído pelos balconistas da farmácia quando alguém comprasse um vidro do meu xarope; e, para dar visibilidade à ação, colocamos o Super Frenotosse nos pontos de venda. A aposta naquela ação se pagou.

Agregamos o custo de produção de centavos do pirulito ao xarope e conseguimos vender um milhão de unidades — sendo que a previsão era de 100 mil. Esse simples brinde capturou a atenção do consumidor e pegamos o mercado de surpresa, porque o setor não tinha aquela dinâmica de venda. Começamos a ficar conhecidos a partir daquela ação.

As vendas também foram potencializadas porque usamos o espaço comercial do Ratinho para anunciar o brinde no xarope e, assim, o Frenotosse se tornou o primeiro grande sucesso comercial da Cimed. Mas aquele excelente desempenho caiu como uma bomba para a estrutura da empresa e tornou real as palavras de meu pai: não tínhamos estrutura adequada para a sua produção. Foi um transtorno. Apesar dessa situação, com muito esforço e criatividade, demos conta do recado e não quebramos, como ele havia previsto. Para isso acontecer, contudo, toda a Cimed, ainda localizada na rua Engenheiro Prudente, foi transformada na fábrica do Frenotosse.

Tivemos de ser criativos para adaptar nossa estrutura, respeitando as regras da Anvisa e eliminando os possíveis contratempos que foram gerados pela alta demanda. Foi uma loucura generalizada, até porque o envasamento do xarope era no terceiro andar (o último andar do prédio) e os tanques para a produção do líquido estavam no térreo, junto à expedição, enquanto a embalagem era feita no segundo andar. Foi um insano sobe e desce, porque não tínhamos previsto nenhuma organização logística para uma operação daquele tamanho. Não houve tempo para fazer qualquer planejamento e tivemos de dar conta do recado, com os pedidos entrando a todo instante — e como entravam, graças a Deus.

Sem contar a revolução na fábrica de pirulitos por conta de nossa demanda. Eles precisaram se virar de qualquer maneira para entregar a quantidade imensa que solicitávamos. Conseguiram cumprir com a demanda e, em contrapartida, ganharam muito dinheiro conosco.

Aquele pirulito foi a solução para vendermos um produto praticamente encalhado e marcou comercialmente o nosso DNA em uma ação. Somos uma empresa ágil, vemos oportunidade no inusitado e o marketing é aliado ao nosso desempenho comercial.

As empresas que não batem as suas metas, que não constroem formas inteligentes de se comunicar com o seu cliente, não se sustentam no mercado e são atropeladas pela concorrência.

DEPOIMENTO
de Gláucia Marcondes,
Assessora da Presidência da CIMED

"AQUELE PIRULITO FEZ UMA REVOLUÇÃO EM MINHA VIDA."

Fui contratada para trabalhar na Cimed como auxiliar de embalagem, em abril de 1998, por conta do sucesso da campanha do Frenotosse. As vendas desse produto foram intensas, e, na operação, a gente tinha a contínua sensação de que faltava gente para ajudar. Tive um susto, logo de cara, com o ritmo alucinante da empresa. Era uma menina ainda, tinha 18 anos, e não estava acostumada com àquela agilidade. Aquele pirulito realmente fez uma revolução nos negócios e na minha vida, porque ele me fez encontrar João Adibe e a sua família.

Por alguns meses, eu trabalhei na expedição e embalagem dos produtos, mas aos poucos, migrei para o escritório e passei a ser auxiliar de serviços administrativos. Ajudava como podia os pais de João, e aquele contato com eles foi extremamente importante para a minha vida, porque me acolheram com muito carinho. Dona Cláudia, especialmente, me orientou em como deveria me portar no trabalho e na minha vida pessoal. Ela me fazia sentir especial, pois tinha um jeito diferente de se relacionar com quem trabalhava com ela. Era muito agradável estar junto dela, porque sempre havia uma alegria e harmonia, por isso, quando ela me disse que iria trabalhar direto com João, me assustei e resisti.

Naquela época, mal sabia ligar um computador e sabia o quanto João era exigente. Vivia correndo e cobrando resultado das pessoas. Tive medo de não conseguir me adaptar ao jeito dele. Como de costume, dona Cláudia me tranquilizou e me fez perceber as oportunidades que teria se estivesse ao lado dele. Eu a ouvi e resolvi tentar.

Fui avisada da mudança de minhas funções em uma sexta-feira, e o novo cargo já teria início na segunda seguinte. Coincidentemente, nessa mesma segunda que eu começaria, João estaria fora do escritório, em uma viagem a Belo Horizonte. Achei positivo ganhar alguns dias para me acostumar às atividades. No meu primeiro dia, porém, quando cheguei para trabalhar, lá estava João no escritório para me receber.

"Me disseram que você não sabe nem ligar o computador, é verdade? Cancelei a minha viagem para te ensinar. Saiba que não admito erros, mas caso eles ocorram, nunca minta, nem os esconda, pois juntos iremos resolvê-los. Não me faça perder a confiança!", João me disse de cara.

Apesar daquela sua fala ter sido forte, ela não me intimidou, pelo contrário, me serviu como incentivo. Depois de ouvi-lo, me fiz uma promessa e me comprometi a não decepcioná-lo. Se ele estava disposto a me ensinar, eu estava disposta a aproveitar aquela oportunidade. Iria me dedicar, entregar o meu melhor e ser fiel. E, desde aquela dia, assim seguimos. Já se passaram mais de 20 anos de uma relação em que, todos os dias, aprendo com ele e me sinto inspirada a fazer o meu melhor.

João é um profissional vibrante que não sabe muito comemorar as vitórias, porque sempre está almejando algo maior. Ele é cheio de energia e faz a gente correr atrás o tempo todo. Apesar de o jeito dele, às vezes, ser estridente, ele é muito respeitoso e cuidadoso. Poucas vezes o vi sair do escritório brigado com alguém. As discussões existem, como é normal, mas no final do dia ele dá um jeito de ser atencioso, virar a página e nos fazer seguir.

SURGE O LAVITAN 5G

Sou um cara que tem muita dificuldade para se desligar do negócio. Estou sempre pensando em como inovar, como podemos fazer melhor, em qual produto vamos lançar. A todo momento, procuro entender quais são as tendências de consumo. Sou um profissional atento, em busca de novas ideias.

Essa característica é potencializada pelo fato de eu viajar muito para outros países e tentar aprender com tudo o que vejo. Quando viajo internacionalmente, uma das primeiras coisas que faço ao chegar no meu destino, não importa onde eu esteja, é visitar uma farmácia. Essas visitas me dão ideia para novos produtos. Nesses lugares, vejo as tendências, observo o portfólio dos concorrentes internacionais e qual a predileção de compra dos consumidores daquela localidade. As farmácias me inspiram, são laboratórios criativos para meu negócio.

Em 2018, não foi diferente. Naquele ano, fiz 26 viagens de longa distância, sem contar com os percursos bate-volta entre São Paulo e algum outro estado no Brasil. Meu deslocamento foi tanto que a minha mulher, de saco cheio, me lembrou, com muita razão, que tinha crianças pequenas em casa e precisava lhes dar a devida atenção. Como adoro meu trabalho, é bem difícil para mim mudar esse hábito de estar na estrada o tempo todo. Eu me encontro com a minha profissão de vendedor na rua, como se esse fosse meu habitat natural. Pois muito bem, foi numa viagem daquele ano que uma das linhas mais significativas do mercado brasileiro de multivitamínicos, a Lavitan 5G, foi criada.

Cynthia e eu, fomos convidados por amigos para ficar alguns dias na cidade italiana de Alba, parte de uma região produtora de trufas. O convite nos soou tentador e o aceitamos. Chegando lá, a história foi outra. Não ficamos tão empolgados com o que vimos e mudamos a rota da viagem. Partimos para Milão. A decisão se provou acertada e muito mais agradável. Milão é uma cidade especial e nos divertimos bastante. Depois de alguns dias, retornaríamos ao

Brasil e nosso voo faria uma escala em Londres. Estávamos viajando em um voo comercial.

Ao desembarcamos em Heathrow para a troca de aeronave, segui o meu ritual e entrei em uma farmácia no aeroporto. Rapidamente, um produto da fabricante alemã Bayer me chamou a atenção. Era uma vitamina C com "mais vitamina", e a embalagem era bastante chamativa. A pegada de marketing usada por eles prendeu a minha atenção. Os caras estavam dizendo que aquele produto era "turbinado", que oferecia, por um bom preço, mais vitamina C do que os seus concorrentes. Coincidentemente, havíamos lançado no mercado brasileiro um multivitamínico, mas sem essa pegada de "mais vitamina".

Imediatamente, tirei uma foto da embalagem e mandei para o pessoal de nosso desenvolvimento para eles terem como referência. E mais, propus incorporarmos a ideia de termos um multivitamínico da linha Lavitan para ser comercializado com 1 grama de vitamina C. Como 1 grama é a dosagem diária da vitamina C, iríamos oferecer a quantidade máxima da substância em nosso produto, o que nenhum concorrente estava fazendo. Aquele produto da Bayer, inclusive, se dizia turbinado por ter 400 miligramas da vitamina C. Entretanto, no Brasil, essa quantidade não tem apelo comercial.

A partir daquele momento, começamos a trabalhar para adequar a linha Lavitan, sempre seguindo meu lema: Nosso produto tem de ter qualidade e eficiência. Se não tiver, está fora do portfólio. Se a Cimed coloca um medicamento no mercado, é porque ele funciona. Fazemos todos os testes para assegurar essa prerrogativa.

A partir do envio da foto como referência e das mensagens trocadas, dei aquele assunto como encaminhado e toquei a minha vida. Voltei para São Paulo e, logo em seguida, precisei viajar para Nova York. Em minha agenda, havia uma reunião marcada com possíveis investidores, que estavam procurando oportunidades no setor farmacêutico brasileiro para diversificar os seus negócios. Aquele seria, contudo, um encontro rápido e eu teria algum tempo livre para andar pela cidade, outro hábito meu. Gosto muito de andar, porque assim posso entender a movimentação das pessoas e conhecer novos lugares. Para me acompanhar naquela ida aos Estados Unidos, chamei o meu filho Adibe e Erich Shibata, diretor de branding e criação da Cimed. Faria a reunião com os investidores e nos momentos livres, teria a companhia deles para bater perna pela cidade. Ao mencionar Erich, neste trecho do livro, preciso fazer uma ressalva sobre a história da sua contratação para a Cimed, que representa bem a diversidade do histórico profissional de quem trabalha conosco.

O "japa", como o chamamos, é designer de produtos e veio da Embraer para se juntar à nossa equipe. Ele é um profissional acostumado a fazer o design de aviões (em sua carreira na indústria aeronáutica, já fez mais de 800 projetos para definir a identidade visual dos mais variados modelos de aeronave), mas decidiu trocar aquele ambiente de luxo para projetar caixas de remédio.

Erich é um profissional criativo que entende o *lifestyle* da Cimed, e por isso é um dos responsáveis por criar a comunicação externa da empresa, refletindo nossos valores numa linguagem contemporânea e jovem, como nós somos.

Chegamos em Nova York na manhã que antecedeu o meu encontro e aquele foi o momento oportuno para andar na cidade. Ficamos hospedados próximos à 5ª Avenida, um local repleto de lojas, com um intenso vai e vem de pessoas. Chamei os caras para darmos uma volta e saímos do hotel sem destino certo. De repente, nos deparamos com uma loja da Louis Vuitton, que ocupava todo um prédio, e a sua decoração chamava atenção pelo colorido usado. As cores eram vibrantes. O prédio estava decorado com um tecido de estampa de *tie dye*, material que se tornaria popular meses depois, mas naquele momento ainda era uma combinação inusitada de cores.

Imediatamente, olhei para Erich e perguntei: "Você achou isso legal?" "Muito!", ouvi como resposta. Pedi, então, para ele fazer algumas fotos da loja e termos as imagens como referência. Continuamos nosso passeio até chegarmos a uma unidade da Whole Foods Market, uma das maiores redes de supermercado dos Estados Unidos. Decidimos entrar na loja para uma espécie de imersão nos produtos à venda e como estavam anunciados.

Muitos fitoterápicos estavam sendo vendidos como suplementos. Essa categoria de produto é um problema no Brasil, porque brasileiro é resistente a comprá-los. O desempenho de venda deles em nosso mercado é muito fraco.

Entretanto, outro segmento anunciado também na loja do Whole Foods chamou a nossa atenção, e não tinha nada a ver com o nosso setor. Começamos a perceber uma crescente quantidade de propagandas da tecnologia 5G à medida que andávamos. Aqueles anúncios despertaram nossa curiosidade, porque estavam espalhados pela cidade. Ao ficarmos expostos a tantas propagandas do 5G, me veio um *insight*.

"Erich, a gente está desenvolvendo uma vitamina, correto? Para o nosso setor as vitaminas podem ser entendidas como uma tecnologia nova, algo disruptivo. E se a tecnologia mais avançada agora é a 5G, vamos lançar o Lavitan 5G e usar as cores que vimos na Louis Vitton para criar a embalagem, a marca desse produto."

Naquele instante, definimos a identidade do que viríamos a lançar certo tempo depois, porém, aquele ainda não era o momento de celebrarmos nossa ideia. Nossa equipe de desenvolvimento estava encontrando dificuldades para gerar estabilidade nas vitaminas.

Todo produto tem de ter uma estabilidade, uma consistência em sua aparência, em seu formato, na maneira como será apresentado ao consumidor. Uma das dificuldades desse estágio de fabricação é o fato de que a produção tem de ser em larga escala; e toda e qualquer unidade que será colocada à venda tem de ser igual. Se houver alguma diferença de apresentação final, esse produto está comprometido.

Especificamente aquela linha de Lavitan, que viria a ser batizada de 5G, estava ficando com algumas manchinhas depois de o frasco ter sido aberto. Essa diferença de apresentação acontecia no período de seis a nove meses, durante testes de temperatura e umidade. A equipe no laboratório precisava descobrir como acabar com aquela instabilidade em sua aparência. A sua qualidade como multivitamínico estava assegurada, mas as manchas que surgiam comprometiam a sua aparência e isso não é aceitável.

Nossa equipe, descobriu que se aumentasse a espessura da parede do frasco o produto se manteria estável e as manchas sumiriam. Os frascos foram trocados imediatamente e acertamos. O produto foi aprovado em nossos testes internos de qualidade, mas a demora em chegarmos a uma solução impactou a nossa programação comercial para a sua venda. Havíamos planejado colocá-lo no mercado no segundo trimestre de 2019, mas já não havia mais tempo hábil para aquele lançamento e decidimos reprogramar sua venda para o primeiro trimestre de 2020. Essa previsão de venda foi refeita bem antes de sabermos que o mundo seria atingido por uma pandemia nesse período.

Contratamos um publicitário para pensarmos na estratégia de publicidade e marketing para a sua apresentação ao mercado e, na hora que ele viu nossa ideia do 5G, não duvidou em sentenciar: "Isso não vai dar certo! Essa relação que você está fazendo com a tecnologia não vai colar, não tem o apelo que você está imaginando." Diante do que havíamos conversado, ele se pôs a trabalhar para adaptar o projeto e transformou a ideia de tecnologia em *cinco ganhos*, ou "5G", e acertou na mosca, porque o produto colou na cabeça dos consumidores, tornando-se um dos mais vendidos em 2020. A pandemia também foi decisiva para esse desempenho robusto.

Como as pessoas se viram diante de uma doença nova, sem uma vacina para tomar ou um remédio para combatê-la, o que elas naturalmente decidiram fazer? Procuraram manter a sua imunidade alta e a atenção do consumidor se voltou às vitaminas. Essa tendência chegou exatamente quando colocávamos no mercado um produto que traria cinco ganhos específicos para fortalecer a saúde de quem o consumisse. Resultado, o Lavitan 5G se tornou uma máquina de vendas, superando, inclusive, os resultados comerciais do Cimegripe, há anos nosso carro-chefe de vendas.

Ao ver o seu excelente desempenho, imediatamente nos reunimos para entender como ampliar a linha de multivitamínicos, tendo em vista a demanda do consumidor que explodiu em busca desses produtos.

Em cima de nossas mesas, Karla e eu, já tínhamos estudos sobre a vitamina D, anotações sobre a qualidades do zinco e assim por diante. Refletimos a partir do material que dispúnhamos e concluímos ter ali a chance de produzirmos um complexo vitamínico voltado para auxiliar as pessoas a manterem a sua imunidade. Naquela ocasião, começou a nascer o projeto do multivitamínico CDZSE, outro sucesso comercial de nosso portfólio.

Entendemos a legislação da fabricação e comercialização de produtos dessa natureza, assim como a parte técnica, como a composição ideal de cada elemento para integrá-lo e as dosagens permitidas para consumo. Com tudo assimilado, de forma bem rápida, estávamos aptos a colocá-lo no mercado.

Ao desenharmos as especificações técnicas e resolvermos as questões burocráticas para a sua comercialização, liguei para o meu marqueteiro e falei: "Velho, vamos chegar pesado no mercado com o nosso novo lançamento, e o nome desse produto será uma sequência de letras que estão ligadas às vitaminas que o compõem." Ele me ouviu e retrucou: "Você é louco?!" Ao que o respondi: "Sim, sou louco e tenho a certeza de que essa ideia vai dar certo, porque quanto mais inusitado for esse nome, mas vai chamar a atenção das pessoas. Isso vai ser um gatilho para elas lembrarem do produto." Ele ouviu meus argumentos atentamente e concordou em desenvolver a ideia. Aquele foi mais um dos acertos do ano. Em 2020, vendemos 30 milhões de unidades em seu lançamento. Tivemos a preocupação de fazer um multivitamínico popular que coubesse no bolso das pessoas.

O CDZSE virou referência no mercado. A aderência dos consumidores foi tão grande que em algumas partes do Nordeste as pessoas chegam na farmácia e pedem aos balconistas por aquele produto da "sopa de letrinhas". Quando os balconistas contestam os seus fregueses, eles reforçam: "Aquela vitamina da sopa de letrinhas", mas a ebulição do mercado pelo consumo de multivitamínicos não parou por aí. Uma nova fronteira estava prestes a ser conquistada.

A REVOLUÇÃO DO PATATI PATATÁ

Ao longo de 2020, estávamos trabalhando como loucos para dar conta das demandas normais de nossa empresa, como uma das maiores farmacêuticas do Brasil, desenvolvíamos uma série de novos produtos para atender à necessidade do mercado e tivemos de lidar com o impacto da Covid-19 no negócio.

A pandemia trouxe muitos aprendizados para a sociedade e para nós, fez superar obstáculos e, ao abordarmos esse assunto, é preciso lembrar o fato de sermos uma farmacêutica. Portanto, um setor que não pode parar. Uma eventual interrupção em nossa linha de produção atinge a sociedade de maneira muito negativa, porque fabricamos remédios, e a sua falta tem inúmeras implicações.

Quem tem doenças crônicas como hipertensão, diabetes precisa tomar medicamentos controlados para prosseguir com os tratamentos. Se não encontrá-los o que essas pessoas farão? Esse é um dos motivos pelo qual nosso setor é essencial e não podemos parar de maneira alguma. Mas, como se esse cenário já não fosse suficientemente complexo, nossa linha de produtos estava sendo diversificada de modo inesperado.

Estava no escritório um dia quando Adibe entrou em minha sala: "Pai, tudo bem? Estamos esperando o senhor para uma reunião pelo Zoom." Sou um cara hoje com 50 anos de idade, quando comecei no setor nem celular existia, resolvíamos tudo olho no olho, no fio do bigode, como se diz por aí. Estou acostumado a esse jeito de lidar com as coisas e gosto muito. Por isso, ouvir meu filho falar que teria uma reunião por computador me enchia o saco, ainda mais porque estávamos no começo da pandemia e não estávamos habituados àquele tipo de reunião.

Sem paciência, respondi: "Adibinho, não me coloca nisso aí, não. Não quero participar." Ele não gostou muito da resposta, mas me deixou de fora daquele encontro. No dia seguinte, voltou à minha sala: "Pai, o dono do hospital São Luiz quer muito que você participe da reunião, porque ele quer te apresentar alguns projetos. Ele precisa falar contigo pelo Zoom." Ao ouvi-lo mais um dia insistindo para participar, dei o braço a torcer e me juntei ao encontro.

Entramos na sala virtual e começou a aparecer um monte de caras, de vários lugares. A sala ficou "lotada" e eu ainda não estava completamente à vontade com aquela tecnologia. Para resumir, o que se estava discutindo nesse encontro era uma apresentação para testes de Covid, mas as propostas que estavam sendo feitas não se encaixavam com a natureza do meu negócio. Agradeci por terem nos convidado a participar da conversa, mas não dei prosseguimento a nenhum negócio. Entretanto, quando estava para sair da videoconferência, um dos seus participantes se apresentou e disse ser o dono da marca de palhaços Patati Patatá. "Prazer, sou Rinaldi Faria."

Quando ouvi aquela apresentação, pensei: "Esse cara deve estar de sacanagem. O pau comendo, todo mundo preocupado com a Covid e com a maneira como vamos enfrentar essa doença, e ele vem me falar que é de um grupo de palhaços. Como assim?!" A fala dele não demorou e, logo em seguida, o mediador disse aos participantes que iria deixar o contato de todos que estavam no encontro para facilitar algum entendimento posterior, caso alguém quisesse entrar em contato. Agradeci e nos desconectamos.

Passaram-se uns 15 minutos e chegou ao meu celular uma mensagem do cara que havia dito ser o dono do Patati Patatá. "Oi, João. Tudo bem? Aqui é Rinaldi, do Patati Patatá. Tenho algumas ideias e gostaria de apresentá-las a você." Li a mensagem e pensei: "O que esse cara quer comigo?". Mas ele seguiu me perguntando, mesmo sem eu mandar uma resposta de volta: "Você está trabalhando em meio a toda essa pandemia? Se você estiver, me atenderia em seu escritório?" Como pouquíssimas pessoas estavam trabalhando, me animei com a possibilidade de ver alguém para uma reunião presencial, seguindo todos os protocolos para um encontro daquela natureza. Estaríamos distantes e usaríamos máscaras. "Sim, te atendo", respondi.

No dia seguinte, o cara apareceu no escritório e fomos a uma sala de reunião para conversar. Ele foi objetivo. Me apresentou o que é, de fato, o Patati Patatá como negócio. Eu não tinha a menor ideia da dimensão deles. No Brasil, eles são mais fortes do que o Mickey Mouse. É uma potência! Quanto mais ele mostrava detalhes, mais me impressionava.

Naquela época, havia mais de dez duplas licenciadas como Patati Patatá, trabalhando pelo país. Ele tinha um circo e vários produtos com a marca circulavam no mercado em diversos setores. No encontro, além de ter entendido a dimensão deles, compreendi que o trabalho que fazem é educacional. Havia uma evidente oportunidade para nos associarmos.

Rinaldi fez parte da primeira formação do grupo Patati Patatá, que era composto por atores circenses. Infelizmente, os profissionais, que eram os palhaços da formação original, morreram em um acidente de carro. Com a morte deles, Rinaldi tornou-se o único dono da marca.

Nos despedimos da reunião e fiquei de retornar para ele com uma proposta mais concreta, já que havia entendido ali do que se tratava o trabalho.

Após a sua saída, liguei para o pessoal da minha inteligência de mercado para saber como estava o desempenho dos produtos da linha infantil de vitaminas do Lavitan Kids. Apesar de as estatísticas revelarem bom crescimento, de 300%, desde o seu lançamento, as vendas haviam empacado. Ouvi os relatos do departamento e me incomodei pelo fato de as vitaminas não estarem vendendo mais. Se tinham potencial, por que não saíam do lugar?

Se a linha de produtos vitamínicos para adultos estava crescendo, se estava afetando positivamente o segmento voltado para os adultos, por que não aconteceria o mesmo para o segmento infantil? Por falta de comunicação correta. Associar nosso Lavitan ao Patati Patatá corrigiria esse erro. Procurei Rinaldi com uma proposta de vincular a marca dele à nossa linha infantil de multivitamínicos. Eles iriam falar sobre os benefícios do consumo desse produto e estabeleceríamos um sistema de royalties mensal como pagamento. "Rinaldi, você acreditou na Cimed e nos procurou. Agora, quem está acreditando em você somos nós. Quanto mais a gente vender, mais você ganha. Vamos pagar royalties a você por unidade vendida." Ele concordou com a proposta e o resultado foi extraordinário: vendemos 450 mil caixas dos produtos depois de termos colocado nossa parceria em prática.

Atentos à necessária instrução e conscientização dos pais e responsáveis, trabalhamos um marketing extremamente colorido como a dupla de palhaços, fizemos desenhos animados e entramos no ponto de vendas com um material de divulgação extremamente colorido, levando mais vida ao ambiente das farmácias. Sem contar as ações feitas nas quais os promotores das vendas se vestiam de Patati Patatá.

No canal do YouTube do Patati Patatá, um vídeo especialmente produzido para a campanha, *O ABCD das Vitaminas*, animação na qual os palhaços explicam, por meio de uma música alegre e didática, a importância da ingestão diária das vitaminas em complemento a uma alimentação saudável, superou as nossas expectativas. Lançado em 1º de outubro de 2020, o vídeo havia superado 10 milhões de visualizações após nove meses de divulgação. Essa ação é um sucesso. Conseguimos educar as crianças e conscientizar os seus responsáveis sobre os benefícios dos meninos e meninas ingerirem a quantidade adequada de vitaminas para ajudá-las em um crescimento saudável.

E pensar que toda essa revolução multivitamínica em nossa empresa começou dentro de umas das farmácias do aeroporto de Heathrow. As vitaminas têm um longo caminho de evolução no mercado consumidor brasileiro, pois, no início da década de 2020, em termos de consumo, apenas 6% da população brasileira ingeria esse tipo de produto regularmente; e desse percentual, apenas 3% só consumiam vitamina C efervescente. Esse dado nos possibilita estruturar um planejamento de negócio substancial por nos indicar, objetivamente, o potencial de crescimento desse segmento, que, de acordo com pesquisa do Bank of America, vem crescendo 40%

ao ano em nosso país. Apesar desse robusto indicador, em termos comparativos, o consumo per capta de vitaminas no Brasil equivale apenas a um décimo do existente nos Estados Unidos.

Como uma das empresas líderes na produção de multivitamínicos no Brasil, a Cimed tem a responsabilidade de demonstrar aos brasileiros a importância para a saúde com a ingestão regular de vitaminas. Essa missão nos estimula como empresa, pois temos expertise para enfrentá-la com eficiência.

NOS MEUS 50 ANOS DE VIDA, O QUE APRENDI COM LANÇAMENTOS DE NOVOS PRODUTOS?

Ao olhar com certo distanciamento para a ação de marketing do Frenotosse, para a criação e publicidade das linhas vitamínicas, é muito evidente nossa capacidade de inovação e adaptação que está completamente ligada ao meu DNA, como vendedor, em criar situações prósperas, em agregar pessoas, em ser irrequieto, em buscar novas perspectivas e não ficar paralisado pelas circunstâncias desfavoráveis. Essas são características necessárias para quem quer se dar bem com vendas.

CAPÍTULO 12

O *PUSH* NAS VENDAS DA CIMED

A gente mexe, sim, em time que está ganhando, e mexemos para adaptá-lo às novas demandas e ganharmos mais. Vender é treinar; e se o profissional do setor não treina o suficiente, não vende nada.

Em 2010, quando a Stock Car inseriu o botão *push-to-pass* como um dos equipamentos da competição, a categoria ganhou mais emoção porque os carros ficaram mais velozes e os pilotos mais experientes garantiram ultrapassagens eficazes. Esse recurso qualificou as disputas por melhorar o desempenho dos carros.

Em bom português, o *push-to-pass* é um botão de ultrapassagem. Ao ser acionado, gera uma potência extra de 80 cavalos e os motores mais potentes podem chegar até a 520 cv. Nada mal para quem está procurando formas de superar os seus adversários.

Entretanto, o conceito de uso do *push-to-pass* não é exclusividade da Stock Car. Essa técnica é encontrada em outros setores, como na área elétrica por intermédio dos *botões push*, para facilitar o ato de ligar e desligar certas conexões; ou ainda na internet com a *tecnologia push*, que é um sistema de distribuição de conteúdo entre um servidor e seus clientes. O que se trata aqui é de um conceito usado para aprimorar o desempenho dos locais, máquinas e pessoas onde for aplicado.

Em 2019, introduzimos essa forma de agir na Cimed e obtivemos resultados incomparáveis em nosso desempenho comercial. Eu trouxe essa cultura para a empresa ao observar os bons resultados de seu uso nas competições da Stock Car. Resolvi, com isso, sistematizar algumas práticas para definir um modelo de trabalho aplicável à nossa equipe de vendas. A ideia foi vencedora.

O nosso *Processo Push de Vendas* é um modelo de gestão realizado em **6 passos**:

- **1º Passo | Planejamento**: Antes da visita aos clientes, nossos vendedores se preparam com todas as informações possíveis sobre os produtos que serão apresentados e assimilam as necessidades e perfil dos clientes que serão visitados. Esse comportamento gera um atendimento customizado, onde mais importante do que ideias abrangentes e vagas é preciso estar munido de propostas específicas e conhecimento assertivo;

- **2º Passo | Aproximação**: Fase de relacionamento em que se deve "quebrar o gelo" do encontro, "levar boas notícias aos clientes". Nossa relação com os clientes não precisa ser distante e impessoal. É importante gerar uma comunicação com proximidade e reconhecimento do outro;

- **3º Passo | Verificação**: Essa é uma ação de campo básica para nossos vendedores. Eles têm de olhar o ambiente das farmácias, acompanhar o movimento das pessoas na loja, perceber a disposição das gôndolas e identificar os locais de maior e menor visitação por entre os corredores das farmácias para dispor nossos produtos de maneira mais favorável e com bastante visibilidade;

- **4º Passo | Negociação**: É a fase da comunicação persuasiva. É quando nossos vendedores demonstram as vantagens e a importância dos produtos tanto para o ponto de venda quanto para os clientes deles. Para obter sucesso nessa etapa do processo, o vendedor tem de estar seguro de si, ter domínio do seu portfólio de produtos e tranquilidade com as suas habilidades de comunicação e expressão;

- **5º Passo | Fechamento**: Momento em que nossos vendedores estão na reta final da negociação e alinham as expectativas de compra dos clientes, assegurando uma boa relação e garantindo a recompra. Sem contar que esse é também o momento de checar as planilhas de atividades de visita do dia para identificar qual será a próxima farmácia a ser visitada;

- **6º Passo | Pós-Venda**: Chegamos ao fim de um ciclo de venda e estamos aptos a abrir um novo ciclo com esse cliente quando for oportuno. É também um passo de reflexão, de avaliação objetiva sobre o seu desempenho como vendedor e identificação de algumas de suas características que precisam ser aprimoradas; bem como o reconhecimento de alguns de seus atributos positivos em seu comportamento para saber como usá-los da melhor maneira quando for preciso.

Os 6 passos do *Projeto Push* foram um de nossos principais mantras em 2019. Eles se tornaram nossa cartilha de vendas e base para o treinamento implementado na área comercial, definitivamente adotado desde então.

Vender é treinar; e se o profissional do setor não treina o suficiente, não vende nada. Essa cultura foi implementada com muita força na capacitação do time de vendas que trabalha junto às pequenas farmácias independentes pelo país. Esses estabelecimentos comerciais são uma grande força no setor. E mais, O *Processo Push de Vendas* garantiu a conquista da nossa meta de faturamento de 2 bilhões de reais.

Uma das grandes vantagens de sua adoção é o fato de que esse método é simples para ser implementado. A sua prática padroniza os procedimentos do setor e a eficiência aumenta, consequentemente.

Quando fizemos as planilhas de acompanhamento dos indicadores de desempenho dos vendedores (KPIs), identificamos uma positivação no trabalho desses profissionais de até 100%, em alguns casos. De forma geral, em termos de porcentagem, o crescimento dos resultados superou os 70%. As vendas explodiram.

Implementamos esse processo na Cimed em um momento de amadurecimento da empresa. Até meados dos anos 2000, éramos mais orientados pela ideia de que a venda deveria focar a *oferta de prazo* para o pagamento e o *desconto* no valor dos produtos. Essa prática foi muito utilizada pelo setor anos atrás. Ela não era questionada, tampouco pensávamos em modificá-la. É aquela velha história: em time que está ganhando a gente não mexe. Mas esse ditado não se sustenta. A gente mexe, sim, em time que está ganhando e mexemos para adaptá-lo às novas demandas e ganharmos mais.

Só processos garantem aumento das vendas de forma consistente. Quando as empresas têm uma clientela estabelecida, consumindo um determinado produto em uma quantidade específica, por algum tempo, é difícil realizar qualquer mudança nessa relação, o que barra o crescimento das vendas. No meu caso, havia ainda um complicador extra, porque, além de ter herdado da minha família, com muita força, a cultura de *prazo e desconto*, ao longo dos anos 2000, meu pai, Karla, Mariana e eu, nos dividíamos entre administrar a empresa e cuidar da saúde de nossa mãe. Aquele foi um processo exaustivo e quando ela partiu veio o luto. Por essa razão, deleguei para executivos atividades fundamentais em nossa organização, como estar à frente do time de vendas.

Como sempre procuramos ter uma gestão profissionalizada, só percebi que estava na hora de rever a gestão de nossas vendas ao retomar o comando dessa área, em 2017. Voltei para o campo e aquele retorno me fez bem. Compreendi melhor algumas das falhas que estávamos cometendo e percebi o distanciamento de alguns vendedores do nosso *sangue amarelo*.

Mais uma vez, era preciso fortalecer a cultura do olho no olho na venda, o trabalho de corpo a corpo entre nossos representantes autônomos, time que sempre teve uma grande diversidade de profissionais; e por mais que as cotas estivessem sendo batidas, que tivéssemos uma gestão profissional, ao retomarmos algumas práticas de venda do passado, mais ligadas ao nosso DNA, os resultados dobraram, triplicaram em poucos meses. Os bons indicadores ficaram evidentes na *evaluation* da empresa. Os números não mentiam, estávamos seguindo no caminho certo e a disciplina era o grande pulo do gato da metodologia adotada.

Vendedor sem disciplina, sem rotina, não vai longe. Nada, nada e se afoga antes de chegar à praia. Mas tanto a disciplina como a cultura *push* tiveram de ser primeiro assimiladas por nossos funcionários, indiscriminadamente.

O diretor assimilou a proposta, passou-a para o gerente, que, por sua vez, replicou para o supervisor e assim por diante. Se algum elo dessa cadeia está fraco ou se quebra, o sistema não funciona. Graças a Deus conseguimos deixar todo mundo alinhado e arrebentamos. Cada profissional percebeu as vantagens da cultura adotada e se fez disponível ao processo, facilitando as atividades e encontrando soluções.

O DESAFIO DO CRESCIMENTO

Outra característica relevante dessa fórmula de sucesso na gestão é a agilidade. As demandas precisam de respostas rápidas. Não é porque somos uma empresa de R$ 2 bilhões de faturamento que temos de ser uma organização travada. Quanto mais crescemos, mais ágeis precisamos ser para justificarmos os resultados e melhorarmos.

Para conquistarmos essa desejada velocidade de ação, temos de ter processos de gestão objetivos e devidamente implementados. Esse cenário é um desafio, porque nos últimos anos nosso ritmo de crescimento foi acelerado. Qualquer empresa com nossos indicadores de crescimento atropela processos operacionais. Por isso, ao chegar aos 50 anos de idade, dou mais valor a encontrar maneiras para lidar eficientemente com essas transformações. Obter essa sabedoria foi um desafio que o nosso bom desempenho me trouxe como CEO.

Como implemento novos processos sem travar a empresa? Algumass respostas que encontrei para esse questionamento estão relacionadas a ações de visibilidade e velocidade. Esse é um dos grandes diferenciais de nosso negócio na década dos anos 2020: Visibilidade, Velocidade e Atitude.

"QUERO TRABALHAR!"

Comecei a trabalhar muito cedo no negócio dos meus pais, porque sempre fui péssimo aluno no ensino médio e minha mãe morria de vergonha do meu desempenho escolar. Estudava no Colégio Rio Branco, uma das escolas da classe média alta da cidade de São Paulo, que ficava perto de onde morávamos na época.

Até deixar o Rio Branco, transferido por meus pais por conta das minhas péssimas notas, minha mãe ainda sonhava em minha transformação. Ela desejava que obtivesse destaque em meus estudos, mas eu era um caso perdido. Era desfocado, não me concentrava. Em resumo, um desastre; mas conseguia passar de ano escolar.

Meus pais não desistiram da minha formação educacional, mas depois que eles me tiraram do Rio Branco, não consegui me fixar em outra escola.

No final dos anos letivos, era transferido para outro colégio numa nova tentativa deles de acertar na escolha de alguma escola que conseguisse despertar o meu interesse pelos estudos. Todas as tentativas falharam. A cada novo colégio, as minhas notas pioravam ainda mais. Aparentemente, tudo dava errado e eu parecia estar predestinado a me tornar um senhor vagabundo, mas, pouco antes de completar 16 anos de idade, as coisas mudaram.

Naquela época, terminei o segundo colegial e meu pai me chamou para uma conversa séria. Ele olhou para minha cara e me deu uma chamada: "Ou você estuda ou trabalha! Desse jeito que você está é que não vai ficar mais." Como não queria estudar mesmo, aproveitei a oportunidade e lhe falei: "Quero trabalhar!"

Meu pai concordou com a minha vontade, mas colocou uma condição: "Se é isso o que você quer, você vai trabalhar, mas vai ter de fazer um curso técnico de contabilidade." A fala dele foi uma determinação inegociável e ele me matriculou na Fundação de Comércio Álvares Penteado, Fecap. Sem prever, meu pai acertou em cheio no que deveria ter feito. Aquela foi a decisão mais acertada em relação à minha formação educacional formal. Gostei do curso e amadureci.

Ter ido à Fecap me tirou do meu universo de rapaz mimado pela avó (que me dava tudo o que pedia), morador de um bairro de classe média alta, vivendo na companhia de amigos também da classe média alta. Na Fecap, as diferenças entre a minha realidade e a dos meus colegas eram gigantescas. Era o aluno mais novo da turma. Muitos da minha sala já tinham um ou dois empregos. Alguns eram casados e estavam ali porque aquela formação iria ajudá-los a melhorar de vida e buscavam qualificação para encontrar melhores oportunidades de emprego.

Ao me ver naquele contexto, mudei a minha percepção de mundo. Estava em meio a homens e mulheres adultos que precisavam ralar para conseguir as coisas. Eles não tinham quem lhes desse tudo de mão beijada, não tinham pais empresários como era o meu caso. Não tinham tempo a perder ou para ficar na rua fazendo irresponsabilidades. A vida deles me fez questionar as minhas decisões e o modo como vivia. Até o trajeto para ir à escola foi algo revolucionário para mim. Pela primeira vez, precisei andar de ônibus na cidade com regularidade.

Todos os dias, pela manhã, meu pai me dava carona até as imediações da escola. Nos despedíamos e eu andava mais algumas quadras para chegar até o prédio da escola. Ao final do turno, ia para uma parada de ônibus lá perto e pegava uma condução até uma determinada altura do Cambuci, onde a Honorterápica ficava. Lá, também, precisava andar algumas quadras para chegar ao escritório. Por um bom tempo, esse foi o meu principal trajeto de deslocamento.

Sei que esse exemplo pode parecer banal para muitos, mas, para o meu histórico de vida, fazer aquele percurso diariamente foi uma mudança e tanto em minha rotina. Não estava mais sob a segurança das ruas tranquilas e arborizadas do bairro em que morávamos. Precisava atravessar a cidade para chegar à escola e à fábrica e, por mais que meu pai me desse carona pelas manhãs, tinha de me virar como nunca fizera antes para cumprir os horários e chegar aos meus destinos pontualmente. Para um rapaz mimado, foi um aprendizado necessário; e para a surpresa de todos, inclusive a minha, gostava daquela rotina, e a Fecap foi um dos motivos para a minha empolgação.

O meu interesse por números surgiu ao longo da minha formação técnica em contabilidade. Ali, desenvolvi o raciocínio lógico, o gosto por fazer cálculos e aprendi, formalmente, os conceitos e técnicas para me lançar no mundo das contas. Adoro fazer contas e a Fecap teve um papel decisivo nesse gostar, por ter sido o local onde tive consciência desse sentimento. No meio a tantas descobertas, me vi amadurecendo. Já não dava mais para ser uma criança inconsequente.

Tenho muito orgulho dessa fase de minha vida, porque, ao viver naquele ambiente, tão diferente do meu lugar de origem, compreendi melhor e coloquei em prática os ensinamentos e valores do meu pai e da minha mãe.

UM PERÍODO DE TRANSFORMAÇÕES

Naquele movimento de sair de casa para ir à Fecap e ao trabalho, as minhas mudanças de hábitos aconteceram com intensidade. Foi também o período em que tive a minha primeira namorada e comecei a me conhecer como homem de uma maneira mais ampla, descobrindo novas responsabilidades. Se pela manhã, estava em sala de aula, à tarde o meu aprendizado acontecia dentro da nossa fábrica lá na Engenheiro Prudente, que naquela época tinha no máximo uns 20 funcionários.

Na empresa, comecei de baixo, fazia tudo o que me mandavam. Limpava o chão, tirava nota fiscal, batia vidro de xarope, não havia restrições para as minhas tarefas. Com o passar do tempo, meus pais me colocaram na expedição e meu aprendizado começou a ficar mais focado, comecei a entender, de fato, como o nosso negócio acontecia.

O funcionário da expedição acompanha todo o ciclo de entrada e saída dos produtos da empresa. Esse processo é muito louco e eu não tinha dimensão da sua extensão, mas foi ali, ao acompanhá-lo, que, de verdade, desenvolvi os fundamentos da minha vida profissional. Aquele foi o primeiro passo para dominar a cadeia de distribuição e que me transformou no empresário que sou hoje.

Eu pegava a caixinha, embalava, soltava medicamento, via os valores das notas fiscais, separava o caixa, fazia entregas... a lista de atividade parecia não ter fim, mas uma das minhas atividades mais importantes por lá, por mais incrível que pareça, era conversar com os vendedores (e eu conversava muito com eles). Por meio desse comportamento, despertei outra de minhas qualidades profissionais, a comunicação.

O setor de expedição me transformou em um cara comunicativo e me aproximou das pessoas. Aprendi sobre o negócio no balcão, em como chegar ao cliente, em como oferecer um produto, quais eram as melhores condições comerciais, a importância do prazo e foi lá que as minhas ideias ganharam vida.

A expedição também me aproximou de dois caras fundamentais à minha trajetória profissional: Machado e Levi. Cada um deles, a seu modo, me ensinou a vida comercial. Eles eram vendedores natos e tinham características pessoais e profissionais complementares.

O SANGUE AMARELO DA CIMED

Depoimento de Machado

"JOÃO ADIBE É UM FURACÃO E NASCEU VENDEDOR."

A minha história com a família Marques é muito longa. Comecei a trabalhar com eles ainda no Laboratório Prata, em 1974, como auxiliar de escritório. João Adibe só tinha 2 anos de idade e, em 1977, acompanhei o seu pai ao Laboratório Honorterápica, que ele havia comprado. Por lá, a minha carreira começava a evoluir. Nem sei mais dizer todas as funções que ocupei na empresa. Fazia de tudo. Aliás, não só eu, os pais de João Adibe também. João Marques (a quem chamo de Joaozinho) e Cláudia (por quem tenho uma imensa admiração e enorme saudade) trabalhavam duro.

Naqueles primeiros anos, éramos só nós três no escritório e mais três funcionários. A empresa inteira só tinha seis pessoas. Por isso, nos desdobrávamos na arrumação do estoque, nas vendas, na separação das mercadorias, no acompanhamento da produção dos produtos, em tudo. Éramos muito jovens e não parávamos. Enquanto isso, João Adibe crescia e nos "perturbava". Desde muito menino, ele vivia conosco na sede da empresa jogando bola, quebrando vidraça, rasgando minhas fitas de telex. Ele era terrível, um moleque gordinho, folgado e briguento que não parava quieto. Sinto muita falta daquele tempo, porque nossa relação era como se fôssemos de uma mesma família, até que em 1984, voltei a trabalhar no Laboratório Prata, que naquela época estava nas mãos dos irmãos de Joaozinho.

Queria trabalhar exclusivamente com vendas e vi uma melhor oportunidade para exercer essa minha vontade no Prata. Fiquei por lá até 1991, quando João Adibe, aos 19 anos de idade, me chamou de volta para a Honorterápica.

"Machado, sei que você está bem aí com os meus tios. Você já é, praticamente, o supervisor na empresa, mas volta a trabalhar com a gente. Vem para cá, porque estamos crescendo e quero montar uma equipe boa de venda. Precisamos de você no time."

Eu o ouvi calmamente e atendi ao seu pedido, mesmo ele sendo, naquela época, muito novinho, mas a sua idade não era determinante. Ele cresceu dentro do negócio, conhece os detalhes do setor, sempre foi um moleque visionário e, além de todas as suas qualidades, ainda tinha o meu enorme carinho por ele. Eu o vi crescer. Nem sei quantas vezes o coloquei para dormir em sua cama quando estava na casa dos pais dele. A sua proposta não era só um pedido profissional, me soava como um pedido de um filho.

Voltei para ajudá-lo a formar a equipe comercial e devagarzinho montamos um excelente time. Viajávamos pelo Brasil contratando vendedor. De 1991 a 1996, nossa vida era fechar negócio Brasil afora, contratar vendedor em todos os estados e aumentar o portfólio dos produtos da empresa pela compra de outros laboratórios. Naquele tempo, ensinei-lhe tudo o que sabia sobre vendas. Ele "carregava a minha pasta", porque vendedor quando está apreendendo "carrega a pasta do outro". Íamos aos lugares mais remotos, era cada biboca de dar medo.

Fui uma espécie de tutor para ele. Sempre estava por perto para orientá-lo e, por isso, temos várias histórias engraçadas. Em suas primeiras reuniões com os clientes, por baixo da mesa, eu dava uns chutes nele quando ele enfiava os pés pelas mãos na ânsia de fechar o negócio. Ele não tinha muito traquejo com as negociações comerciais e falava demais, mas os meus cutucões adiantavam. Como me respeitava, ouvia as minhas orientações.

João Adibe é um furacão e nasceu vendedor. Quando ele estava com 20 anos de idade, eu o apelidei "João Promessinha", porque ele era bem conversador e, por onde passava, prometia algo. Ele era terrível. Queria vender e conseguia. Essa característica sempre esteve com ele. Se falasse assim: "João Adibe, lá na cidade de Barbacena tem um cliente potencial com 20 farmácias na região." Rapidamente, ele procurava dar o seu jeito para ir à cidade fazer negócio com os caras. Ele é um empresário empreendedor e vê à frente. Por isso, onde põe a mão o negócio prospera, vira ouro, como diz o ditado.

Se hoje ele ganha um 1 milhão de reais, amanhã vai querer faturar 2 milhões de reais e depois de amanhã 3 milhões; ele não para; e aos 19 anos de idade já era assim. Foi essa energia que me conquistou. A vontade de crescer, de ir para cima e solucionar os problemas, de fazer mais e melhor. Esse empresário importante em que ele se transformou já estava ali quando ele ainda era só um adolescente, o que ele precisava era de tempo para mostrar serviço.

O PESO DA SOCIEDADE AOS 18 ANOS DE IDADE

O conhecimento de Machadinho e Levi era impressionante. Toda semana, eles montavam uma rota de visitas aos clientes e a seguiam à risca. Passavam pela fábrica na segunda-feira, pela manhã, e só retornavam na sexta-feira, no final da tarde, com diversas vendas concluídas e várias histórias para contar. Eles me levaram para a rua e me ensinaram sobre o que fazer, me dando chance para entender o comportamento do mercado. No começo de minha carreira, eu os via como os maiores e melhores do setor, e a história deles com a família Marques, em nossas empresas farmacêuticas, já era antiga.

Tanto Machado quanto Levi, antes de virem trabalhar para meu pai e minha mãe na Honorterápica, tinham vínculos de prestação de serviço com os meus tios. Ou seja, além de conhecer o setor como poucos, conheciam muito bem a nossa família.

Machado me colocou na rua quando eu tinha uns 19 anos e me mostrou o campo. Levi deu continuidade à apresentação do setor e depois dele ainda teve Raimundo Nonato, que também tinha trabalhado com os meus tios, mas eu consegui contratá-lo como Gerente Comercial para que ele trabalhasse conosco na Honorterápica.

Ao completar 18 anos, para me envolver ainda mais com o nosso negócio, meu pai me permitiu entrar na sociedade da empresa. Senti o peso daquele movimento. Era um moleque, mas entendi que, com aquela jogada, ele havia mudado o nível de meu jogo e não queria desapontá-lo.

A partir dessa "promoção", tive cacife para bancar a contratação de Raimundo para o nosso time, que foi importante tanto para a empresa como para a continuidade da minha formação como vendedor. Ele me ensinou muito do processo de vendas, de como deveria agir durante as negociações, além de me fazer vestir terno e gravata para encontrar os clientes na praça da Sé, centro da capital paulista, me deixando sempre numa grande fila de espera, com outros vendedores, para ter uma chance de falar com o cliente. O aprendizado daquelas situações era intensivo.

Raimundo ainda tinha o seu famoso fusca verde, no qual circulava pela cidade, carregando material de merchandising que eu também ajudava a produzir. Muito dos meus primeiros contatos com a publicidade e propaganda do setor foi intermediado por ele, que me ajudou a perceber como as peças de comunicação eram criadas e trabalhadas.

O ANIMAL À SOLTA

Meu pai, minha mãe, Machado, Levi e Raimundo são os profissionais mais significativos na primeira fase da minha formação como profissional. Esse "quinteto mágico" me deu régua e compasso para transitar no setor. Foram o meu Norte e referência. De certa forma, ainda são, porque me inspiraram.

Infelizmente, não consigo mencionar todos os profissionais que, de alguma maneira, fizeram parte da minha construção profissional. Eles são muitos e, por isso, estou propenso a cometer a injustiça do esquecimento de não mencionar alguém, porque isso é o que acontece quando a gente tenta listar as pessoas, alguém sempre fica de fora.

Os nomes que menciono, porém, se relacionam com a proximidade deles em relação a mim e à Cimed, cada um à sua maneira; esse é o caso também de Gerson de Souza, que foi o profissional que nos ajudou a conquistar o nosso primeiro 1 bilhão de reais.

Gerson se juntou ao nosso time em 2010. Ele era um cara jovem e tinha uma pegada corporativa, previa tendências e foi contratado por mim como Diretor Comercial. Eu o havia conhecido na rua, batendo pasta, eu pela Cimed e ele por uma concorrente. Já em nossos primeiros contatos percebi o seu potencial como executivo e, além do mais, ele tinha algo que eu não tinha. Gerson conhecia os grandes e médios clientes, enquanto a minha clientela era composta basicamente pelos pequenos do setor. Com esse conhecimento, ele agregaria à empresa.

Com a chegada dele, deixei a rua de lado para dedicar mais tempo ao administrativo, às questões internas da empresa. Então Gerson foi tocar a área comercial que, até ali, era minha responsabilidade. Aquele movimento foi um aprendizado. Nunca havia delegado para outro profissional aquelas funções.

Seu ciclo conosco foi muito bom, obtivemos resultados financeiros e de gestão significativos, mas a sua colaboração com a Cimed terminou em 2017, quando ele decidiu empreender no setor por conta própria.

EU SEI DE ONDE VIM

Ao relatar algumas das histórias deste capítulo, me pego pensando nas viradas que dei em minha vida. Na adolescência, tinha tudo para dar errado e me tornar um zé-ninguém, mas isso não aconteceu. Até meus tios, quando conversamos em família, demonstram surpresa quando pensam em como consegui dar tão certo, sendo um cara que tinha tudo para dar tão errado, mas que surpreendeu e virou a mesa do jogo ao seu favor.

Percebi melhor essa virada ao entender que o trabalho é o meu único vício na vida. Chego a ser obsessivo quando o assunto é esse. O trabalho me move e me tira da cama todos os dias. Tenho a certeza de que herdei dos meus pais grande parte dessa "obsessão". Eles me fizeram compreender a importância de conquistar os meus sonhos trabalhando. Meu pai e minha mãe foram muito inteligentes em me oferecer essa educação e dimensionar a importância do dinheiro na vida. Desde os meus primeiros meses na empresa, eles fizeram questão de me pagar bons salários para me incentivar e para que eu percebesse que não teria limites de ganho se me permitisse fazer as atividades necessárias. Para mim, essa tática de me remunerar bem foi um acerto, porque entendi o valor do dinheiro. Por isso, a rua Engenheiro Prudente é um local importante em minha história. Foi lá que comecei a trabalhar e a conquistar.

Esse sentimento é tão forte que, até hoje, me lembro mais dos detalhes daquele escritório do que da casa onde morava na época. Facilmente, me vem à memória a mesa de madeira que usava como apoio na expedição, das caixas de papelão que ficavam escondidas embaixo daquela mesa, da máquina de etiquetas de lambe-lambe, das prateleiras com os produtos, da escadinha no fundo do salão, da divisão da porta de ferro que abria para a rua, da porta da sala onde eu trabalhava, da porta lateral da entrada do escritório por onde emitíamos as notas fiscais, da área de produção localizada nos andares superiores. Ao parar para recordar, consigo desenhar a planta baixa daquele lugar de tão vivo que ele está em minhas memórias e não é para menos. Aquele é o local do começo para a indústria farmacêutica de João Adibe.

D

NOS MEUS 50 ANOS DE VIDA, O QUE APRENDI COM A ADOÇÃO DE PROCESSOS?

Se não fizermos diferente e adotarmos novas maneiras de trabalhar, a empresa não cresce. Se existe algo permanente no universo corporativo, esse algo é a mudança, fazer o novo, criar. De tempos em tempos, é preciso ter atitude para fazer tudo de outro jeito, é aí que a agilidade importa para aproveitar as oportunidades e gerar eficiência nos resultados. A soma desses fatores fortalece.

CAPÍTULO 13

A MINHA MÁQUINA DO BILHÃO

A base comercial da Cimed está na cultura do pequeno varejo, no atendimento às suas necessidades e na construção de um relacionamento forte com as pessoas.

As farmácias independentes fazem parte do dia a dia dos brasileiros e esses pequenos empreendedores ajudaram a fazer da Cimed o que ela é hoje, porque crescemos aprendendo com as experiências desses relacionamentos. O dono do pequeno comércio varejista é aquele que abre, aquele que fecha, aquele que administra, aquele que faz o negócio acontecer, e a Cimed foi criada no varejo independente entre as pequenas farmácias de bairro.

Como empresa, é muito fácil vender para as grandes redes farmacêuticas que possuem elaborados cronogramas de compra, conseguem fazer grandes estoques de itens e oferecem descontos agressivos pelo seu volume de venda, mas a história da relação comercial não é a mesma quando o tamanho das farmácias diminui. É muito mais difícil vender para o pequeno comerciante pelas limitações naturais do seu negócio. Às vezes, o dinheiro para a compra é pouco, não é possível estocar grande quantidade de produtos, os descontos são menores porque se eles abaixam muito o preço podem nem ter lucro. Em contrapartida, como fabricante, ao superar a dificuldade apresentada entre os menores do varejo, é possível construir uma parceria comercial duradoura. Enquanto para o grande você só é mais um, para os pequenos o seu produto é a diferença para que eles possam manter o negócio de portas abertas.

Se vendemos mal para essa faixa de clientes, se eles compram mal, há uma grande chance de os dois negócios morrerem, porque erros nessa relação comercial provocam perda de capital de giro, os produtos encalham, os compradores desaparecem e sem venda o dinheiro não entra, é simples assim. Garantir que essa relação dê certo é um desafio estimulante. A nossa base comercial está na cultura do pequeno varejo, no atendimento às suas necessidades, na construção de um relacionamento forte com as pessoas, estruturando um diálogo consistente com os vários personagens de nosso setor.

Fui criado no corpo a corpo com os independentes, por isso acredito muito no engajamento, na força do trabalho em equipe, na necessidade de proporcionar mais estrutura para os vendedores autônomos. Dentro dessa perspectiva, quanto mais se vende, mais se ganha e, portanto, mais vendas são feitas. É uma roda crescente de prosperidade. Foi a partir dessa filosofia de crescimento que desenvolvemos, em 2021, o programa "Renove a sua Farmácia", projeto concebido para transformar radicalmente algumas farmácias independentes.

A ideia que tivemos foi simples, tornar esses empreendimentos mais atraentes, mais competitivos e rentáveis para os seus donos. É um jogo de ganha, ganha. Esse foi um compromisso estabelecido como mais uma demonstração da importância do pequeno empreendedor em nossa história, um agradecimento por terem sido fundamentais em nossa caminhada e terem possibilitado nossa transformação em uma das maiores fabricantes de medicamentos do mundo. Infelizmente, não conseguimos renovar todos os pequenos varejistas farmacêuticos do país, então, criamos um processo seletivo no qual um comitê avalia as farmácias que se candidatam. Nossa intenção é oferecer um ambiente de vendas moderno aos estabelecimentos que forem selecionados no processo de escolha desse programa.

É um reconhecimento da importância das farmácias independentes para a manutenção da saúde da população brasileira, porque elas tanto são essenciais para ações de saúde preventivas, como para o combate às doenças em seus momentos mais agudos de manifestação. E quem não tem o seu farmacêutico de confiança ou seu balconista preferido? Quanto mais espalhadas pelos bairros, mais próximas das pessoas elas estão e mais segurança oferecem à população.

Dessa forma, em 19 de julho de 2021, tivemos a chance de contribuir um pouco para melhorar a vida de quem sempre esteve conosco nessa parceria. Nessa data, entregamos a primeira farmácia renovada do Projeto Renove a sua Farmácia, que aqui faço menção como indicativo de nosso apoio aos pequenos varejistas. Esse foi um acontecimento especial, que aconteceu na avenida Vila Ema, nº 787, Vila Prudente, zona Leste da cidade de São Paulo, região onde a Cimed surgiu. Nesse endereço, a Crystian Farma, propriedade de Leonardo dos Santos, com a participação no projeto começou um novo capítulo de sua história, e para a Cimed é um orgulho ter contribuído nessa caminhada.

A PRIMEIRA FARMÁCIA RENOVADA

A trajetória do Leonardo, da Crystian Farma, foi escolhida pelo comitê que analisou milhares de inscrições que chegaram de todo o Brasil para participar do Projeto Renove a sua Farmácia. A história dele emocionou os integrantes do comitê por sua dedicação e entrega ao seu ofício.

Natural da cidade de Brejo Santo, interior do Ceará, foi o seu farmacêutico local, o senhor Ivan Landim, o profissional que o inspirou a se tornar farmacêutico. Assim como o senhor Landim, Leonardo queria ajudar as pessoas a resolver os seus problemas de saúde.

Quando o projeto voltado para renovar pequenas farmácia foi concebido, entre outras prerrogativas, estipulamos que os interessados em participar dessa iniciativa deveriam ser varejistas farmacêuticos e clientes da Cimed; ter uma história de vida emocionante, possuir as licenças sanitárias e alvarás de funcionamento regulares necessários. Esses foram alguns dos critérios para definir quem estaria apto a participar (e milhares de farmácias estão aptas).

O Brasil começou os anos de 2020 com 80 mil farmácias. Desse total, 68 mil são independentes. Ou seja, o pequeno varejo detém a maior fatia do mercado. Entendê-los, respeitá-los e manter um bom relacionamento com eles é essencial para os nossos negócios e para isso acontecer de maneira efetiva é preciso conhecer de muito perto a realidade de cada um desses estabelecimentos comerciais espalhados por todo o país. Essa necessidade revela por que a presença deles é tão significativa em nossa estratégia de negócio. O Brasil não precisa de mais farmácias, precisa renová-las para que os seus proprietários ou profissionais que trabalhem nesse setor exerçam o seu ofício com dignidade e ofereçam aos seus clientes mais credibilidade em seu trabalho e conforto no atendimento.

NOSSO SANGUE AMARELO EM AÇÃO

A história de Leonardo da Crystian Farma é emocionante por sua trajetória, mas revela também outro fator importante da relação da Cimed com os pequenos varejistas. Logo no começo de seu funcionamento, Leonardo passou por uma grande dificuldade financeira. Ele estava com problemas em sua farmácia e ficou com dificuldades para comprar produtos para colocar à venda. Ora, sem produtos para vender, ele não teria fonte de renda e sem a devida fonte de renda não conseguiria fazer os ajustes necessários na sua farmácia, ou seja, como ele poderia funcionar? Foi então nesse impasse que surgiu em sua vida, para ajudá-lo, Reinaldo Fonseca, um dos representantes comerciais da Cimed.

Reinaldo o orientou, e a sua ajuda foi fundamental para Leonardo, mas ela não é isolada nem a única entre os nossos representantes comerciais. Ela é só mais um exemplo do nosso sangue amarelo em ação, porque na Cimed, de fato, ajudamos os pequenos varejistas. Esse assunto não é uma conversa fiada que a gente conta, é um fato, uma prática que temos diariamente, um dos nossos compromissos desde sempre.

Os clientes de varejo independente são a nossa coluna vertebral, o alicerce da empresa, e nossos representantes comerciais fazem a ligação dos varejistas com a empresa. Eles trazem a realidade do campo ao conhecimento de nossa diretoria e aproximam as decisões tomadas em nossos escritórios da realidade de quem está na ponta dessa cadeia. Essa dinâmica é importante porque, do contrário, nos isolaríamos, ficaríamos a anos-luz da realidade de quem precisa estar junto da gente. Trabalhamos constantemente para que os donos de farmácia entendam que não estão sós. Nós estamos ao lado deles (ontem, hoje e sempre).

O pequeno varejo independente precisa de proximidade para a sua realidade ser entendida. Muitas vezes, o farmacista é o cara que também limpa o chão da farmácia, que repõe o material, faz o pedido. Ele é o faz-tudo do seu empreendimento e conhece seu negócio como ninguém, portanto, é cheio de ideias para melhorá-lo. Por que não ouvir essas pessoas? Esse é o questionamento que sempre tivemos na empresa, assim como é um dos fundamentos por trás de nossa iniciativa em querer ajudar os pequenos comerciantes a renovarem as suas farmácias.

Para alguns pequenos varejistas, a realidade é muito dura, ou eles compram produtos para vender ou reformam suas farmácias; fazer as duas coisas ao mesmo tempo não dá, porque o dinheiro em caixa não sobra. Diante dessa realidade, ao longo de nossa história, temos encontrado maneiras para ajudá-los, e construir um projeto para a renovação das farmácias é mais uma delas.

No capítulo seguinte, relato outra de nossas ações de colaboração com a melhora do setor para os pequenos varejistas. Conto a história de uma equação de vendas que praticávamos nos anos 1990 e que impactou fortemente o lucro dos pequenos varejistas que negociassem nossos produtos. Com certeza, foi uma das ações comerciais mais importantes de nossa história no setor. Até me arrisco a dizer que se ela não tivesse existido, teríamos muita dificuldade para chegar aonde estamos, talvez, nem tivéssemos conseguido chegar tão longe.

O SANGUE AMARELO DA CIMED

Depoimento
de Wilmar Junior, Diretor Comercial do Varejo Independente e Distribuição

Na Cimed, sou o responsável pela área das farmácias independentes e cheguei à empresa, em 2013, para integrar o projeto que havia sido elaborado com o objetivo de conquistar o nosso primeiro 1 bilhão de reais. Vim atraído pelo desafio de fazer parte de um time de profissionais que iria transformar uma companhia que faturava 300 milhões de reais em uma empresa com faturamento de R$ 1 bilhão. Eu quis muito estar naquele movimento porque acredito na importância de se transformar na vida.

Entrei para o mercado farmacêutico em 1999, quando trabalhei para multinacionais e, desde o começo de minha atuação profissional, percebia a Cimed como um diamante bruto a ser lapidado, por ela ser uma empresa nacional com forte atuação no mercado dos genéricos e similares, portanto, competitiva, com uma excelente linha de produtos e a liderança de João Adibe, uma figura-chave do setor.

Até hoje, lembro do que Gerson de Souza, um dos diretores da Cimed à época, me disse, quando me convidou para ser Gerente Regional: "A Cimed é gigante da porta para dentro, mas ainda é pequena da porta para fora. Temos muito trabalho a fazer." A sua afirmação me instigou e a ouvi como um desafio tanto de crescimento da empresa quanto meu. Desde então, a Cimed tornou-se um lugar de oportunidades para mim.

Meus primeiros anos de trabalho, contudo, foram difíceis porque tive de me adaptar a uma cultura completamente diferente daquela a que estava acostumado. Meu estranhamento foi maior quando me deparei com os poucos processos organizacionais implementados. Havia um alto nível de informalidade nas resoluções de trabalho e essa característica dificultava nosso crescimento. Diante desse cenário, duas consultorias da área comercial foram contratadas para indicar caminhos a seguir e a contratação desse serviço se provou acertada por ter originado o *Projeto Push*.

Por meses, as consultorias ficaram imersas em nossas atividades para a elaboração de diagnóstico e classificação da área comercial do varejo independente. Quando nos apresentaram os resultados de seus estudos, utilizaram as faixas do caratê como referência para representar o nível de profissionalismo encontrado e, a despeito dos bons resultados que já eram entregues nas vendas, classificaram a nossa equipe de vendedores como faixa branca, ou seja, iniciante.

Entre outros motivos, esse resultado aconteceu pelo fato de não termos sequer uma metodologia única de venda, tampouco uma plataforma tecnológica que traduzisse na ponta nossa estratégia de negócio. Em cima dessa característica, a comunicação com a força de vendas era cheia de ruídos, dificultando tomadas de decisão.

Aquele estudo foi fundamental e serviu de base para o desenvolvimento das ações criadas, posteriormente, para a metodologia *push* de venda e fez a diferença para alcançarmos o nosso faturamento de R$ 2 bilhões.

Com o resultado obtido em 2017, o meu sentimento de pertencimento à Cimed aumentou. Eu me sinto um dos construtores da conquista desse R$ 1 bilhão de faturamento, principalmente por termos modificado de maneira positiva nosso relacionamento com os pequenos varejistas, reafirmando nossa imagem de empresa que cumpre com as suas promessas em suas relações comerciais.

O varejo farmacêutico, principalmente entre as pequenas farmácias, é um mercado de relacionamento. A venda nesse setor não é única, são várias e têm de acontecer todos os dias e, dentro dessa dinâmica, é importante ter sólidos laços de confiança com os clientes. Do contrário, há uma perda consistente de oportunidades. A nossa palavra é o nosso patrimônio no mercado farmacêutico. Por isso, quem se junta ao exército amarelo da Cimed é um profissional que honra a sua palavra e tem compromisso com a realização de seu trabalho. Essa é uma das características de nosso sangue amarelo. Somos trabalhadores destemidos. Esse comportamento é um propósito de vida maior do que qualquer resultado comercial.

D

NOS MEUS 50 ANOS DE VIDA, O QUE APRENDI AO ME RELACIONAR COM OS PEQUENOS VAREJISTAS?

Queremos ser a maior e melhor farmacêutica brasileira, esse é um dos meus desejos mais antigos, mas, para conquistarmos esse lugar, temos de continuar e aprofundar nossa história de relacionamento com o universo dos pequenos empreendedores em nosso setor, eles são fundamentais na estrutura de saúde dos brasileiros. A Cimed foi criada no varejo independente e entre as pequenas farmácias de bairro essa nossa raiz é muito forte e nos confere significado e distinção no mercado.

CAPÍTULO 14

"TUDO 1+2"

A venda só se torna venda na recompra e para isso acontecer é preciso ter um propósito comercial objetivo. O propósito abre tudo à nossa volta, melhora os relacionamentos, favorece a empatia e gera prosperidade.

O ponto de virada em minha história profissional aconteceu quando percebi que a área comercial é o motor da empresa. Aprendi demais na expedição da empresa, área em que comecei a trabalhar, mas, ao constatar que o lugar para se estar era a área comercial, eu caí de cabeça nesse setor e saí pelo mundo "batendo pasta", mesmo quando nem tínhamos um catálogo de produtos. Naquela época, ainda nos chamávamos Honorterápica e éramos pequenos demais para investir dinheiro na confecção de catálogos, nem valia tanto a pena assim, afinal, mal tínhamos 20 produtos em nosso portfólio para comercializarmos.

A despeito daquela pequena quantidade de itens, precisávamos vender. Então, pegava o cartucho original do produto (embalagem), recortava-o e o colava em uma folha de papel sulfite. Com a colagem feita, guardava-a em uma pasta de papel cartão e me preparava para mostrá-la quando fosse negociar com os clientes.

Aquele foi o meu "primeiro catálogo profissional", o recorte de um cartucho de produto, colado numa folha sulfite, em que escrevia o seu nome e a sua condição comercial. Quando esse material estava devidamente plastificado, sabia que era a hora de sair pela cidade "batendo pasta".

E qual foi a minha grande sacada nesse período de ações tão improvisadas? Como não tínhamos intermediários dentro do negócio, ou seja, não trabalhávamos com distribuidor, introduzi uma estratégia própria de desconto ligada à minha filosofia de vendas "1+2".

O mercado é acostumado a oferecer um percentual de desconto nos produtos. Essa oferta, na verdade, é oferecida ao varejista pela rede de distribuição que faz a intermediação de venda com o fabricante. No meu caso, não trabalhávamos com distribuidores, porque a maior parte dos nossos consumidores estava na capital paulista, portanto, poderíamos agir de outra maneira; e, em virtude, desse "não desconto" ao distribuidor, elaborei nossa estratégia do "tudo 1+2". O cliente compraria uma unidade do produto e ganharia duas. Essa maneira de vender era bem vantajosa para quem comprava.

Vamos supor que a farmácia fizesse um investimento de R$ 100 em produtos. Com a venda de tudo o que tivesse comprado receberia R$ 300. Ou seja, o cliente pagou R$ 100 em produto **(1)**, mas recebeu o equivalente a R$ 200 **(+2)**. A lógica é simples e cartesiana, **1+2 = 3 (R$ 100 + R$ 200 = R$ 300)**. Tiramos o desconto e o transformamos em mais produtos, mais rentabilidade para o nosso cliente.

Só pude perceber essa estratégia comercial pelo fato de não ter um distribuidor para intermediar as vendas. Geralmente, no mercado se praticava o modelo 1+1 de desconto na mercadoria, mas esse abatimento levava em consideração a porcentagem do intermediário.

Em um modelo tradicional, a indústria vende para o distribuidor que repassa ao varejista. Em outras palavras, a farmácia compra da mão do distribuidor, mas em nosso caso, desde a Honorterápica, fazemos a venda direta para a farmácia. Era o começo da nossa revolução comercial, os primeiros passos para a criação da nossa cadeia de verticalização, mas nem pensávamos nessa questão com essa objetividade.

Ao iniciar com a minha equipe de vendas e perceber que a intermediação não existiria, peguei o desconto, que seria da distribuição, e repassei à rede varejista. A introdução da técnica de vendas de "1+2" foi o grande impulso da nossa comercialização.

No modelo tradicional, até hoje, a indústria farmacêutica precisa do distribuidor, portanto, eles operam a cadeia de vendas. Eu nunca precisei e, com a eliminação dessa figura, ofereci preços competitivos. Já começava a minha vida no setor de vendas de maneira agressiva. As farmácias gostaram dos descontos recebidos e, aos poucos, conquistamos a preferência delas. O varejo farmacêutico, principalmente os pequenos, reconheceu nossa atitude como uma prática comercial vantajosa e nos acolheu. Passamos a ser vistos como a empresa que "dá muito desconto".

Sempre fui B2B (abreviação da expressão em inglês para Business to Business), nunca B2C (abreviação da expressão em inglês para Business to Costumer). Mas, na prática, pela eliminação de intermediários em nossa cadeia de venda, nos tornamos B2C para as farmácias. Em termos comparativos, era como se fôssemos uma espécie de Avon.

Essa gigante dos cosméticos norte-americana criou a venda direta para os seus clientes sob o famoso *slogan* "Avon Chama", que era parte da estratégia comercial deles junto com as suas Revendedoras Avon. Como os seus cosméticos não estavam nas lojas, eles chegavam às casas dos seus consumidores numa grande e complexa operação de vendas porta a porta. Em nosso caso, a operação era bem mais simples. Nossos revendedores comerciais só tinham de chegar às farmácias, não na casa de cada um dos consumidores de nossos produtos. Começamos, assim, a fazer uma espécie de *porta a porta* no varejo independente e as farmácias nos perceberam: "Pô, é uma empresa que me dá lucro. Tenho de comprar muito e fazer o produto dela girar", o raciocínio deles era esse.

Naquela época, nossa linha de produtos era extremamente popular, nem tínhamos itens para cardíacos, hipertensos, que são especialidades e produtos de alta vendagem. Nosso carro-chefe nas vendas era o Colutóide, um remédio para afta e estomatite. Ficamos conhecidos como o "laboratório do Colutóide", porque os clientes tinham dificuldade em lembrar do nosso nome, o que gerava diálogos estranhos: "Olá, bom dia! Sou da Honorterápica." Nessas ocasiões, geralmente ouvíamos como resposta: "De onde? É o quê?" A comunicação era atrapalhada porque nosso nome era mesmo muito ruim. Para facilitar, dizíamos ser do "laboratório do Colutóide".

Ao entender quem éramos, imediatamente, pediam: "Ah, tá! Me manda 100 Colutóides." Tirávamos o pedido e lá seguia aquela quantidade solicitada, mas a comercialização no ponto de venda não era rápida. Em um mês, a saída do Colutóide rodava em torno de uns 10% a 20% das unidades adquiridas. O estoque do cara demorava para acabar, o que se caracterizou como uma aparente dificuldade em nosso plano de vendas.

Como nossa oferta de venda era atrativa, o volume de compra era grande; e, ainda por cima, tínhamos poucos produtos, deixando moroso meu giro de capital. Para piorar a situação, nossos concorrentes tinham 100, 200, 300 produtos à venda, enquanto trabalhávamos com até 20 itens no catálogo. O cenário não nos favorecia. Por outro lado, ao mandarmos muitas unidades dos produtos às farmácias, criamos uma metodologia comercial original, o que nos deu um aprendizado único, porque essa prática não existia.

Naquele momento nossa cultura de vendas de hoje começava a aparecer, estava em processo de consolidação e, também, era influenciada pela "pressão da prateleira", expressão usada no setor para se referir à quantidade de unidades vendidas.

Quanto mais vendíamos, mais éramos vistos. Aquilo era bom, porque mesmo sendo uma empresa pequena, ocupávamos espaço com 1 SKU, 2 SKUs, 3 SKUs. Essa questão, apesar de técnica, é importante, pois indica outra forma de nosso mercado se organizar. Geralmente, as distribuidoras no relacionamento com o varejo, tiram a *falta dos produtos*. O produto falta e os caras vão lá repor as suas mercadorias. O *tirar a falta* tem a ver com reposição. Se vendeu um, repõe um; se vendeu dois, repõe dois e assim por diante.

Na Honorterápica, não conseguíamos *repor falta*, porque nossa agressividade comercial era: "Se você comprar um, receberá três". Portanto, nossos produtos não faltavam nas prateleiras. Na verdade, sobravam. Fomos obrigados, então, a estabelecer outras estratégias comerciais. Não íamos acabar com a metodologia do "1+2" porque ela era vitoriosa, mas precisávamos nos diversificar. Foi quando tive outro fundamental aprendizado. Nosso catálogo tinha de ser ampliado a qualquer custo, e isso só aconteceria se lançássemos produtos. Essa necessidade, entre outros benefícios, nos fez comprar laboratórios (a Cimed entre eles), para incorporar ao nosso catálogo a produção deles. Mas enquanto não diversificávamos nossos itens por meio de aquisições, tínhamos de modificar a maneira de falar sobre nossos produtos e isso me despertou, com muita força, a certeza de que *vendedor bom é vendedor que encanta o outro com o que tiver para vender.* Como o meu DNA profissional é composto por esse encantamento, me preparei para "bater pasta" com nossos produtos originais embaixo do braço, até porque continuávamos sem dinheiro para fazer um catálogo bacana.

ALÉM DO PRAZO E DO DESCONTO

Sempre gostei de mostrar o que vendo, então, fazer aquelas demonstrações seria natural para mim, mas precisava ter impacto, chamar atenção de algum modo, por isso, comprei uma mala Catarina (uma marca famosa à época) e a enchi de amostras dos produtos. O meu pensamento foi: "Já que as pessoas querem amostra grátis, vou sair pela cidade distribuindo amostras." As pessoas gostaram.

Passada uma fase de testes, feita com o objetivo de entender como a rede varejista me veria agindo daquela maneira, comprei a mesma mala Catarina para os meus 10 representantes comerciais (aquilo se tornou nossa marca registrada). Cada um deles saía para a sua rota com a mala cheia de amostras para distribuir. É bom lembrar, não inventei essa técnica. Na verdade, fiz uma adaptação da prática dos propagandistas médicos, que andavam de consultório em consultório, com uma mala, distribuindo amostra grátis aos médicos. Minha ação foi novidade porque, até então, os produtos só eram demonstrados aos médicos, ninguém pensava em fazer isso nas farmácias. Elas eram ignoradas. Aproveitei esse vácuo para fazer diferente e fui apresentar o produto aos farmacêuticos e balconistas, detalhadamente. Ninguém esperava aquela atitude.

Venda é encantamento, e quanto mais me aproximo do cliente, mais chance tenho de convencê-lo a comprar de mim.

Enquanto todo mundo ia para o médico para fazer o receituário, promovi meus produtos na rede de varejo farmacêutico, principalmente entre os pequenos comércios. Para os balconistas, ensinava as propriedades do medicamento, detalhava a sua posologia, para que servia, quais eram os seus princípios ativos, entre outras indicações; para o dono da farmácia, ressaltava as vantagens comerciais em negociar comigo e, nessa relação, ficou claro que não adiantava nada o dono ter uma condição comercial excelente se o balconista farmacêutico não soubesse para que serve o produto. Percebi, então, que vendas não são só *prazo e desconto*, e entrei no jogo feito gente grande.

Com isso, entendi outro segredo do setor, *a importância do treinamento*. A repetição do ato de vender ensina. Venda requer prática e, se o vendedor não estiver devidamente treinado, não consegue vender. O interessante nessa questão é que esse treinamento deve começar pelo entendimento do produto.

O representante comercial deve saber as características do que tem em mãos para ensinar o seu cliente a vendê-lo. A fase de ensinamento do cliente é importante, porque só é possível caracterizar uma boa relação comercial quando há uma continuidade de venda (recompra); para essa situação acontecer, o produto precisa ter saída em loja.

O passo a passo é:
Eu vendi. Ele comprou; ele vendeu. Eu vendi novamente para ele.

Essa é a formação da força de vendas da Cimed. Primeiro, ele sabe qual é o produto que tem em mãos, depois é treinado para vendê-lo e capacita o seu cliente a fazer as suas vendas. Essa dinâmica é um processo de educação. Nessa época elaborei também a minha definição sobre os 3 Ps da venda: *Preço, Prazo e Propósito.*

O *preço e prazo* estão ligados à condição comercial. É o bê-á-bá do setor e todo mundo sabe disso, mas o diamante dessa história é o *propósito*, que é ensinar o cliente a vender, porque venda só se torna venda na recompra. A boa execução do *propósito* abre tudo à nossa volta melhora os relacionamentos, aprofunda o conhecimento, favorece a empatia, gera prosperidade. É algo gigante!

Quando comecei a trabalhar com o meu pai, ele havia, basicamente, criado uma empresa de propaganda médica, e a minha atuação (que descrevi anteriormente), foi decisiva para virar esse jogo, para evoluirmos. Isso aconteceu porque, no Brasil, o setor precisava garantir acesso aos produtos, principalmente os populares. De nada adianta, fabricar o item mais caro do mercado, mais sofisticado, se as pessoas não conseguem comprá-lo. Se ele encalha na prateleira da farmácia por preço, por falta de marketing ou inadequação regional. A indústria farmacêutica tem de vender. Produzimos para garantir o melhor cuidado à saúde da população.

Elaborei esse pensamento ao longo da minha carreira. Ou seja, para transformar a Honorterápica, que em seu começo tinha uma pegada de propaganda médica, em uma empresa como a Cimed, efetiva no varejo com promoções, ofertas e um vasto catálogo, houve um processo de décadas; e ele é contínuo. Neste momento, estamos em alguma nova mudança, cujos impactos ainda vamos entender mais à frente; mas, para obtermos a perspectiva de fatos significativos do passado, que nos trouxeram até aqui, como para projetar ações futuras, temos de recordar alguns marcos, ações realizadas que fizeram e fazem nossa engrenagem rodar. Por isso, gosto de lembrar, especialmente, de algo marcante (e por que não dizer divertido também) para a nossa história, que aconteceu uns 10 anos depois de ter feito o meu primeiro "catálogo" recortando cartuchos dos produtos.

AS FEIRAS FARMACÊUTICAS E AS CONVENCÕES REGIONAIS

Hoje em dia, o setor quase não comenta e profissionais da nova geração nunca ouviram falar sobre um acontecimento que marcou época e foi importante para o desenvolvimento do mercado, as feiras farmacêuticas. No começo dos anos 2000, elas foram eventos fundamentais para o segmento. Mobilizavam o calendário de vendas das empresas, que aproveitavam aqueles encontros para mostrar ao mercado as novidades. Era o principal momento dos lançamentos.

O negócio era imenso, e desde sempre fiz questão de participar daqueles acontecimentos, porque precisava ser reconhecido. Na época, a Cimed tinha pouca relevância, ninguém nos conhecia e eu estava determinado a acabar com aquela situação; e as feiras farmacêuticas foram oportunidades para atingir meus objetivos.

Elas eram organizadas, uma vez por ano, em alguma cidade do Brasil, pela Convenção Nacional do Comércio Farmacêutico (Convenfarma), um dos sindicatos do setor. A ideia dos organizadores era capacitar a força de trabalho das farmácias por meio de palestras e garantir a presença da indústria para mostrar a sua produção. Todo mundo participava. Por lá, estavam os pequenos, médios e grandes do varejo. Assim, o encontro ganhava relevância. Quem ficasse de fora, perdia uma chance de negócios.

Como a Cimed era pequena, o mercado não nos notava. Tínhamos, portanto, de fazer barulho para chamar atenção, e barulho eu sei fazer. Montávamos o maior estande da feira e nos mostrávamos imensos. Dava certo, nossos produtos eram notados, e acabávamos sendo um dos espaços mais disputados do pavilhão de eventos onde a feira acontecia. Mas aquela movimentação desagradou muita gente e, resumindo a conversa, a organização da Convenfarma bloqueou nossa participação por dois anos seguidos. Os caras nos expulsaram da convenção por conta do nosso marketing. Alegaram que "o tumulto do nosso estande prejudicava a ordem estabelecida".

Nossa passagem pelas feiras era tão marcante que viramos assunto recorrente no setor. Como naquela época não havia internet, não há muitos registros do que acontecia por lá. É até estranho mencionar esses acontecimentos tanto tempo depois. Soa como se fosse história de mula sem cabeça ou de saci-pererê. Parece que estou inventando, aumentando os acontecimentos para nos valorizar, mas quem viveu aquele período sabe exatamente do que estou falando.

Ainda encontro muita gente pela rua que se aproxima para falar comigo e comenta algo sobre algum de nossos estandes.

As feiras farmacêuticas marcaram a entrada da Cimed no mercado e são um capítulo importante da história de comunicação da empresa e minha, pessoalmente. Aprendemos sem parar com a organização dos estandes, como fazer para chamar a atenção, como pensar em estratégia de marketing, como firmar parcerias comerciais. O que fazíamos ali ninguém mais fazia, e quem fosse mais atento conseguiria perceber nosso DNA de vendas. Ele já aparecia com força. Apesar de ainda haver uma longa estrada para trilharmos e nos transformamos na máquina de vendas que somos, ali nossa semente já estava sendo plantada. Os ensinamentos daqueles anos repercutem até hoje. Aquelas ocasiões nos deram visibilidade e começamos a ser vistos ao lado dos grandes. Foram momentos únicos, de grande importância.

EM ALTO-MAR

Basicamente, o setor farmacêutico divide os seus lançamentos e a comunicação dos seus produtos de catálogo entre o inverno e o verão. O ano é marcado por essas duas estações climáticas, por isso, a indústria reúne sua força de produção para o primeiro trimestre do ano. Janeiro, fevereiro e março são correria.

Passado esse período, é como se o ano começasse em termos de lançamento e, antigamente, era nesse momento que as feiras e convenções faziam a diferença. Essa organização fazia parte da cultura do setor farmacêutico. Atento a essa dinâmica, entre janeiro e março, eu fazia uma grande convenção nacional sem clientes para atualizar a nossa força de vendas sobre os lançamentos de inverno, mostrar os destaques e projetar as atividades do semestre. Em julho, organizava as convenções regionais para as novidades de verão. Fiz muitas dessas convenções e todas elas acabaram com algum fato engraçado para se contar.

A nossa primeira convenção aconteceu no centro da cidade de São Paulo, no Largo do Arouche, para o lançamento do xarope Frenotosse. Naquela ocasião, mal reunimos 15 pessoas, que eram a nossa equipe de vendas completa. Ano a ano, entretanto, nos aperfeiçoamos, as convenções ficaram gigantescas e os locais inusitados, teve até convenção em navio. Dá para imaginar fazer uma convenção em um navio balançando sem parar em pleno alto-mar? Era gente passando mal o tempo todo. Como é que se presta atenção ao que está sendo falado dentro de algum auditório quando se está enjoado e as ondas não param de jogar o navio de um lado para outro?

Em meio àquelas circunstâncias, a mensagem era passada rapidamente e liberávamos os participantes para o convívio social. Era melhor socializar. As convenções viravam uma grande festa. A gente mostrava os lançamentos, informava as cotas e, sem demora, todo mundo procurava pela piscina, pelo salão de jogos, de dança, era festa. No final das contas, aconteciam tantas atividades extras que ficávamos com a impressão de que tínhamos de organizar outro encontro para lembrar o que havia sido decidido. Internamente, a gente brincava dizendo que, depois das convenções, os supervisores tinham de treinar novamente a equipe de vendas. Por meados de 2010, porém, o universo das feiras e convenções foi transformado. De certa forma, acabou. Ainda há algo acontecendo, mas sem a mesma relevância.

D

NOS MEUS 50 ANOS DE VIDA, O QUE LEVO DA EXPERIÊNCIA DO COMEÇO DA MINHA CARREIRA?

Minha primeira grande escola comercial foi a pasta de papel cartão, o cartucho colado numa folha de papel sulfite e a técnica do "tudo 1+2". Foi o período em que meu pensamento de vendedor tomou forma. Depois, senti a importância dos lançamentos e descobri que a venda não é só prazo e desconto. Por fim, confirmei a importância do treinamento para ser vendedor, porque sem treino não se vende nada. Resumidamente, o começo da minha carreira aflorou o meu DNA no setor e foi um momento decisivo para me estruturar. Seria diferente se não tivesse vivido e feito tudo o que fiz. Aquilo foi o princípio de tudo. Naquele tempo, mesmo sendo uma empresa pequena, já me achava o cara e tinha a impressão de que era um laboratório gigante. Não estava errado ao acreditar no meu tamanho imenso.

CAPÍTULO 15

AS VENDAS ME DERAM UM SENTIDO NA VIDA

Antes de vender, o vendedor tem de encantar o seu cliente e, durante a negociação, o seu maior diferencial é ele mesmo.

Tenho muito orgulho em dizer que a nossa força de vendas, vendedores e representantes, é um dos nossos principais ativos no negócio. Todo dia, eles fazem a Cimed ser uma empresa mais forte e prosperam junto conosco, por isso, os entendo como empreendedores. Eles são o Antônio da Cimed, a Maria da Cimed, o Tiago da Cimed, a Teresa da Cimed. São profissionais que fazem parte de algo maior e compartilham o nosso DNA. O nome deles está associado à nossa marca. Para eles, essa identificação aumenta o sentimento de pertencimento. É um prazer estar próximo a cada um dos mil homens e mulheres que compõem o nosso exército amarelo, porque a vibração que passam torna tudo melhor. Somos a maior força de venda do varejo no Brasil.

Nossa equipe é diversa. Alguns são engenheiros, outros advogados, químicos, professores, muitos sequer têm um curso universitário em seu currículo, foram camelôs, pedreiros, manicures. Temos representantes comerciais de toda a natureza, que eram do ramo de tubo e conexão, caixa-d'água, vendiam colchão, cartão telefônico, não importa qual atividade profissional ou formação escolar trazem na bagagem, acolhemos a todos desde que a venda esteja no sangue de quem se junta ao nosso time e os treinamos.

Algo em torno de 25% de nossa força comercial nunca havia trabalhado no setor farmacêutico, mas a venda é para eles um propósito maior. A vontade de vender está no DNA de cada um deles e uma vez que se juntam ao nosso time são capacitados em nossa metodologia de trabalho. De certa forma, a inexperiência no setor chega a ser uma vantagem, porque é muito difícil mudar o modelo mental de trabalho de um profissional que tem anos de carreira em um segmento.

Para alguns profissionais em nosso ramo, é comum o estabelecimento de paradigmas de trabalho quando eles obtêm sucesso com suas vendas em outras empresas. A adoção desse comportamento dificulta a assimilação de outras maneiras de trabalhar. Entre vendedores com experiência, muitos querem se manter fazendo aquilo que um dia deu certo para eles em outros locais, mas essa característica não funciona conosco, porque o sucesso que desejamos é obtido a partir do nosso modelo de comercialização. Como o modelo de vendas da Cimed é diferente, preferimos contratar quem não tem experiência. Profissionais com experiência anterior, principalmente no setor, demoram a se adaptar conosco. Formar pessoas é difícil.

Vendedor raiz é preparado para ouvir e esperar. Desenvolve a escuta, a resiliência, e a capacidade de aguardar pelo melhor momento para agir. Depois de dominar essas características, precisa de um segundo nível de especialização em que é necessário ter amplo conhecimento da mercadoria que será vendida, e, ao mesmo tempo, um detalhado conhecimento do cliente com que irá se relacionar. Esse é um dos motivos de não contratarmos currículo, e sim atitude; e o nosso pessoal está na rua identificando a atitude das pessoas para convidá-las a se somar ao nosso exército de vendedores com sangue amarelo.

O vendedor da Cimed ajuda o seu cliente a comercializar sua mercadoria.

Esse é um dos segredos da nossa operação. A gente nunca ganha com a primeira venda. Essa etapa inicial da relação comercial é como se fosse um cartão de visita, é um momento de chegada. Nossos ganhos acontecem a partir das recompras, da terceira, da quarta compra feita pelo cliente. E aí estabelecemos uma relação. A prospecção de nosso lucro vem desse relacionamento, da constância da recompra. Esse momento também traz a certeza de qual é o perfil desse cliente, quais serão os ganhos gerados com ele e qual será o impacto na cota. É bom lembrar, não existe vendedor sem cota, ela é a sua extensão. Está na vida dele para sempre.

Hoje, a Cimed é a farmacêutica no varejo independente que mais remunera os seus representantes comerciais. Somos uma empresa de oportunidades para quem quer e para quem precisa, mas nem todo representante comercial se adapta à nossa cultura. Ao mesmo tempo que somos um mar de possibilidades, nosso trabalho é desafiador. Quem está conosco tem de querer participar e fazer parte da equipe, precisa se identificar com nossos valores. Até por isso a porta de entrada para quem quer se juntar ao time, na maior parte das vezes, se abre por indicação, mas nossos supervisores estão sempre de olho no mercado para identificar talentos.

Nosso Exército Amarelo é composto por:

1.200 vendedores autônomos
3 diretores
8 Gerentes Executivos
1 Gerente de Venda Hospitalar
15 Gerentes Distritais
7 Gerentes de Contas
19 Coordenadores de Contas
89 Gestores de Vendas
42 Consultores de Contas
11 Consultores de Vendas
1 Gerente Suporte
1 Coordenador
20 Analistas
4 Televendas
3 Assistentes

UMA MÁQUINA DE LANÇAMENTOS

Um bom vendedor precisa de lançamento. Se o cara não tiver lançamento, não tem história para contar. E mais, lançamento é dinheiro novo para todo mundo, para a empresa que fábrica, para quem o comercializa, para a rede varejista que o compra; é lucratividade e acessibilidade ao consumidor. Por isso, os lançamentos fazem parte do nosso DNA. Não à toa, um dos *slogans* da Cimed é: "Somos uma Máquina de Lançamentos." A quantidade anual de produtos que colocamos no mercado, por volta de 50, é o que está por trás dessa afirmação.

Geralmente, uma grande empresa faz 10 lançamentos por ano, na Cimed multiplicamos essa quantidade, porque lançamentos são significativos para nossa estratégia de gestão.

A indústria farmacêutica não vende cerveja, não vende água, comida; ela vende remédio, algo que está ligado aos cuidados com a saúde, mas que também nos remete a uma doença, a um aspecto de nosso organismo que não está funcionando bem, portanto, a pessoa pode estar vivendo uma situação ruim e ninguém quer se ver envolvido em algo que não é bom. Dessa forma, a tendência de consumo de produtos médicos é limitada. "Eu compro o remédio para melhorar. Depois que melhoro, nunca mais quero ouvir falar dele." Ou, então: "Preciso comprar esse remédio porque tenho uma doença crônica e tenho de tomar essa medicação, mas não aguento mais tomá-la." Essas são situações de consumo com as quais trabalhamos e que se configuram como um dos motivos pelo qual nosso setor representa um desafio de comunicação.

O ambiente de quem compra remédio não é feliz, mas eu, João Adibe, sou um cara feliz e otimista; a Cimed é uma empresa feliz. Ressaltar essas características pode parecer contraditório com a realidade dos consumidores, de forma geral, mas não vejo dessa maneira. Para mim, as pessoas têm de se realizar e ser felizes, consequentemente. Gosto de me relacionar com quem tem esse espírito.

O dono da farmácia tem de estar alegre e disponível para atender o seu cliente, que pode chegar baqueado ao seu estabelecimento comercial. Por isso, prezo tanto pela demonstração de felicidade e contentamento nas relações.

Quando procura uma farmácia, o consumidor busca se curar de algo; nesse sentido, além de ser bem recebido, o produto comprado por ele tem de funcionar. Para mim, a qualidade do produto é obrigação. Não existe remédio 99% ou 101% bom. O remédio tem de ser 100% eficiente e ponto. Se você comprar algum remédio para dor de cabeça, tomá-lo e, após 15 minutos, o seu incômodo não passar, você até toma outro comprimido na esperança de, ao ter aumentando a dose, tudo se resolva, mas se, em 15 minutos, novamente, a dor permanecer, acabou! Você nunca mais volta a comprar aquela marca. Essa situação gera perda para todos.

NOVOS ARGUMENTOS

Por ter nascido no setor, o que me fez conhecer intimamente o chão de fábrica e ser um industrial, consigo passar verdade à minha força de venda quando falo sobre algo a eles. Geralmente, o vendedor Cimed tem qualidades profissionais minhas. Tendo o DNA da indústria, consigo contaminar a área comercial e vice-versa.

Desde os 15 anos de idade, venho aprofundando as técnicas de venda que implementamos. Atualizo a maneira de fazer o repasse dessa informação, e esse é um dos motivos pelo qual nossos vendedores têm tanta qualidade em seu trabalho, eles têm consistência e pertinência. A Cimed oferece a eles histórias para contar. Exemplifico.

Nosso xarope para tosse, Frenotosse, antes da campanha do pirulito, era uma marca desconhecida e a sua composição não tinha nada de extraordinário. Vários concorrentes possuíam xaropes similares. Antigamente, nessa categoria de produto, as tampas das embalagens eram de alumínio. Ao observarmos aquela característica, vista como detalhe, decidimos inovar e fizemos uma tampa de plástico. A tampa de plástico por si virou um diferencial de trabalho, tornou-se algo novo em termos de marketing. O produto era o mesmo, o frasco era o mesmo, mas a sua tampa não cortava mais.

Mas se ele era o mesmo produto, qual seria a diferença que aquela tampa traria ao consumidor? Do ponto de vista de sua posologia e efeitos para combater os sintomas apresentados por quem o estava comprando, nenhuma; mas o balconista teria um argumento diferente para contextualizar aquele produto. Era algo novo. Só que, para ele assimilar esse fato e saber usá-lo bem, nosso vendedor teria de educá-lo, e essa educação acontecia no relacionamento, pela demonstração do produto. Era preciso pegar o produto, abri-lo, destampá-lo, experimentá-lo, se fosse o caso, falar sobre o seu gosto, incentivá-lo a provar. Venda é relacionamento! O representante comercial precisa saber se aproximar.

O primeiro aspecto que ressalto a um profissional iniciante no setor é a importância da aproximação. Ele precisa conhecer com quem terá uma relação comercial. Não tem coisa melhor do que chegar a uma farmácia e falar "bom dia!" e se dirigir às pessoas que estão lá por seus nomes. "Como o senhor está, seu Antônio? Tudo bem?!" As boas maneiras mudam a relação. Por mais óbvia que essa informação seja, é impressionante a quantidade de vendedores que não consegue usá-la.

Só ao dar um simples bom-dia, o representante já se diferencia; por isso, insisto tanto com aspectos básicos de nosso jeito de ser. Equipe de vendas vive de ritual (de *ritmo, rotina e ritual*); essa é outra maneira de destacar a importância do treinamento e da repetição das atitudes.

O vendedor de encantamento é aquele cara que antes de vender encanta; o seu diferencial é ele, é o preparo dele; por isso, vendedor sem preparo, sem planejamento, não vai para a frente, mas também é importante dizer que esse vendedor não leva desaforo para casa, não dá para tolerar gente grosseira. O cliente sempre tem razão, mas falta de educação não é aceitável. Prezo por relações amistosas e cordiais. Brinco, canto, xingo, mas falta de educação não dá.

Podemos encantar servindo um café, dando uma lembrança, um abraço, há milhares de maneiras para o encantamento acontecer, e a pergunta que fica é: Será que todo mundo faz isso? Não faz! Mas o corpo de vendas da Cimed faz, sim.

A COTA DEFINE TUDO

O grande aprendizado da nossa força de vendas acontece na rua. O dia a dia do trabalho é a sua escola. Quando chegam para trabalhar, as pessoas ficam sob a orientação de um dos nossos colaboradores que as acompanham em campo. Esse colaborador é uma espécie de "anjo" para nossos representantes. Eles estão disponíveis e presentes para tudo o que necessitarem. A primeira orientação e suporte vem deles.

Na sequência, recebem a pasta, um catálogo apresentando os produtos e aprendem as condições comerciais que devem ser praticadas. Os colaboradores anjos detalham ainda as qualidades dos produtos, para, só então, serem encaminhados ao seu setor e serem apresentados aos clientes dessa região. Por isso, damos tanta ênfase à importância da rua em nosso treinamento, na interação com o cliente, no conhecimento do catálogo, nas condições comerciais, no papel e na caneta.

Nossos representantes comerciais são independentes e, após a fase de cadastramento, eles seguem para o campo. Dali em diante, eles têm um objetivo para ser executado, afinal, representante sem cota não existe. Costumo, inclusive, ressaltar que nosso maior produto é a cota, porque quanto maior a venda, maior o ganho.

O SABADÃO DE VENDAS

Sou um profissional ligado em calendário. Tenho esse costume porque procuro aproveitar os melhores períodos para fazer as vendas e nessa minha história com datas sempre tive um sonho, transformar os 12 meses do ano em 13 meses, para criar a 13.ª remuneração do representante. Quando falava isso para as pessoas, ouvia: "Você é louco, João Adibe!" Mas não sou nada louco.

O Brasil tem muito feriado e o varejo sofre quando esses eventos caem no meio da semana em uma quarta-feira, quinta-feira, porque brasileiro adora emendar feriado, e aí o que seria apenas um dia de recesso vira dois, três, às vezes quatro dias de folga. É um nó ter de se organizar para essas situações, que causam mais impacto para o varejo independente que não adota esse comportamento de parar. Os comerciantes abrem a sua loja, porque precisam trabalhar. Enquanto a população sai para viajar, o pequeno varejista está lá, atrás de seu balcão, de portas abertas, pronto para atender a quem chegar.

Eu olhava para essa situação e refletia: "*As férias escolares são em janeiro e o movimento é fraco. Em fevereiro, tem Carnaval. A Semana Santa cai em abril.*" Ao observar todas as folgas existentes nesse período, constatava a reduzida quantidade de dias bons para realizar as vendas e me pegava pensando: "*Qual será a cota boa para repassar para o meu representante naquele mês? Se um ano tem 365 dias, 12 meses e são 20 dias úteis por mês, como crio espaço para melhorar o o ganho de todos os envolvidos??*"

Ainda havia a questão de existir meses com 17 dias úteis e outros com 23 dias úteis. Ou seja, alguns meses eram bons, outros, nem tanto. O impacto dos meses ruins era ainda pior para os autônomos, porque eles só têm um catálogo em mãos, um setor de vendas. Aquela situação me incomodou e foi um dos motivos para a virada que fiz em 2017. Criei o Sabadão de Vendas e, de quebra, revolucionei o negócio.

No começo, ninguém entedia aquilo muito bem, mas os resultados apareceram rapidamente. No primeiro ano do projeto, as vendas chegaram a R$ 50 milhões; no segundo ano a R$ 100 milhões; e no terceiro a R$ 200 milhões. Dá para acreditar que esses valores representam apenas as vendas dos sábados e que se levou anos para entender esse potencial? Seus valores crescentes e milionários são um marco.

Os representantes passaram a ganhar mais e entenderam que, se trabalhassem dois sábados ao mês, em 12 meses conseguiriam fazer um décimo terceiro, ou até mais. Deu certo! Eles compraram a ideia e caíram em campo.

É lindo ver o envolvimento e a energia que eles colocam nessas atividades. Muitos criaram formas diferentes, divertidas, para passar por esses dias. Dentro do espírito da alegria, que incentivo, alguns chegam a ir às ruas fantasiados em seus personagens preferidos de super-herói. A imaginação de cada um deles tornou-se o limite, e o Sábado de Vendas, de ideia inusitada, se transformou em um dia no qual batemos recordes de vendas e todos ganham.

O SANGUE AMARELO DA CIMED

Depoimento
de Alessandro Nieto, Diretor Comercial do Varejo, da Rede e Potencial

"A CIMED É UM LOCAL DE OPORTUNIDADE."

Em março de 1997, comecei a trabalhar na Cimed como representante comercial. A minha contratação foi muito rápida. Tinha vinte e poucos anos e muito conhecimento do varejo farmacêutico. Minha mãe era farmacista e, desde os 12 anos de idade, eu a ajudava em nossa loja. Cresci entre caixas de remédios e atrás do balcão. Essa experiência me ajudou na primeira conversa que tive com João e o senhor Raimundo, um cara bacana, que era o Gerente Comercial da época.

Nos encontramos em uma sexta-feira, eles falaram do mercado, de como a empresa funcionava, me perguntaram como entendia o trabalho e no final de nossa conversa, João me olhou e perguntou se não queria acompanhar algumas reuniões que eles tinham com os representantes. Eu ouvi a sua pergunta como uma oportunidade e disse sim, que me interessaria em participar daqueles encontros.

Na segunda-feira seguinte apareci na empresa e, já naquele dia, eles me deram um setor para fazer. Foi tudo muito rápido. Desde então, nunca mais saí da Cimed e nunca mais deixei de ver oportunidades no trabalho. Aliás, para mim, oportunidade resume a Cimed, principalmente quando o profissional está disposto a se reinventar.

De certa forma, sempre fiz de tudo um pouco na área comercial, porque conheço profundamente a realidade das pequenas farmácias. Por isso, perdi a conta de quantas vezes, indo visitar algum cliente, passei para o lado de dentro do balcão para ajudá-lo no atendimento. Eu me sinto à vontade nesses ambientes e construí minha carreira a partir desse meu jeito espontâneo e prestativo.

Como sou um cara muito curioso, costumo dizer que quando aparece algo diferente e novo para fazer, me coloco disponível. Estou disposto a fazer o que tem de ser feito, mesmo não estando pronto. Esse comportamento me fez crescer na Cimed e executar diversas funções, desde ajudar a capacitar nossos representantes, por todo o Brasil, como ajudar a abrir e gerenciar nossos centros de distribuição. Em todo o meu tempo de trabalho, nunca me faltaram atividades. Onde há necessidade, me coloco disponível para tentar resolvê-la.

Em certa ocasião, precisávamos de uma pessoa para cuidar de um CD em Santa Catarina, João me perguntou se eu podia ser essa pessoa. Disse que sim imediatamente, juntei as minhas coisas (que cabiam dentro de um carro popular) e, um dia depois, me mudei. Vivi os 10 anos seguintes em Santa Catarina.

Sempre olhei a Cimed com o sentimento de dono. Tenho uma referência de integridade muito forte e trato as coisas da Cimed como se fossem, de fato, minhas. Com certeza, essa característica me fez evoluir na empresa, assim como a minha curiosidade por querer aprender sempre mais. Eu não me acomodo e busco, constantemente, ser o profissional que a empresa vai precisar nos próximos ciclos de suas atividades.

Como as organizações são feitas de ciclos, mantenho uma mão na gestão do dia de hoje e um olhar para o que vai ser necessário amanhã. Por isso, não sofro quando as mudanças acontecem. Já estou preparado para elas. Sou um vendedor clássico e a Cimed é um local perfeito para esse perfil profissional.

NOS MEUS 50 ANOS DE VIDA, O QUE LEVO DA EXPERIÊNCIA COMO VENDEDOR?

Venda é minha vida. Respiro vendas e todo dia vivo algo novo nesse setor. Me entendo no mundo como um vendedor e tenho muito orgulho dessa profissão, mesmo reconhecendo que também sou empresário e industrial, mas só posso viver essas atividades porque, antes de tudo, sou vendedor. O "bater pasta" me fez ganhar cada centavo que juntei e me deu um sentido na vida.

CAPÍTULO 16

OS CHEQUES SEM FUNDO E OS MEDICAMENTOS VENCIDOS

A Cimed não seria o que é se não fosse uma empresa em que os seus colaboradores sabem o valor do relacionamento.

Aproveitando o gancho do capítulo anterior, de que todo vendedor precisa de histórias para contar, ao falar sobre esse assunto, geralmente me lembro de uma situação de mercado em que me vi muito envolvido nos anos de 1990, mas que há uns 20 anos não existe mais. Naquela época, o varejo farmacêutico tinha de enfrentar algumas situações bem difíceis de contornar, entre elas dois acontecimentos davam uma grande dor de cabeça, o recebimento de cheques sem fundo, muito comum em todo o comércio; e a existência dos medicamentos vencidos, que entulhavam os estoques dos pequenos varejistas, e se livrar deles custava caro. O descarte desse material era um gasto extra às farmácias.

Ainda como Honorterápica, eu trocava aqueles cheques sem fundos, recebidos pelos donos das pequenas farmácias, por produtos da empresa e, posteriormente, passei a retirar qualquer medicamento vencido que eles tivessem, também em troca de pedidos. Afinal, para o vendedor todo problema é uma oportunidade.

À primeira vista, essa situação parece estranha e, se for lida apressadamente, pode levar a uma má compreensão do assunto. Porém, rigorosamente, nada estava errado nessa ação, pelo contrário, não cometia nenhuma ilegalidade ou fazia algo de que me envergonhasse. Na verdade, essa atitude tem a ver com o que estou escrevendo desde o começo deste livro.

Ficar com aqueles cheques sem fundos, assim como levar medicamentos vencidos dos estoques da farmácia para incinerar, era uma forma de ajudar os donos das farmácias, que estavam necessitados. Aquele comportamento estreitava nosso relacionamento comercial e, em última instância, lançava mão de uma técnica de encantamento.

A lógica por trás daquela atitude não tinha nada de mistério ou complicação; era até bem simples e se relacionava com o meu modelo de venda "tudo 1+2", que havia implementado. Mas antes de explicá-la detalhadamente, preciso mencionar como identifiquei os cheques sem fundo como um problema que estava latente para as redes varejistas.

Geralmente, os donos das farmácias recebem os representantes comerciais junto aos caixas das lojas, porque esses espaços são mais reservados, por estarem distantes dos demais funcionários; e ali eles conseguem ter uma conversa com um pouco mais de privacidade. Conversa vai, conversa vem, em algum momento desse encontro, é certeza, o dono da loja vai abrir o caixa por algum motivo, seja para pegar um papel, para dar o troco a um cliente, para verificar algo. Essa cena vai acontecer, invariavelmente. Antigamente, os cheques sem fundos ficavam guardados, normalmente, dentro das caixas registradoras, embaixo da gaveta ou em um espaço junto às cédulas. Era assim que funcionava.

Comecei a reparar, então, que havia muitos cheques sem fundo se acumulando nas gavetas dos clientes da minha rota. Aquela situação despertou a minha curiosidade, mas não fiz nada em um primeiro instante, porque o assunto que eu estava tratando com eles não tinha relação alguma com os cheques que eles não haviam conseguido compensar. Porém, mesmo que não tocasse no tema, em algumas ocasiões, o cara, para me dizer que estava enrolado e não conseguiria comprar meus produtos, porque tinha recebido muito calote, pegava aquele bolo de cheque nas mãos e me mostrava lamentando-se da vida. Esse é outro fato comum, os perrengues financeiros são facilmente compartilhados com quem tenta vender algo. Parece que a desgraça serve para espantar o vendedor. Seria uma espécie de antídoto.

Quando essa situação acontecia, aproveitava a deixa, olhava com segurança para ele e lhe falava: "Tira esses cheques sem fundo daí. Isso é energia errada! Esse lugar é onde tem de entrar o dinheiro, a prosperidade." Aquela fala já era uma técnica de venda para ter um argumento e criar proximidade, afinal, estava sendo empático com a dor dele. Um belo dia, porém, estava numa farmácia e o seu dono me deu uma canseira daquelas (benditas foram as suas negativas). O tempo todo ele me dizia "não": "Não quero o seu produto"; "Não tenho dinheiro para comprar nada agora"; "Não consigo"... O negócio dele era negar as minhas ofertas e ele estava irredutível. Até que depois de um certo tempo, eu já de saco bem cheio, tirei o meu coelho da cartola:

"Você tem cheques sem fundo aí?", perguntei.

Obviamente, ele me respondeu emburrado: "Tenho!"

Prontamente, eu lhe afirmei: "Eu troco todos os seus cheques sem fundo."

Com espanto, ele me olhou sério e perguntou: "Como assim, você troca esses cheques sem fundos?"

"Eu os troco por mercadoria", disse a ele e detalhei: "Quanto você tem de cheque sem fundos, 1 mil reais? Se você me fizer um pedido de 1 mil reais, te dou 1 mil reais de mercadoria a preço de fábrica."

A lógica da minha oferta estava no meu modelo "1+2" de comercialização. Dentro dessa minha estratégia de vendas, oferecia para o cara o dobro de produtos que ele fosse me comprar, porque a cada produto comprado, lhe daria dois a mais.

Ao trocar os seus cheques sem fundo por mercadorias, não teria nenhuma alteração em minha negociação comercial com ele. Continuaria lhe vendendo a mesma quantidade de produtos e ele pagando o mesmo valor. A diferença da nossa transação, naquela circunstância, estava no fato de que a mercadoria extra que ele receberia como parte de minha estratégia comercial de "1+2" seria repassada em troca dos seus cheques sem fundo, os quais eu destruía, posteriormente.

Como fabricante, não teria prejuízo algum e ele, como comprador, se livraria daquela dor de cabeça, ainda por cima, teria mercadorias novas para vender. O dono da farmácia iria ganhar dinheiro com a minha proposta. Dessa maneira, resolvia o problema dos seus cheques sem fundo e realizava a minha venda como previra. Aquela ação teve tanta repercussão no mercado que, para algumas pessoas, ainda hoje, sou conhecido por muitos como "João, o cara que trocava os cheques sem fundo do mercado farmacêutico".

Naquele instante, encontrando a solução para um cliente com dificuldade, mais uma vez fiz uma descoberta no negócio e aprimorei a maneira do meu relacionamento comercial. Na hora em que me dei conta do potencial daquela negociação, onde chegava falava para quem me atendia: "Eu troco o seu cheque sem fundo! Troco todos os seus cheques sem fundo, em contrapartida a um pedido de meus produtos. Pode considerar quitados esses cheques que você vai me repassar." Ao agir assim, colocava mais mercadorias na farmácia. Utilizei essa negociação por muitos anos. Como descobri essa forma de negociar? Estando atento às necessidades dos meus clientes. Não há nada de errado nessa transação. Um bom vendedor precisa ter argumentação e fechar a venda.

Ao chegar à farmácia fui surpreendido por uma insistente postura negativa de compra. Meu cliente não queria comprar nada de mim, porque estava cheio de cheques sem fundo e não sabia o que fazer. Aquele era o seu argumento, mas para vendedor, não existe "não". A gente tem de reverter esse "não" contra-argumentando.

A partir do momento que me falaram: "Não vou comprar nada, porque estou lotado de cheque sem fundo", como vendedor o que podia fazer era simplesmente desistir ou procurar por uma solução? Fiquei com a segunda opção. "Ah, então você está 'lotado' de cheques sem fundo? Eu tenho uma solução para a sua situação." E qual era a solução?: "Eu troco todos os seus cheques sem fundo pelo mesmo valor de um pedido e você não me paga nada extra por isso." De maneira simples, a situação estava resolvida e ainda colocava mais mercadoria no mercado.

De repente, por onde passava, os cheques sem fundo haviam sumido, tinham deixado de ser uma questão. Foi o momento em que me deparei com um novo problema, as mercadorias vencidas no estoque dos pequenos varejistas. Aquela situação era um megaproblema, porque o descarte desse material tem de ser feito da forma adequada. Medicamentos não podem simplesmente ser jogados fora no lixo, principalmente quando estão em grandes quantidades. Administrar o estoque de uma farmácia é megacomplicado.

"Você tem mercadoria vencida?", eu perguntava.

"Tenho", respondiam.

"Em que quantidade?", insistia.

"Tenho 1 mil reais de mercadoria vencida", respondiam.

"Então, você emite uma nota fiscal para a minha empresa, eu recolho a mercadoria e, em troca disso, te dou mil reais de qualquer produto", fazia a oferta.

Diante da situação, usei da mesma lógica do cheque. O dono da loja me entregaria o material vencido e em troca me faria um pedido de compra. Como fabricante de produtos, tenho a estrutura correta de descarte para esse material fora de validade. Portanto, ao incinerá-los não teria nenhum custo extra. Em contrapartida, para realizar essa ação, eles me fariam um pedido no valor dos produtos descartados. Como o meu modelo de venda é o "1+2", não teria perdas em meu lucro e eles não seriam onerados. Nessa comercialização, eles sairiam de uma situação de prejuízo iminente para, novamente, terem produtos de qualidade para colocar à venda e lucrar.

É preciso ficar claro que, como indústria, não poderia receber aquela mercadoria vencida de outro fabricante, mas como distribuidor não tenho nenhum impedimento legal para realizar a coleta e descarte. Estava absolutamente apto a retirar aquele material e levá-lo à incineração. Ambas as situações descritas aqui evidenciam, de certa forma, nossa outra característica de gestão, o financiamento do pequeno varejo.

A Cimed financia o pequeno varejo.

Em nosso mercado, os pequenos varejistas nunca compram com prazos estendidos, a prática de pagamento gira em torno dos 30 a 60 dias. Como enchia a loja deles com produtos (mais uma vez o modelo de comercialização "1+2" fazendo a diferença), eles conseguiam mais mercadorias para vender, aumentando, assim, a possibilidade da entrada de dinheiro e, consequentemente, garantindo os pagamentos das contas. Por isso, reforço a ideia de que a Cimed sempre financiou o varejo independente.

Como faço parte da indústria, para mim o custo do meu produto só acontece em sua produção. Uma vez que ele está fabricado, tenho de vendê-lo, pois preciso obter lucro e, comercialmente, é normal que ofereça uma boa política de preço e prazo para a rede varejista comercializá-lo. Essa é uma prática de mercado. Desde o nosso início no setor, nosso financiamento ao varejista está baseado em prazo e desconto.

Entretanto, é importante destacar o fato de que só conseguimos agir como agimos porque não temos intermediário. Ao mesmo tempo, sou a indústria e a distribuição. Eu fabrico e entrego. Nessa dinâmica, é mais simples para rentabilizar e oferecer uma solução para acabar com o prejuízo do meu cliente. A Cimed está ao lado do varejo farmacêutico. Sempre esteve. Essa afirmação não é um discurso ou uma política vazia. É uma ação concreta e sempre foi praticada.

Hoje, não precisamos mais pegar o cheque sem fundo de ninguém ou a mercadoria fora de validade das farmácias. Com o tempo, essas duas situações foram contornadas pelo mercado. Com as modificações nos formatos de pagamento, os cheques deixaram de circular como circulavam no passado no comércio e a legislação brasileira avançou sobre a responsabilidade do encaminhamento das mercadorias vencidas em nosso setor. Agora, a lei obriga os fabricantes a retirem das lojas as mercadorias nessa condição.

NOS MEUS 50 ANOS DE VIDA, O QUE APRENDI AO PRESTAR ATENÇÃO NAS PESSOAS?

Não há vendas sem relação. Eu não existiria sem me relacionar. A Cimed não seria o que é se não fosse uma empresa em que os seus colaboradores sabem o valor do relacionamento. Relacionar-se é um dos meus grandes aprendizados. Ao prestar atenção no outro, sou solidário à sua situação. Preciso reconhecer o contexto e saber a hora de agir para encontrar soluções. Essas são algumas das práticas que assimilei ao observar o outro e que são traduzidas em minha experiência corporativa por meio do meu propósito.

CAPÍTULO 17

VIRAMOS O JOGO COM A NOSSA CADEIA DE DISTRIBUIÇÃO

Eu não sou um vendedor de sonhos. Eu sou um vendedor que entrega o produto.

Quando me perguntam qual foi a minha grande sacada nos meus anos de trabalho na Cimed, não tenho a menor dúvida em responder: *A criação da nossa cadeia de distribuição.* Por quê? Porque ninguém tem essa estrutura no mercado. *Ah, mas se ela é tão importante por que ninguém tem?* Porque montar essa operação é uma ação de doido! É um processo complicado, principalmente se levarmos em consideração as regulações e cargas tributárias brasileiras. Por isso, os industriais não têm interesse em mais essa dor de cabeça. Geralmente, a indústria paga a um distribuidor para se livrar dessas complicações, e o pensamento por trás dessa decisão é pragmático: *Ele que se vire para entregar os produtos.* Essa atitude, aparentemente, é mais cômoda, mas decidi fazer o contrário; e a minha escolha fez a diferença.

Se o produto é meu, vou entregá-lo a quem me comprar; e garanto uma entrega de qualidade. A Cimed ganhou agilidade com essa decisão.

Nossos 26 centros de distribuição, que existem só para atender a nossa demanda, garantem a entrega rápida do item solicitado. Essa rapidez é importante ao considerarmos as condições de infraestrutura de um país tão gigantesco quanto o nosso. Não à toa a indústria corre das dificuldades logísticas da entrega. Às vezes, chegar ao cliente final é uma grande aventura, o que encarece muito o valor do item comercializado. Como corto o custo de distribuição de quem compra de mim, me tornei o queridinho do mercado, sobretudo para as farmácias independentes. Ao vender os produtos da Cimed, a rentabilidade delas aumenta. Essa estratégia é fácil de ser entendida.

Quando nossos concorrentes usam distribuidores terceirizados para fazer as entregas dos pedidos, eles têm de levar em consideração os gastos com a distribuição para fechar o preço final da venda, afinal, os distribuidores vão atrás das suas margens de lucro. Quebramos essa intermediação com nossos centros de distribuição e entregamos aos clientes um produto mais em conta. Esse foi o pulo do gato de nossa cadeia de verticalização.

Resumindo a conversa: não há intermediários. Esse é um diferencial e tanto no setor e é exclusivamente nosso, mas essa estrutura não foi fácil de ser estabelecida, muito menos rápida. Foram necessárias décadas para chegarmos à rede de distribuição existente em cada estado brasileiro hoje.

Nosso DNA, antes da entrada em funcionamento da nossa cadeia de distribuição, era atender o "quintal de casa". Durante o funcionamento da Honorterápica, meu pai privilegiava o atendimento aos clientes que estavam fisicamente próximos à empresa. Por seguirmos essa orientação, atendíamos principalmente consumidores na cidade de São Paulo, seguidos por algumas vendas no interior e litoral do estado.

Como nossa primeira equipe de vendas só funcionava para os paulistas, não precisávamos contratar uma distribuição externa. Nossa fábrica estava na capital e, de forma autônoma, dávamos conta do recado. Essa condição nos deu tempo para melhorar a qualidade de trabalho de nossa área comercial.

Uma vez que as atividades ficaram bem estruturadas, tivemos que expandir, e o estado do Rio de Janeiro tornou-se foco comercial. Como o Rio é um dos maiores mercados consumidores do país, e está próximo a São Paulo, aquela expansão pareceu natural. Não demorou muito e obtivemos bons resultados com a operação. A logística da entrega de produtos estava dominada. Com aquele passo, constatamos que teríamos condições para alçarmos voos maiores, e levar nossos produtos para todo o Brasil tornou-se uma meta realista que, pouco a pouco, buscamos cumpri-la.

Após o Rio de Janeiro, fomos para Minas Gerais, depois para os estados da região Sul, na sequência o Nordeste, por fim, o Norte. Aí, os produtos da Cimed tornaram-se nacionais. No começo de nossa expansão, para chegarmos aos locais mais distantes ainda terceirizávamos a distribuição. Essa história, contudo, seria outra depois da minha ida para Anápolis.

A minha mudança para Goiás fez eu me relacionar com comportamentos de compra diferentes dos que estava acostumado em São Paulo, até então o único mercado consumidor no qual havia trabalhado. Eu dominava os códigos de conduta usados pelos paulistas, mas tive de me adaptar a outras formas de me relacionar; e a maneira das pessoas interagirem no Centro-Oeste foi o lugar de meu primeiro aprendizado.

A diversidade regional no Brasil é muito grande e quem está no Sudeste está muito longe dessas diferenças. De cara, me atraí pela hospitalidade das pessoas. Em São Paulo, as pessoas são impessoais, mas nesse país gigantesco não é bem assim. Há muito calor humano por aí e uma grande receptividade para com os viajantes. Descobri o quanto somos hospitaleiros. Eu tinha a sensação de ser bem tratado a todo instante. Havia interesse e receptividade em quem conversava comigo. Rapidamente, entendi esse espírito da regionalidade e o incorporei nas minhas relações comerciais, ainda mais porque estamos falando dos anos de 1990, quando a venda era basicamente presencial. O olho no olho era a grande forma para se relacionar.

"A minha visão em iniciar nossa cadeia de distribuição foi o grande diferencial do nosso grupo."

Nossos centros de distribuição estão em todo o país

1998
Rio de Janeiro

1999
Amazonas
Ceará
Minas Gerais

2000
Bahia
Espírito Santo
Santa Catarina

2002
Paraná
Pernambuco

2008
Alagoas
Goiás
Paraíba
Sergipe

2010
Maranhão
Pará
Rio Grande do Norte
Tocantins

2012
Distrito Federal
Mato Grosso
São Paulo

2013
Mato Grosso do Sul

2014
Piauí

2015
Rondônia

2016
Amapá

2019
Rio Grande do Sul

Parcerias fundamentais

Não consegui fazer toda a implementação dos centros de distribuição sozinho. Ao falarmos da montagem de nossa rede de distribuição, preciso mencionar profissionais que foram fundamentais para esse trabalho. Eles acreditaram na minha ideia e se dedicaram de corpo e alma para fazê-la acontecer.

- Levi foi o primeiro cara que acreditou em mim e nos ajudou a montar, em Goiás, nossa primeira distribuidora;
- Depois de Levi, Nilton e Edgar foram decisivos. Eles montaram nosso primeiro centro de distribuição no Rio de Janeiro.

É o potencial de mercado que define a necessidade de instalação de um centro de distribuição, que começa como uma pequena base. Aos poucos, conforme a comercialização na região cresce, essa base aumenta de tamanho, acompanhando o aquecimento do mercado.

Em nossa estratégia de implementação dos centros, não compramos uma sede própria, mas alugamos espaços que, geralmente, são galpões com área administrativa e espaço externo destinado à carga e descarga dos produtos. Esses locais tornam-se uma espécie de hub para a região. Na prática, é uma grande expedição capaz de atender o fracionamento das mercadorias, porque diariamente esses espaços recebem, separam e entregam pedidos feitos. O movimento é intenso e as demandas são atendidas com mais eficiência. Tudo isso acontece sob a gerência de um farmacêutico. A sua presença é uma obrigação determinada por lei.

Nossos centros de distribuição são locais de reposição para nossas mercadorias e estamos organizados em equipes para atender às especificidades de cada região. Assim, conhecemos muito mais a necessidade da clientela e estabelecemos autonomia para oferecer produtos que terão mais saída. Esse processo é fundamental para a organização da nossa forma de trabalhar.

Ao longo dos anos, a distribuição como uma operação em si vem mudando. Há uns 30 anos, os empreendedores locais eram muito presentes nessas operações, principalmente, os donos de pequenos comércios em cidades mais remotas, que percebiam na atividade uma maneira de ampliar os seus ganhos financeiros. Basicamente, os caras adaptavam o seu comércio para distribuir os produtos necessários. A regionalidade era muito forte e não havia uma empresa nacional, mas, com o passar dos anos, não dá mais para ser tão informal. É preciso acompanhar as mudanças tecnológicas e de logística.

Antigamente, a operação era mais independente, em decorrência da limitação dos canais de comunicação existentes. Hoje, tudo é centralizado e informatizado, com troca de informação em tempo real. Mudança estendida ao crédito de cobrança que também está centralizado.

É interessante mencionar as modificações, porque quando começamos a operar nossa distribuição não havia a guerra fiscal entre os estados como existe atualmente. A complexidade das cargas tributárias praticadas no Brasil é um complicador, sem dúvida, mas hoje o fato de estarmos presentes em todo o território nacional é uma vantagem. E, a partir de 2022, nossa organização administrativa dos CDs será melhor ainda, porque nossa organização corporativa e societária estará mais alinhada com o nosso propósito de levar saúde e qualidade de vida às pessoas. Com uma rede estruturada e forte de distribuição, reduzimos os custos logísticos na entrega de nossos produtos, gerando um significativo impacto no valor final do produto oferecido.

ABERTURA DE CAPITAL

Em 2021, fizemos uma reorganização societária como parte de uma iniciativa batizada Projeto Voo Alto, em que transformamos a Cimed em dois grandes negócios: a Cimed Indústria e a Cimed Distribuidora. Esse foi um dos primeiros passos para a preparação de uma gestão mais moderna de nossos empreendimentos.

Até julho de 2021, éramos uma empresa limitada (LTDA.), mas a partir de agosto foi dada a largada ao processo para nos tornarmos uma sociedade anônima (S/A), com previsão para a conclusão dessa transição em janeiro de 2022. Com essa modificação, acabamos com a quantidade insana de CNPJ que possuímos até então — mais de 30. Isso nos dá um processo de governança eficiente e nos prepara para outras configurações societárias, como a abertura de capital.

A divisão entre indústria e distribuidora é uma sólida transformação em nossa organização e um facilitador para o mercado compreender nossa atuação. Karla e eu temos o firme propósito de sermos empresários modernos no setor farmacêutico. O mercado, de maneira geral, entende que estamos à frente de uma empresa familiar com governança e se quisermos fazer uma movimentação para abrir o nosso capital, já teremos montada a estrutura para isso acontecer de maneira tranquila.

Programar a abertura de nosso capital é uma decisão madura pelo fato de participarmos de um setor pulverizado, em que a maior empresa domina apenas 7% do mercado. Essa situação não se sustenta no longo prazo. Um pouco mais à frente haverá uma concentração de mercado, porque estamos falando de uma atividade complexa e de alta regulamentação.

Chegará uma ocasião em que as aquisições no setor acontecerão a todo instante. A Cimed quer fazer parte desse movimento e estaremos prontos para realizar as nossas aquisições quando for a hora. Por isso, nossa reestruturação societária é tão significativa, assim como consideramos um movimento natural a abertura de nosso capital. No fundo, o modelo de gestão da Ambev é uma inspiração para esse movimento, e a atuação deles é uma referência para mim.

O setor farmacêutico é resiliente às crises. A demanda de consumo por produtos de saúde, medicamentos, higiene pessoal, beleza, entre outros, é constante. Sendo assim, nosso trabalho, como empresários desse ramo, é estarmos constantemente preparados e atentos para agir quando as oportunidades se apresentam.

Na Cimed, quando refletimos sobre a abertura de nosso capital, não projetamos essa ação como uma maneira de resolver a vida dos herdeiros da empresa, de equalizarmos pendências societárias ou porque uma maior profissionalização é necessária. A abertura de capital para a Cimed tem a ver com expansão, crescimento, liderança de mercado, ampliação de nossa atuação para além das fronteiras do Brasil e da América do Sul. *O que nos impede de sermos uma das maiores multinacionais farmacêuticas do mundo? Nada!* Mas para tirarmos do papel essa projeção temos de agir com determinação e nos estruturarmos. Temos um DNA de agilidade corporativa e vamos para cima fazer as coisas acontecerem.

Eu não sou um vendedor de sonhos. Eu sou um vendedor que entrega o produto prometido e trato o assunto da abertura de nosso capital como um produto que estou pronto para entregar, como entreguei a operação dos centros de distribuição e a estrutura de nossa cadeia de verticalização. A abertura de capital é só mais uma etapa de nosso crescimento e fortalecimento como empresa.

O SANGUE AMARELO DA CIMED

Depoimento
de José Roberto Lettiere,
Chief Financial Officer (CFO)

"ESTOU ME REALIZANDO NA CIMED."

Tenho mais de 30 anos de experiência profissional e, ao longo dessas décadas, trabalhei em multinacionais na área de finanças, tendo a oportunidade de morar em vários países, conhecer diversas culturas e desenvolver projetos de impacto para relevantes corporações empresariais, assim como em significativas empresas públicas brasileiras. Porém, até antes de 2019, nunca havia trabalhado em uma empresa familiar. Compreendi que aquela experiência inexistente em meu currículo seria uma oportunidade estimulante, desafiadora.

Conhecia muito bem o funcionamento das grandes empresas e tive um forte desejo por estar em um lugar com uma mentalidade ágil e empreendedora. Foi então que, com esse sentimento, encontrei João Adibe, por intermédio de amigos comuns. Na época, eu desconhecia a Cimed. Não era um profissional próximo ao setor farmacêutico.

Marcamos de nos encontrar e, ao nos sentarmos para conversar, João me contou da empresa, das suas necessidades, dúvidas e incertezas. Durante aquele bate-papo, Karla também se juntou a nós e, rapidamente, percebi a cumplicidade e alinhamento entre eles, apesar das diferenças de estilo profissional.

Mesmo aquele primeiro encontro tendo sido breve, eu me vi na Cimed. Gostei muito da atitude dos dois, da forma como eles se complementam e trabalham em parceria. Uma maneira muito franca, aberta e espontânea. Algo diferente do mundo ao qual estava habituado. Até então, os meus ambientes de trabalho eram mais fechados, repletos de regras e procedimentos. A Cimed, por sua vez, é um espaço aberto, em constante construção e aperfeiçoamento. As pessoas têm a chance de expressar seu pensamento sem ter de dar muita volta. Essa característica me agrada e possibilita uma convivência profissional produtiva.

Então, em 28 de agosto de 2019, me juntei ao exército amarelo e vim com o objetivo de contribuir para o aprimoramento da nossa governança. João e Karla tiveram a sensibilidade de perceber que eles impuseram um *drive* de crescimento muito forte na Cimed, principalmente no decorrer dos anos de 2010. Mas, aquele modelo, apesar de bem-sucedido, não seria sustentável em longo prazo. Se a ideia era manter a expansão, uma maior profissionalização era inevitável. A partir dessa percepção, eles entenderam a necessidade de reorganizar as equipes de trabalho. João e Karla têm esse diferencial. Eles percebem suas qualidades e, diante de suas limitações, buscam contratar profissionais capazes de trazer ao negócio habilidades complementares. Esse comportamento os distingue como empresa familiar e é um facilitador à implementação de valores e propósito nos negócios.

A partir dessa constatação iniciamos a construção de uma empresa que otimiza o seu modelo de negócio, liderando o mercado do varejo independente farmacêutico, expandindo as suas atividades em novas categorias, se diversificando e solidificando sua atuação.

Quando o propósito empresarial é claro, os profissionais criam uma sensação de pertencimento e o engajamento aumenta. As pessoas trabalham mais motivadas, gerando maior prosperidade para todos e essa é uma atitude essencial em qualquer relação profissional. A riqueza gerada no trabalho precisa ser compartilhada. Temos de criar uma metodologia de prosperidade inclusiva e a Cimed age dessa forma.

Eu faço parte da história de transformação da Cimed e me orgulha integrar essa caminhada rumo à liderança do setor farmacêutico nacional. Trabalho todos os dias na Cimed como se a empresa fosse minha, e esse comportamento me faz sentir com o sangue amarelo de João.

NOS MEUS 50 ANOS DE VIDA, O QUE LEVO DA EXPERIÊNCIA DE MONTAR OS CENTROS DE DISTRIBUIÇÃO?

Os centros de distribuição são a maior fortaleza da Cimed por serem os responsáveis por nossa independência. Ao incorporarmos a distribuição em nossa estrutura, criamos a nossa cadeia de verticalização e dominamos todas as etapas de comercialização no setor farmacêutico. Essa é uma diferença estratégica fundamental para a nossa gestão e ressalta o quanto é importante termos essa autonomia, porque ao conquistá-la temos mais liberdade para trabalhar e criar. Decidimos, assim, com segurança, os projetos seguintes.

CAPÍTULO 18

TEMOS COMPROMISSO COM A CIÊNCIA

Entre as farmacêuticas brasileiras, só a Cimed tem um centro de pesquisa do porte do Instituto Cláudia Marques de Pesquisa e Desenvolvimento.

Em 2004, demos um grande salto para a garantir ao mercado a qualidade de nossos produtos, com a entrada em funcionamento do Instituto Cláudia Marques de Pesquisa e Desenvolvimento (ICM-P&D), que foi habilitado para atender às demandas emergentes de P&D de novos produtos e adequação às legislações dos medicamentos genéricos.

A criação do ICM era um sonho antigo dos meus pais e foi um significativo passo para nos colocar entre os grandes do setor, principalmente porque o cenário farmacêutico brasileiro mudou muito desde a liberação da produção dos genéricos. Entre 2000 e 2003, surgiram novas regulamentações, a indústria foi obrigada a se readequar e construir um centro de pesquisa era importante para quem queria responder com eficiência às exigências de mercado.

Foi preciso montar uma estrutura científica capaz de conduzir estudos de equivalência e bioequivalência nos medicamentos fabricados, garantindo a ampliação do portfólio, a emissão de mais registros e assegurando a autonomia na condução dos testes de análise da qualidade dos itens produzidos. Hoje, a indústria farmacêutica nacional não vive do desenvolvimento do produto, vivemos da quebra de patente de produto.

Quando o ICM foi criado, conseguimos internalizar as etapas fundamentais ao processo de inovação e desenvolvimento dos produtos às demandas da Cimed. Afinal, em termos de pesquisa, seguimos as normatizações vigentes, exigidas dos centros de P&D do setor. Portanto, temos implementadas boas práticas clínicas e laboratoriais, com a adoção, por exemplo, da ISO 17025, que rege o sistema de gestão de qualidade de laboratórios.

O ICM pertence ao Grupo Cimed e tem CNPJ independente. Portanto, uma empresa com fins próprios, voltada à pesquisa de equivalência e bioequivalência farmacêutica e ao desenvolvimento analítico dos produtos genéricos.

O QUE O INSTITUTO CLÁUDIA MARQUES FAZ

- Estudos de Equivalência Farmacêutica, *in vitro*
- Estudos de Bioequivalência
- Estudos de Bioequivalência Farmacêutica, *em vivo*

As normas que nos regem são:

- RDC 67/2016 de Equivalência Farmacêutica
- RDC 56/2014 de Bioequivalência Farmacêutica

O ICM também é responsável pelo Desenvolvimento de Métodos Analíticos físico-químicos para controle de qualidade dos produtos fabricados pela Cimed. Somos habilitados pela Reblas – Rede Brasileira de Laboratórios Analíticos em Saúde.

PATENTEADOS E SIMILARES

A legislação brasileira obriga a indústria farmacêutica a registrar o seu remédio como *patenteado* ou por *similaridade*. O caminho de fabricação e registro dessas duas modalidades de medicamento é diferente.

No *patenteado*, a indústria cria o produto e, quando comprovada a sua eficácia, procura os órgãos competentes para fazer o devido registro. Grande parte dos medicamentos patenteados no Brasil é fabricada e vendida pelas empresas multinacionais; já para se produzir os produtos por *similaridade* (que têm os remédios patenteados como referência), a indústria precisa de autorização para a quebra da patente dos remédios, comprovar a sua equivalência e bioequivalência e fabricá-los.

Resumidamente, equivalência e bioequivalência são maneiras encontradas pela ciência para comprovar que os conteúdos dos medicamentos são semelhantes. Essas comprovações são importantes, principalmente ao se trabalhar com genéricos. A base de um medicamento similar é garantir a eficácia da fórmula do medicamento de referência (de marca). Esses dois processos comprovam a utilização dos mesmos fármacos.

A equivalência farmacêutica de estudo *in vitro* é o momento no qual fazemos uma comparação do medicamento teste (proponente a genérico) e o comparamos ao medicamento de referência. Essa etapa do processo, na prática, acontece por testes físicos, químicos e microbiológicos da fórmula farmacêutica. Como são realizadas em laboratório, a gente chama de "*in vitro*". Já na bioequivalência fazemos *"em vivo"*, etapa na qual se administra a medicação teste e a medicação de referência em voluntários sadios que serão submetidos a exames de análise clínica. Posteriormente, haverá o processamento do material coletado para ser quantificado e seguir para os devidos comparativos técnicos. Nos anos 1990, quando o genérico entrou no mercado nacional, todo produto similar foi obrigado por lei a fazer esses testes.

No Brasil, as 3 categorias de medicamentos são:

- ***Similar***
- ***Genérico***
- ***Patenteado***

Quando a bioequivalência e a biodisponibilidade do produto são comprovadas, a empresa opta por encaminhar o registro desse medicamento como genérico ou por similaridade. *E qual é a diferença de um para o outro?* A diferença está, basicamente, na maneira da sua comunicação para o consumidor final:

- A embalagem do genérico precisa trazer o nome da molécula, que é o princípio ativo utilizado em sua fórmula, e a letra "G" em destaque;
- No medicamento similar somos obrigados a colocar a marca do produto e o nome da indústria farmacêutica.

No Brasil, o principal produto ativo (molécula) usado é a losartana potássica.

- ***Na caixa do medicamento genérico, a lei nos obriga a escrever o nome do princípio ativo utilizado e imprimirmos a letra "G", de maneira visível;***
- ***Produto similar traz em sua embalagem o nome da marca do produto e a identificação do laboratório fabricante.***

É importante lembrar: em um mercado dominado por medicamentos de patente há uma concentração da comercialização desse produto, mas, quando o mercado é aberto à fabricação de genéricos e similares, há uma queda no preço final dos medicamentos e um crescimento da competição.

55% do mercado farmacêutico no Brasil hoje é similar e genérico.

As 8 etapas técnicas da ação do ICM (em resumo):

- Desenvolvimento do IFA – Insumo Farmacêutico Ativo;
- Desenvolvimento do Método Analítico;
- Validação do Método Analítico;
- Desenvolvimento da Fórmula do Produto;
- Estudo da Estabilidade da Fórmula do Produto;
- Realização da Equivalência Farmacêutica;
- Realização da Bioequivalência Farmacêutica;
- Registro do Protocolo.

EQUIPAMENTOS MODERNOS E PRECISÃO NOS RESULTADOS

O ICM é um centro de pesquisa com tecnologia de ponta. Seus laboratórios têm os equipamentos mais modernos do mercado e a sua equipe multidisciplinar de trabalho é extremamente capacitada; e para garantir o bom funcionamento dessa estrutura investimos pesado e gastamos 3 milhões de dólares para a aquisição de 15 máquinas (12 cromatógrafos líquidos e três espectrômetros de massa), com o objetivo de conduzir as melhores técnicas de espectrometria de massas e cromatografia líquida de alta performance/eficiência, que são bastante utilizadas na bioequivalência, mas o investimento financeiro não para nesses 3 milhões de dólares.

Outra centena de milhares de dólares foi investida para a aquisição de cromatógrafos gasosos usados em análises de resíduos, solventes e material volátil. Fora do ambiente científico, esses nomes são difíceis e bem estranhos, por isso, para qualquer um entender, é mais simples dizer que esses equipamentos são importantes para garantir a realização de processos de análise. Os melhores existentes neste momento.

A qualidade desse maquinário nos assegura precisão na realização dos exames. Muitas vezes, os resíduos das substâncias medicamentosas que precisam ser avaliados nas amostras biológicas estão em baixíssima concentração no sangue coletado dos voluntários. Dispor de equipamentos de ponta é uma maneira de obtermos medições exatas, mesmo quando as substâncias pesquisadas se apresentam em ínfimas concentrações no plasma analisado. Equipamentos como os nossos são capazes de identificar o que se procura no material analisado até quando as substâncias estão em unidades de medidas tão pequenas quanto nanogramas e picogramas.

No Brasil, entre as empresas do setor farmacêutico, só a Cimed tem um centro de pesquisa do porte do ICM. De fato, ele é uma referência no mercado, mas, apesar de nossa excelência e de sermos certificados para prestar serviço a quem nos procurar, por uma decisão estratégica de negócio, o ICM atende prioritariamente à demanda da Cimed. A prestação de serviço a outras instituições é restringida para priorizar a Cimed. A ciência e a tecnologia no setor farmacêutico brasileiro ganham muito pelo fato de termos recursos sofisticados, pesquisadores altamente qualificados, produzindo conhecimento científico da melhor qualidade. Os benefícios dessa situação contribuem para a Cimed e para o setor.

O mercado de equivalência e bioequivalência é muito ligado à indústria e, por ser tão normatizado na área de saúde, exige que estejamos sempre próximos à Anvisa, que nos regula constantemente; além de mantermos certo contato com os centros de pesquisa universitários para a troca eventual de informação. Sempre buscamos otimizar nossos serviços e evoluir. Assim como a Cimed, o ICM se prepara para aprimorar os seus processos de automação.

No final dos anos de 2010, tivemos um período em que investimos bastante em *compliance* para adequar nossa produção e estabelecer critérios mais rigorosos de qualidade, bem como processos modernos de análises. Com isso, nossa estrutura ficou robusta e pronta para dar conta de ampliar nossa atuação quando for o caso. Em paralelo a essas atividades, observamos continuamente que é possível melhorar as questões técnicas e operacionais e nos mantemos atualizados em relação às tecnologias voltadas à área analítica, usadas tanto no ICM quanto na fábrica da Cimed, principalmente no controle de qualidade, fundamental para nossa empresa. Sendo assim, acompanhamos as tendências de mercado nesse setor.

KNOW-HOW

O terreno onde o ICM se encontra tem três mil metros quadrados e, frequentemente, adequamos as suas instalações para melhorar a operação. Nele, temos instalado uma clínica com 60 leitos, amplos laboratórios e a sua parte administrativa. Sua estrutura acomoda nossa equipe multidisciplinar de 110 colaboradores com médicos, enfermeiros, estatísticos, químicos, administradores, técnicos, auxiliares, entre outros profissionais.

O ICM em números:

- Área total de **3.000 m^2**
- Unidade Clínica com **60 leitos** de internação
- Mais de **5 mil voluntários** cadastrados para participar dos estudos

Entre 2004 e 2021, foram realizados:

- Mais de **150 Estudos de Bioequivalência**
- Mais de **900 Estudos de Equivalência Farmacêutica**

Nossa equipe técnica multidisciplinar conta com 110 colaboradores e é formada por: médicos, biomédicos, farmacêuticos, enfermeiros, químicos, biólogos, matemáticos, estatísticos, administradores de empresas, técnicos e auxiliares. São profissionais das mais diversas titularidades (universitários, mestres, PhDs, MBAs, e de nível médio).

Como a Cimed vai investir no lançamento de novos produtos, de mais medicamentos genéricos, o volume de operação do ICM será cada vez maior, portanto, o instituto será obrigado a aumentar a quantidade de seus estudos para acompanhar a diversificação do portfólio da empresa. Por isso, a ampliação e aprimoramento de sua equipe são fatores constantes, que será ainda mais dinâmica quando a nova fábrica de sólidos estiver funcionando plenamente. A reestruturação de nosso parque fabril é o maior investimento dos últimos anos do Grupo Cimed.

Deter o controle de produção como detemos é fundamental para aumentarmos a velocidade dos lançamentos, tendo a completa certeza da qualidade desses produtos oferecidos no mercado. Aliás, a qualidade do que fabricamos é algo indiscutível para mim. Ela é essencial. Nesse sentido, o ICM é uma peça fundamental de nossa história. Com o instituto, produzimos conteúdo científico, geramos *know-how* para ser adotado na empresa, principalmente na área de fabricação, o que nos melhora como organização empresarial.

A atuação do ICM mantém a ciência mais viva em nosso país. Para qualquer cientista brasileiro, pesquisar e desenvolver novos produtos, novas tecnologias, em seu país, com condições semelhantes a qualquer laboratório internacional, é fantástico. É uma realização e tanto.

A produção de *papers* (artigos acadêmicos) é bem-vista internamente, seja ou não o assunto investigado transformado depois em produto comercial. O incentivo a esse tipo de produção intelectual, mais vinculado à academia, é feito como estímulo à pesquisa dentro de nosso código de ética profissional.

É fundamental que os pesquisadores no ICM se sintam estimulados em sua criatividade científica. Esse incentivo amplia o envolvimento de cada um deles com a produção de um trabalho de qualidade e é a certeza de uma produção científica de maior qualidade em nosso país por muito mais tempo.

NOS MEUS 50 ANOS DE VIDA, O QUE LEVO DA EXPERIÊNCIA DO ICM-P&D?

A produção de ciência é um compromisso meu e de minha família, desde quando começamos a atuar no mercado. Talvez as pessoas não me vejam falando tanto desse assunto quando me encontram na rua ou pelas redes sociais, porque estou envolvido demais com o comercial e com o marketing da empresa, mas em nenhum momento deixo de refletir sobre a importância da P&D. Só temos a ganhar com o investimento nessa área. O setor farmacêutico fica mais robusto e competitivo e a qualidade de nossos produtos torna-se reconhecida internacionalmente. Centros de Pesquisa como o ICM reforçam nosso compromisso e respeito à saúde e ao bem-estar das pessoas.

CAPÍTULO 19

OS MARQUES E OS ZACHARIAS SÃO A MINHA BASE

Quem veio antes de mim me orientou para chegar aonde estou e me deu estrutura para ousar e conquistar.

Eu me chamo João Adibe Marques e, para mim, o meu sobrenome paterno tem um peso muito grande. Foi a família do meu pai, os Marques, que me colocou na indústria farmacêutica. Estamos nesse setor há mais de 70 anos. Somos alguns dos profissionais que, no século XX, atuaram para torná-lo mais dinâmico e moderno. Meu avô e meu pai, principalmente. Eles abriram caminhos, encontraram oportunidades e construíram empresas prósperas. Tenho muito orgulho em ser um dos elos desse legado. Cada um de nós, em sua geração, deixou uma marca significativa no mercado; e tudo teve início na década de 1940, quando o meu avô, João Marques de Paula, arrumou um emprego de propagandista no Instituto Pinheiros, Produtos Terapêuticos S/A, uma das principais referências do mercado farmacêutico dos primeiros 50 anos do século XX no Brasil.

Fundado, em 1928, em São Paulo, por médicos e cientistas vinculados ao Instituto Butantan, o IP chegou a deter 80% do abastecimento nacional de antitoxinas e vacinas. Eles eram uma potência, e meu avô fez um movimento muito inteligente quando decidiu se juntar a eles. Aquele era um lugar de oportunidade e prosperidade para se trabalhar. Não demorou muito e ele foi promovido de propagandista médico a vendedor e a sua rotina de trabalho se transformou; ele passou a viajar pelo interior de Minhas Gerais, para mostrar e vender os produtos do IP.

Nessa época, ele fazia parte de um grupo de sete vendedores/propagandistas do IP e se tornou uma das referências comerciais do setor na região. Aquele também foi o momento em que teve a oportunidade de conhecer mais detalhadamente a estrutura do mercado farmacêutico. A sua experiência no IP o capacitou para os seus trabalhos futuros. Foi a sua base.

Após oito anos de trabalho para o Instituto, e confiante em suas habilidades, ele surpreendeu todos pedindo demissão do emprego que muitos consideravam ser ideal; mas, para ele, o tempo de trabalho ali havia terminado. Ele desejava ter outras experiências e foi trabalhar para um pequeno laboratório italiano chamado Le Petit.

Aquela decisão, de fato, pegou todos de surpresa. É bom lembrar que ele a tomou nos anos de 1950, quando deixar o local de trabalho não era um comportamento comum; por isso, os seus amigos e familiares acreditaram que ele havia "perdido a lucidez" ao ter trocado uma empresa reconhecida por outra sem a mesma expressão no mercado. E mais, dali a dois anos, ele faria 10 anos de empresa, adquirindo estabilidade empregatícia. Ele não poderia mais ser mandado embora. Apesar daquele suposto benefício, meu avô não era um homem de se acomodar, ele queria mais e, com a sua ida para o Le Petit, encontrou esse "mais".

Ele continuou trabalhando como propagandista/vendedor, mas o salário dele ficou maior. Com isso, conseguiu se capitalizar para o seu próximo passo, abrir a sua distribuidora chamada Farmazonte. Esse empreendimento foi a primeira sociedade dele com o seu irmão, Olinto. Ao dar esse passo, ele entrou em outra categoria profissional, deixou de ser empregado e passou a ser o dono do seu próprio negócio. Esse foi o movimento que o transformou em empresário e que o levou ao seu primeiro laboratório, logo em seguida, o Farmaker, constituído em sociedade com o seu irmão e com o professor Aluísio Pimenta.

Com a decisão de abrir um laboratório, meu avô viveu todas as possíveis experiências profissionais do setor. Havia começado como propagandista médico, teve uma experiência como distribuidor e, por fim, tornou-se industrial. Essa sua história lhe deu muita segurança profissional e, de certa forma, determinou o meu DNA. É como se, décadas depois, eu tivesse recriado os seus passos. De certa forma, fiz um caminho semelhante ao dele e, ao olhar para a sua história, observo muitas semelhanças com a minha trajetória.

No Farmaker, eles produziam muitos produtos, porque tinham uma expressiva linha de soros (cloreto de sódio, soro glicose, entre outros), e meu avô sempre gostou de trabalhar com vitaminas. É exatamente como na Cimed, nós produzimos muitos itens e adoro trabalhar com vitaminas. O interessante dessa "coincidência" é que, de fato, nunca parei para definir a minha estratégia de ação me baseando pela experiência de meu avô ou do meu pai. Simplesmente, tracei o meu caminho e segui.

IDAS E VINDAS

Meu avô e seu irmão Olinto mantiveram a distribuidora Farmazonte e o Laboratório Farmaker funcionando ao mesmo tempo por alguns anos, mas, apesar dos bons resultados, o fato de eles estarem localizados em Belo Horizonte agregava dificuldades para o trabalho, porque tudo o que se precisava em termos de insumo, entre outros materiais para fazer o laboratório funcionar, vinha de São Paulo. Por isso, no começo dos anos de 1960, eles decidiram terminar as operações em Minas Gerais, pegaram as suas esposas e filhos, e se mudaram para a capital paulista, onde abriram o seu segundo laboratório o Joma.

Aquele recomeço não foi fácil para eles, mas, apesar das dificuldades naturais do início de um empreendimento em uma cidade desconhecida, não lhes faltava disposição (eles já entediam que o sucesso não aceita preguiça). Arregaçaram as mangas e se puseram a trabalhar. Identificaram um prédio para comportar o maquinário que haviam comprado para fazer os medicamentos, montaram laboratório, contrataram funcionários, de profissionais especializados a operários para a linha de produção; e foram atrás do Serviço Nacional de Fiscalização da Medicina e Farmácia (SNFMF), que era parte do Departamento Nacional de Saúde, do Ministério da Saúde. Esse era o órgão equivalente à Anvisa de então. Ele funcionou por 20 anos, de 1956 a 1976, e fiscalizou todas as atividades relacionadas com a medicina e afins (o setor farmacêutico, no caso).

Meu avô e o seu irmão precisavam do SNFMF para a liberação das devidas licenças de funcionamento e produção. Desde sempre, o setor farmacêutico no Brasil é muito regulado e fiscalizado, então era preciso ter todas as licenças de funcionamento, assim como era necessário obter licenças específicas para a fabricação e comercialização de cada produto. Como eles eram uma Cimed pequeninha, havia muito trabalho a ser feito.

Alguns anos se passaram, o Joma progrediu, mas, novamente, o meu avô, irrequieto como sempre, achou que tudo estava estável demais e decidiu sair da sociedade com o seu irmão. Ele quis tentar carreira solo e abriu o seu terceiro laboratório, o Sintoquímica. Foi nessa época que meu pai, então adolescente, começou a trabalhar com meu avô. Mais uma vez, a história se repetiu na família Marques. O meu pai entrou no Sintoquímica com uns 15 anos de idade. Ele estudava, trabalhava, juntava o seu dinheiro e comprava os seus carros, exatamente como eu fiz décadas depois, mas isso não foi tudo. Assim como eu fui obrigado a viver o adoecimento e falecimento da minha mãe, meu pai passou por algo similar com a minha avó Zoé Marques de Paula, a mãe dele.

Subitamente, ela foi diagnosticada com artrite reumatoide, uma doença autoimune. A partir daquele diagnóstico, meu avô se viu obrigado a fazer uma nova grande mudança em sua família. Ele levou todos para Uberlândia, porque naquela época o tratamento para a enfermidade da minha avó ainda era muito limitado e uma das recomendações médicas aos pacientes era procurar morar em um local onde o clima da cidade fosse mais seco.

Diante dessa recomendação, o meu avô comprou uma fazenda em Uberlândia e levou toda a família para morar lá. Apesar dos esforços feitos, o quadro clínico da minha avó piorava progressivamente; e os melhores especialistas para tratar de seu caso estavam em São Paulo. Por esse motivo, após alguns anos, a família voltou a morar na capital paulista, mas, dessa vez, o meu pai já tinha ido na frente.

Na virada de ano, entre 1967 e 1968, meu pai havia decidido morar em São Paulo. Como ele havia trabalhado com o meu avô, tinha conseguido juntar uma soma significativa de dinheiro e, ao sair de Uberlândia e voltar à capital paulista, conseguiu comprar o seu primeiro empreendimento, o Laboratório Prata. Naquela altura do campeonato, ele já sabia como o negócio funcionava, não havia mais segredo para ele montar do zero um empreendimento no setor farmacêutico. Por isso, quando o meu avô retornou à cidade, ele constituiu sociedade com o meu pai no Prata e o meu tio Fernando, seis anos mais novo do que o meu pai, se juntou a eles para trabalhar nos negócios.

Dois anos depois de todas essas mudanças, meu pai, aos 22 anos de idade, se casou com a minha mãe, que estava com 19 anos. O ano era 1970. De certa forma, os dois deram o pontapé inicial para a tradição de nossa família em se casar bem cedo. Contudo, após cinco anos da união deles, a saúde de minha avó Zoé piorou. O quadro de sua doença se complicou e ela faleceu. Meu pai viveu o seu luto e dois anos depois, em 1977, de certa forma repetindo os passos do seu pai, decidiu sair da sociedade do Laboratório Prata, que já se chamava União Química, e foi tentar a sorte em seu próprio negócio, o seu segundo laboratório, a Honorterápica. Esse foi um período em que ele se aproximou muito da família da minha mãe, consequentemente, do meu avô Adibe, um homem admirável em seu charme e convívio social e que tinha uma estrutura familiar completamente diferente da família Marques. Hoje, se juntássemos a Cimed, a União Química e o Biolab (empresas dos meus tios), facilmente formaríamos o maior conglomerado farmacêutico da América Latina, poderíamos, inclusive ser chamados de os *Hipermarques*. Só tenho a agradecer aos meus tios Fernando, Paulo e Cleiton por tanta dedicação e empenho. Tenho muito orgulho deles. Eles são uma importante referência para mim.

OS ZACHARIAS

Para começo de conversa, meu avô Adibe tem o sangue árabe, enquanto os Marques descendem de portugueses e italianos. Ele foi a primeira geração da família de imigrantes libaneses que nasceu no Brasil; e a sua história profissional era completamente oposta à do meu avô João.

Apesar de ter sido funcionário do Banco do Brasil, meu avô Adibe era um vendedor nato. Sempre foi um homem muito alegre, bonito e comunicativo, que gostava de dançar e jogar cartas. A vida ao lado dele era muito divertida, cheia de prazeres, e eu o adorava imensamente. Éramos muito próximos e não me via sem ele por perto; por isso, a sua morte foi algo devastador para mim. Até hoje sinto uma enorme falta da companhia dele e das aventuras que poderíamos ter vivido.

Em paralelo à carreira de meu avô no banco, o principal negócio da família era uma engarrafadora de gás. Ele e seus irmãos eram donos da Servgás, que chegou a ser a quarta maior engarrafadora de GLP do Brasil, mas, com o tempo, o negócio parou de evoluir e, diferentemente dos Marques, eles não envolviam a família na empresa. Nenhum parente podia trabalhar na engarrafadora. Então, os seus filhos, primos, mulheres, fosse quem fosse, não era bem-vindo. O contraditório dessa postura, porém, era que eles ajudavam os seus parentes a abrirem outros empreendimentos, contudo, quando a iniciativa fracassava, levavam o calote, porque ninguém devolvia o dinheiro investido. Essa situação se repetiu várias vezes. Era um prejuízo seguido do outro.

Meu avô Adibe ficou bem próximo do meu pai, porque ele só tinha tido duas filhas, minha mãe Cláudia e a minha tia Vera. Por isso, quando o meu pai deixou a sociedade com os seus irmãos, meu avô se fez presente e decidiu ajudá-lo como pôde, inclusive chamando-o para colaborar na Servgás.

O sonho do meu avô Adibe era ter tido um filho homem e a presença do meu pai preenchia esse desejo, que ficou muito mais completo quando eu nasci. Fui o seu primeiro neto e era um menino. Ele me tomou como filho e meu pai não se opôs a essa relação, porque eles se davam muito bem. Por isso, mesmo eu tendo seguido o ramo de negócio da família Marques, só lembro da minha infância com os Zacharias, até porque morávamos em andares diferentes do mesmo prédio, o Laramara, no bairro do Pacaembu, zona Oeste da cidade de São Paulo. Era muito bom tê-lo por perto, porque ele era o cara e, por sua vez, gostava de ficar próximo ao neto que adorava.

Aquele arranjo funcionava muito bem. Para mim era uma maravilha. Nossa relação era top. Porém, após a sua morte, aos poucos, nos afastamos dos parentes do lado dos Zacharias. Um dos motivos pela diminuição desse contato estava em nosso envolvimento na indústria farmacêutica, que ganhou muito mais espaço em nossas vidas, ao mesmo tempo em que os negócios dos Zacharias desandavam.

A segunda e a terceira geração dos irmãos do meu avô Adibe não tiveram condições de manter a empresa. Como não eram acostumados a trabalhar juntos, o negócio simplesmente quebrou. Já os Marques, apesar dos desentendimentos, conseguem trabalhar no mesmo negócio e não se largam. Eles preservam a família e sabem ganhar dinheiro juntos. Consigo reconhecer em meu comportamento essa característica familiar, com um detalhe: não desagrego a família. Pelo contrário, procuro harmonia e união entre as pessoas. O meu pai teve grande importância no desenvolvimento dessa minha característica, porque foi o responsável por me apontar o caminho profissional e sei reconhecer a sua grandeza, mesmo discordando de várias de suas decisões e tendo tido incontáveis discussões com ele em nossa trajetória na empresa.

A INFLUÊNCIA DE MEU PAI

Meu pai é muito tradicional nos negócios. É um profissional correto, com valores transparentes. Para ele, o que é certo é certo. Ele não faz nada errado ou que vá se arrepender. Essa postura dele é marcante, e tenho orgulho em segui-la.

Após três meses da morte da minha mãe, ele diminuiu o ritmo de trabalho na Cimed. Naquele momento, me senti inseguro, porque, mesmo discordando dele em diversas ocasiões, confiava em sua presença. Era um suporte que me dava referência em relação aos erros cometidos e às conquistas alcançadas. Por isso, quando ele saiu do negócio, fiquei desnorteado. Entendi que não teria mais a quem culpar, cobrar ou dividir as falhas. Bateu uma solidão. A partir dali, as decisões seriam das minhas irmãs e minhas; e a empresa estava crescendo, a responsabilidade aumentando na medida em que o faturamento disparava. Deu medo.

Fui criado dando satisfação ao meu pai e à minha mãe. Por mais que seja dono do negócio, em relação a eles, sempre me vi como mais um funcionário. Tudo o que fazia, fosse algo de errado ou certo, falava para o meu pai. Ainda hoje é assim. Ele não me cobra nenhuma explicação, mas tenho esse comportamento. Tomo essa atitude porque quero. Seria tão mais fácil não o procurar e não falar nada, mas essa postura não me parece correta. Além do mais, sinto falta de sua presença, porque confio totalmente nele. Eu o respeito muito e não gosto de ter segredos. Sempre digo, é melhor pensar duas vezes antes de me contar algo, porque não vou segurar a história só para mim por muito tempo. E tem mais, eu gosto de construir as coisas em conjunto com o outro. Não lido bem com surpresas. Não gosto de ser surpreendido.

A minha mãe e o meu pai são os meus balizadores na vida. Mesmo após a morte dela, ainda acredito que ela me protege. Ela cuida de todos nós e meu pai, enquanto estiver vivo, vai nos acompanhar, por isso busco sempre o seu conselho. Sou muito grato por ele ter dado a minha base, um valor da família Marques.

Gosto também de perceber as nossas diferenças. Meu pai é discreto, um profissional que sempre atuou para dentro da indústria, nunca gostou de aparecer. Enquanto eu fiz o caminho inverso, sendo uma espécie de porta-voz do setor e investindo na profissionalização do nosso negócio, até porque formalmente sou a terceira geração de nossa família no segmento.

Ser uma geração mais recente me dá uma visão mais estruturada do que tem de ser feito e um reconhecimento mais preciso sobre o trabalho de quem veio antes de mim. Afinal, de Minas Gerais à Faria Lima, o caminho foi longo, mas foi trilhado com muita consistência; e ainda há tanto por vir.

Quatro gerações reunidas numa imagem, em 1999. Meu avô João de Paula, meu pai, João Marques, eu e meu filho Adibe.

O amor entre o meu pai e a minha mãe uniu a nossa família. É uma referência para todos nós.

Em qualquer momento da minha vida, eu tenho uma certeza: minha irmã Karla é quem vai estar ao meu lado custe o que custar. Nossa parceria é para sempre.

Eu tenho um imenso carinho por minha irmã caçula, Mariana. E como ela vive fora do Brasil, quando está por perto, faço questão de demonstrar todo o meu afeto e deixar claro a falta que ela me faz.

O amor chegou sem pedir licença e me dominou. Em minha esposa encontrei uma companheira de vida e de aventuras. Cinthya é minha metade e minha paixão.

Ser pai é um grande prazer. Eu amo os meus cinco filhos, e a minha vida é muito melhor porque todos eles existem.

Ter ajudado, em 2019, o parto da minha filha mais nova, Charlotte, foi um dos momentos mais inesquecíveis da minha vida.

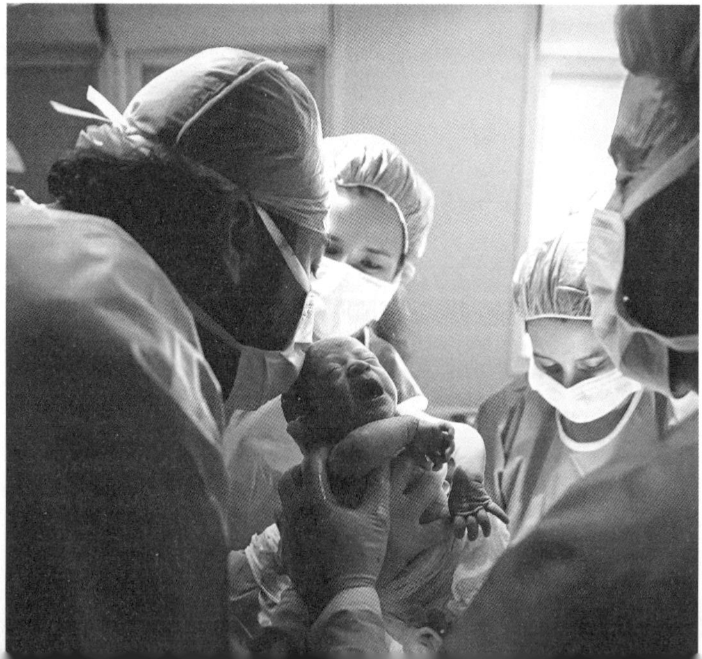

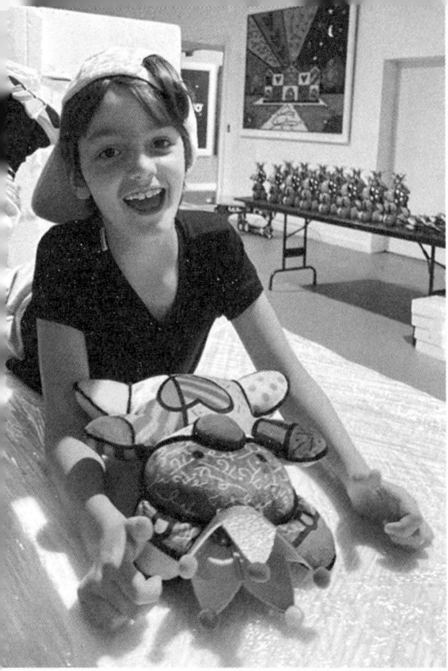

Moleque travesso, meu filho João Pedro é uma parte muito especial da minha vida. Ainda temos muito a viver e construir.

Parece que foi ontem. Minhas meninas, Esther e Bruna, cresceram, mas para mim elas vão ser sempre essas duas crianças lindas e cheias de vida.

Estar junto com as minhas crianças sempre foi um dos melhores momentos do meu dia. No início dos anos 2000, minha maior diversão era ficar em casa brincando com eles.

Minha mãe é uma inspiração em minha vida. Sinto a sua falta, com frequência, mas gosto de me lembrar dela com esse rosto de felicidade. Ela era uma mulher alegre e forte.

Incansável, minha mãe sempre estava pronta para trabalhar em qualquer área da empresa. Para mim, essa atitude sempre foi uma inspiração.

Equipe vencedora. Entre o final dos anos de 1990 e início dos anos 2000, os profissionais da nossa área comercial foram decisivos para implementarmos a nossa cultura de vendas.

Encontro de alinhamento da equipe de venda no final da década dos anos 1990.

Seu Raimundo e eu em uma apresentação comercial do Frenotosse, em 1999.

Não dá para esquecer dos primeiros carros adesivados com os produtos da Cimed que circulavam pelas ruas de São Paulo. Tinha muito orgulho dessa frota na rua.

Registro histórico de quando fui buscar o meu primeiro helicóptero, um Bell JetRanger 206, em 1999, com os amigos Marcos e Marcelo, e o primeiro piloto que contratei, Kauffmann.

Eu sempre me realizei como piloto nas diversas competições automobilísticas que participei. Os carros são parte importante da minha vida.

ITAIPAVA
CIMED GENÉRICOS
sparco
LAMBORGHINI
TNT ENERGY DRINK
Via Ita
J. Adibe O+

Meu avô Adibe e eu em uma das minhas primeiras viagens para fora do país. Era sempre um prazer estar na companhia dele.

Foi um momento inesquecível ter estado no Kennedy Space Center, o endereço da NASA nos Estados Unidos, para o lançamento do CimedX, um dos projetos mais ousados de minha história, em que vamos patrocinar pesquisas desenvolvidas no espaço.

Estamos prontos para os novos desafios. A fábrica da Cimed em Pouso Alegre é uma das mais modernas do setor farmacêutico brasileiro.

NOS MEUS 50 ANOS DE VIDA, O QUE LEVO DA EXPERIÊNCIA DA FAMÍLIA MARQUES E ZACHARIAS?

Trabalho duro é um dos grandes aprendizados que trago para a minha vida da família Marques; assim como a importância da comunicação e relacionamentos são atitudes que cultivei a partir do convívio com o meu avô Adibe, o lado Zacharias da minha formação. Tenho certeza de que a união das características deles me fizeram ser um homem mais forte, um profissional competente e arrojado. Devo tudo que sou a essa criação.

Depoimento
de João de Castro Marques

"NÃO TEMOS MEDO DE FAZER, INVESTIR, SONHAR E NÃO PROCURAMOS POR BRIGA, MAS SE ALGUÉM QUISER ARRUMAR ENCRENCA, ESTAMOS PRONTOS PARA ENFRENTÁ-LA. NÃO BAIXAMOS NOSSA CRISTA E JOÃO ADIBE É EXEMPLO DESSA NOSSA MANEIRA DE VIVER."

Houve um momento na adolescência de João Adibe em que ele quis trabalhar. Ele perdeu o interesse pelas atividades do colégio e procurou a mim e à sua mãe para nos informar sobre a sua vontade de participar da rotina da empresa. Demoramos para aceitar aquela sua vontade, porque, tanto Cláudia quanto eu, nos preocupamos com o que poderia acontecer. Qual seria o seu futuro se não estudasse? Nós nos questionávamos. Tentamos convencê-lo da importância do aprendizado e o trocamos de escola algumas vezes para ver se em novos ambientes escolares ele despertava o seu interesse. Nossas atitudes não adiantaram. Ele realmente estava decidido a trabalhar.

Naquela época, estava quase com 16 anos de idade, já não era mais tão menino assim. Era o começo de 1988 e, percebendo que a vida dele poderia desandar se não tomássemos uma atitude rápida, Cláudia e eu fomos enfáticos e fizemos ele entender que teria de levar muito a sério o trabalho.

Em 1977, desfiz a sociedade com os meus irmãos para me dedicar a um negócio só meu e comprei o Laboratório Honorterápica. No começo, administrei o negócio sozinho. Contava com o trabalho de poucos funcionários e mal tínhamos 10 produtos em nosso portfólio de vendas. Éramos bem pequenos, mas com seis meses de funcionamento, convidei Cláudia para dividir a administração da empresa comigo. Queria tê-la ao meu lado para que ela pudesse dominar o funcionamento do nosso negócio.

Cláudia concordou com a ideia e passou a revezar os seus dias entre os cuidados com as crianças (João, Karla e Mariana) e a firma, onde cumpria meio expediente todos os dias. Rapidamente, ela pegou o ritmo das atividades e se mostrou uma profissional competente.

Enquanto eu ficava mais responsável pelas vendas (mesmo sem ter muito talento para vender), Cláudia comandava as partes administrativa e de fabricação de nossos produtos, uma operação que exige muita dedicação pela complexidade do setor.

Nosso trabalho em conjunto se mostrou uma decisão muito acertada, porque Cláudia era uma pessoa excepcional. Inclusive, eu sempre a achei mais forte do que eu. Ela tinha muita personalidade e sabia conversar com as pessoas, lidava bem com os conflitos e tinha uma atitude de conciliação, o que manteve nossa família unida. E assim, agimos com João Adibe quando o percebemos perdido na adolescência.

Para ele ficar mais perto da gente, decidimos colocá-lo para trabalhar conosco, mas estabelecemos uma condição para aquele trabalho acontecer. Ele teria de fazer o curso profissionalizante de contabilidade. Aquele conhecimento técnico era importante para diversas atividades da empresa. Por isso, nós o matriculamos na Fundação Escola de Comércio Álvares Penteado, Fecap. O acordo feito era de que ele deveria estudar pela manhã e, à tarde, trabalharia na empresa.

A escola ficava entre a nossa casa e o escritório; e para garantir que ele chegasse em tempo às aulas, dava carona a ele todos os dias. Saíamos de casa muito cedo. Eu o deixava no meio do caminho e seguia para a empresa.

No começo, tudo parecia transcorrer bem, até que, de repente, o gaiato começou a aparecer no escritório por volta das 9h30 da manhã. Bem sério, eu o olhava e o questionava: "O que você está fazendo a essa hora aqui, cara?" "Vim trabalhar!", ele me respondia, também sério. Eu o mandava de volta à escola, mas ele me dizia que a aula não estava boa e insistia: "Eu quero trabalhar!"

Foi ali, entre faltar algumas aulas do curso profissionalizante e teimar comigo para trabalhar, que João Adibe entrou no setor. A sua vida profissional começou naquele pequeno escritório da Honorterápica, na Vila Monumento, bairro do Cambuci, zona Sul da cidade de São Paulo.

Imediatamente, designei-o para a expedição da fábrica. Aquele era o lugar mais tranquilo e adequado para ele, que estava começando. "Fique aí embaixo e se vire", eu lhe dizia. E ele se virou muito bem, até que, depois de alguns meses, veio me comunicar: "Vou para a rua. Vou vender." Naquela ocasião, ele já tinha tido muito contato com um vendedor das antigas, José Roberto Machado.

Com Machado, João Adibe rodou São Paulo inteira e aprendeu como deveria agir no negócio. Ele o fez conhecer todas as quebradas dessa cidade gigante, frequentando os bairros mais periféricos, passando a conhecê-los como ninguém. Dessas idas e vindas, os resultados começaram a aparecer. Ele vendia muito bem.

João Adibe sempre foi muito bom em vendas, ele nasceu com essa habilidade. Ninguém o ensinou a ser vendedor, até porque não há escola para isso. Algumas pessoas o ajudaram no caminho, mas saber vender é algo dele, e logo percebemos essa qualidade inata quando ele começou a "bater pasta". Ele herdou essa característica dos seus avôs. O meu pai era um fabuloso vendedor e o pai de Cláudia era um árabe bom de conversa.

Todos os dias, João Adibe voltava das suas andanças pelas ruas, trazendo bons resultados o que foi muito importante para o negócio porque nos ajudou a crescer muito. O trabalho dele fez a Honorterápica se expandir e quanto mais ele trabalhava, melhor era seu desempenho. Aquela época foi um grande aprendizado para ele.

"A SUA META SÃO OS PEQUENOS CLIENTES"

A venda para as pequenas redes de farmácia sempre foi o forte da Cimed. Essa característica do negócio começou comigo ainda como Honorterápica, depois que tivemos alguns problemas por concentrar nossa operação em alguns clientes.

Nos anos iniciais do laboratório, utilizávamos algumas distribuidoras para nossos produtos chegarem ao mercado, mas como a década de 1980 não foi fácil para a economia brasileira, em um determinado momento houve uma quebradeira geral no comércio e a distribuidora responsável por levar nossas mercadorias para o Nordeste faliu da noite para o dia. Aquilo foi um baque e tanto, mas aprendi a lição. Era muito melhor fracionar a minha operação de venda para as pequenas redes de farmácia, de preferência em São Paulo e na região Sudeste, garantindo a distribuição direta a elas, ao invés de concentrar nossa operação em poucas farmácias, apesar de grandes, e me manter dependente de alguma distribuidora para conseguir chegar a mais estados.

Decidi fracionar o meu risco trabalhando com estabelecimentos comerciais menores, até porque eles são bons pagadores. Quem é pequeno dá muito menos calote. Eles costumam honrar os seus compromissos de compra. Esse foi, desde o início, o nosso foco estratégico. Essa decisão fez com que João tivesse de negociar com um número muito maior de clientes, aprimorando as suas habilidades como negociador.

Eu pensava assim: "Se meia dúzia de clientes quebrar, ainda vou ter outra meia dúzia para me manter vivo. Agora, se concentrar meu trabalho nos grandões e eles quebrarem, não consigo seguir com o negócio." Então, desde o começo, coloquei para João Adibe: "Vamos atrás dos pequenos. A sua meta é conseguir os pequenos clientes." Ele foi, conseguiu esses clientes e nos trouxe excelentes resultados por conta de seu bom instinto para negociar.

João Adibe trabalhava para burro e logo ficou evidente o seu interesse pelo que fazia. Por isso, ao completar 18 anos, lhe ofereci uma participação nos negócios. Ele se tornou sócio da empresa em conjunto comigo e com a sua mãe. Aquela decisão foi uma estratégia para incentivá-lo a trabalhar ainda mais, um reconhecimento à sua dedicação e pelos bons resultados que nos trazia.

Se João Adibe tivesse sido preguiçoso, a história teria sido outra, não lhe teria oferecido a sociedade como fiz, mas, como o meu pai fez comigo e meus irmãos, reconheci o empenho dele e o incentivei com retorno financeiro para ele tomar mais gosto pelo negócio. Trabalhar na dureza é ruim, desanima qualquer um. É preciso ter ganhos financeiros substanciais para compensar o esforço. Para ele, era gostoso ganhar dinheiro como resultado de sua dedicação.

João Adibe sempre foi muito trabalhador. O negócio dele sempre foi trabalhar. Por isso, aos 17 anos de idade, eu já o via como um homem feito. Ele tinha muita responsabilidade, palavra e firmeza em suas decisões. Ia atrás do que queria, procurava encontrar caminhos, lutava para conquistar. Ele não tem medo.

Aos 20 anos, já era o responsável pelo setor de vendas, enquanto eu me dedicava à produção de nossos produtos. Em quatro anos de empresa, ele cresceu profissionalmente e amadureceu muito como homem. Trazia resultados concretos e tínhamos muita confiança em sua força de trabalho, mas todo aquele desempenho não foi um golpe de sorte. Ele não caiu de paraquedas no setor. Foi resultado de trabalho duro, de ter obtido experiência vendo tudo acontecer passo a passo. Cláudia e eu nunca o protegemos.

Outro fator decisivo para a sua carreira foi a parceria de trabalho firmada com uma de suas irmãs, Karla. A entrada dela na empresa foi muito importante para ele, porque eles consolidaram uma forte união nos negócios. Eles formam uma dupla profissional muito boa, em que um precisa do outro. Separados, a sobrevivência deles seria muito difícil, porque Karla é o braço direito de João Adibe. Ela é uma mulher firme e cuida da estrutura industrial da empresa, enquanto ele continua responsável pela área comercial.

Por falar nos meninos, e na vontade de trabalhar na firma, só Mariana não teve interesse em se envolver no dia a dia dos negócios. Ela buscou por caminhos que a levaram, inclusive, a morar fora do Brasil, do outro lado do mundo, na Austrália. Para mim, apesar de ser difícil lidar com a distância que nos separa, não tenho muito a fazer a não ser respeitar a decisão dela.

João Adibe e Karla, por sua vez, construíram um relacionamento profissional com muito respeito um pelo outro e quando desentendimentos acontecem, o sangue da família fala mais alto, e eles se entendem. Por isso, tocam sozinhos o negócio e, ao se tornarem os principais responsáveis pela empresa, arrepiaram. Fizeram um trabalho muito melhor do que o meu. Tenho um orgulho imenso por eles serem bem melhores nessa gestão empresarial. Sempre desejei ver meus filhos à frente dos negócios, mas não poderia saber se o meu desejo se realizaria. Por isso, é como um sonho quando os vejo trabalhando, porque eles entraram na firma, tomaram gosto pelas atividades e andaram com as próprias pernas.

Na empresa, temos o hábito de compartilhar tudo e tomamos nossas decisões às claras. Vivemos trocando ideias e, no momento das decisões importantes, conversamos para nos entender. Essa é uma característica familiar. Dessa forma, Cláudia e eu passamos nossos valores para os meninos e eu ainda fico mais empolgado quando vejo a chegada de uma outra turma, os meus netos, que já começaram a trabalhar no negócio. Isso é legal para chuchu. Meu orgulho só cresce.

Sempre quisemos garantir para nossos filhos o significado da família e o quanto é importante estarmos juntos. Nosso legado para eles era esse e quando vejo como estão unidos no trabalho e na vida pessoal tenho a sensação de termos conseguido o que desejávamos. Conquistamos esse objetivo e, de quebra, construímos uma grande empresa, importante para muita gente. Se estivesse sozinho, não teríamos chegado aonde chegamos, não haveria a menor condição, mas juntos conseguimos.

Graças a Deus temos um grande laço de amor e esse sentimento existe porque nos damos bem, mesmo com desentendimentos pontuais, como em qualquer família, mas o que fica claro em nossa relação é a nossa coragem.

No momento em que João Adibe completa os seus 50 anos de vida, essa coragem fica mais evidente. Ele não herdou uma empresa pronta. Ele precisou trabalhar duro para conquistar o que tem. Ele precisou de Karla junto dele para garantir e compartilhar as conquistas. Ele precisa dos meus netos para dar continuidade às realizações.

Não temos medo de fazer, investir, sonhar e não procuramos por brigas, mas se alguém quiser arrumar encrenca, estamos prontos para enfrentá-la. Não baixamos nossa crista, custe o que custar, e João Adibe é exemplo dessa nossa maneira de viver.

Quando alguém me pergunta qual é o meu maior ídolo, não tenho a menor dúvida em responder: meu pai!
Pai, obrigado por me inspirar e ensinar todos os dias.

CAPÍTULO 20

A CIMED TEM SUCESSORES, NÃO HERDEIROS

Eu quero que os meus filhos e sobrinhos sejam muito melhores do que eu, e meu papel é mostrar para eles que nunca vamos perder nossas origens.

A terça-feira 17 de setembro de 2019 é inesquecível para mim. Às 12h37 dessa data, tive uma das maiores emoções da minha vida. Aquele foi o dia e hora do nascimento de minha filha mais nova, Charlotte. A ocasião se tornou ainda mais especial pelo fato de eu ter sido a pessoa que a tirou da barriga da mãe, que se submeteu a uma cesárea para tê-la. Eu me tremia todo quando a segurei pela primeira vez e até hoje ainda é difícil explicar de onde tirei coragem para ajudar tão ativamente em seu nascimento, mas tenho a certeza de que ter aceitado aquele desafio foi uma de minhas melhores experiências.

Um pouco antes de entrarmos na sala onde o parto aconteceria, o ginecologista que conduziria os procedimentos clínicos me questionou:

"João, você quer tirar a sua filha da barriga da sua esposa?" Ele me surpreendeu com a pergunta. "Eu quero!", falei sem pensar duas vezes.

Se tivesse refletido um pouco mais sobre tamanha responsabilidade, talvez não tivesse aceitado aquela incumbência tão rapidamente, mas ali, emocionado por acompanhar mais um nascimento de um dos meus filhos, me empolguei com a proposta feita. Afinal, sempre estive presente no parto de todas as minhas crianças, mas nunca tive um envolvimento tão intenso como aquele de retirá-los da barriga da mãe. Nos preparamos e seguimos para a sala de parto.

Por todo tempo estive ao lado de Cinthya, enquanto a equipe médica conduzia os trabalhos para a operação. Acompanhava tudo apreensivo, desde a anestesia, ao corte em sua barriga, a limpeza feita na área aberta em seu corpo quando, de repente, vejo a cabecinha de Charlotte pela primeira vez, naquele instante fui tomado por uma emoção intensa. Era como se ali fosse pai pela primeira vez. O momento do nascimento de um filho é sempre inacreditável. A gente fica um pouco em outra dimensão.

A equipe médica foi bem hábil nos procedimentos e quando chegou a hora me disseram: "Agora você pode retirá-la." Com as pernas trêmulas, me aproximei um pouco mais da mesa de cirurgia e levei as minhas mãos ao encontro de Charlotte. Ao pegá-la, parecia que estava segurando um peso de 500 toneladas. Meu coração disparou! E, com todo o cuidado, bem devagar, puxei o seu corpinho que saía da barriga de Cinthya ensanguentado. Aquilo foi sensacional. Os profissionais ali presentes me indicavam como tinha de segurá-la e, rapidamente, me deram uma tesoura para cortar o seu cordão umbilical. Nessa hora, Charlotte chorou e eu só conseguia enxergar ela em minha frente. Era como se só existíssemos nós dois no mundo. Eu a segurava, ela chorava e meu coração batia cada vez com mais força.

As enfermeiras, então, nos conduziram para um canto da sala para que ela fosse limpa e eles pudessem fazer os exames de praxe realizados em recém-nascidos. Charlotte foi colocada em um bercinho aquecido, enquanto era cuidada, e eu a olhava extasiado. Quando esses procedimentos terminaram, e ela já estava devidamente agasalhada, eu a levei para Cinthya, que ainda estava sendo atendida na mesa de operação. Tudo foi muito rápido.

Ao lembrar desse acontecimento tenho a certeza de que o repetiria quantas vezes fossem necessárias, porque meu amor por meus cinco filhos é imenso e estar presente na vida deles, em qualquer momento, é algo valioso.

NO CAMINHO CERTO

Fui pai aos 26 anos de idade e quando nasceu Adibe, o meu primogênito, senti a sua chegada como uma conquista. Sempre quis ter um filho homem, era um sonho desde adolescente. Aquela vontade era também uma homenagem ao meu avô Adibe, que, se estivesse vivo em 1998, teria tido um orgulho imenso ao saber que o seu primeiro bisneto era um menino; mas naquela época, infelizmente, ele já havia falecido. Todos os meus filhos nasceram bem depois de sua morte. Por isso, para homenageá-lo, fiz questão de batizar o meu menino como Adibe. Mas ali, mal sabia eu que toda a emoção vivida em seu nascimento ainda se repetiria em quatro outras ocasiões.

Gosto muito de ser pai e tenho um gigantesco orgulho de cada um dos meus filhos (Adibe, Esther, Bruna, João Pedro e Charlotte). Procuro ser amigo deles, mas sem esquecer as minhas obrigações paternas e a necessidade de transmitir a eles os meus valores, a importância de a família se manter unida e nossos propósitos. Eu me dedico 100 por cento a essa tarefa e a minha vida tem mais sentido porque tenho essa função. Esse, inclusive, é um dos meus segredos para tê-los tão perto de mim. Eles estão em minha vida 24 horas e uma das minhas missões é despertar neles a vontade de estarem envolvidos com a nossa empresa.

Muita gente me pergunta como envolvo os meus filhos na Cimed, especialmente, quem também é dono do seu negócio como eu. Uma das minhas respostas mais simples para essa pergunta é: *Confie na habilidade deles, crie espaço para que possam aprender sobre a sua empresa, dê oportunidades reais para a demonstração de suas competências e remunere bem as suas atividades*, mas atenção, essa remuneração tem de ser igual à dos demais profissionais em funções semelhantes às deles.

Não adianta superproteger ou criar privilégios. Empresas familiares que quiserem ver a continuidade do seu negócio nas mãos dos seus filhos têm de tratá-los profissionalmente como o mercado trata qualquer profissional. Consequentemente, eles têm de ser remunerados de acordo com a entrega de seu trabalho ao negócio. É preciso remunerar bem, mas de forma justa.

Adibe está completamente envolvido com a Cimed. Como ele é o mais velho, foi natural ter começado na empresa antes dos outros. Quando criança e adolescente, ele morava em Florianópolis.

Ao concluir o ensino médio, eu o trouxe para morar comigo em São Paulo. Naquela época, já estava separado da mãe dele.

Para Adibe foi muito bom ter crescido em Floripa, a qualidade de vida é muito boa por lá, mas, ao se tornar adulto, ele precisava vir para São Paulo, cidade que te ensina a trabalhar e gera oportunidades de aprendizado difíceis de serem encontradas em outros lugares no Brasil.

Ao chegar, ele foi cursar administração, mas logo desistiu da graduação e veio trabalhar na Cimed. Esse movimento me deu a chance de tê-lo mais por perto e prepará-lo para o negócio como sempre quis. Como não fiz curso universitário, o fato de ele ter abandonado a faculdade não me aborreceu, mas não crio malandro; por isso, se parou de estudar, viria trabalhar, e essa condição ficou explícita.

Abri espaço para ele se habituar com a nova rotina e contratei um mentor para trabalhar diretamente com ele nesse primeiro momento. O trabalho foi muito positivo e em um ano e alguns meses rendeu os seus primeiros frutos, demonstrados em uma de nossas convenções, em 2018, pouco meses antes de ele completar 20 anos, quando fez a sua primeira apresentação para nossos funcionários e foi um sucesso. Ele falou sobre o futuro do setor e a importância dos medicamentos para as pessoas.

Ao longo de sua mentoria, ele amadureceu e conquistou segurança, sobretudo, entendeu a importância da liderança e como é decisivo inspirar e encantar as pessoas como líder. Com aquela palestra, ele "virou a chave", e senti que estava contaminado pelo negócio. Naquela convenção, ele deixou de ser o filho do João para se tornar o Adibe da Cimed e ser notado pela empresa. Dali em diante, ele só aprimorou a sua atuação profissional e passou a ocupar uma posição de responsabilidade em nossa diretoria. Costumo brincar que ele é o "jovelho", um jovem com comportamento de velho, por ser metódico, muito correto e regrado. De certa forma, ele puxou ao meu avô João, um homem rígido.

Para mim, foi importante ele ter acontecido naquela convenção, porque sempre levei todos os meus filhos para eventos dessa natureza como maneira de envolvê-los no negócio. Eu os levava e os deixava sentadinhos na primeira fileira dos eventos. Por isso, foi um prazer reconhecer naquela apresentação a continuidade de meu trabalho. Aquela percepção indicava o acerto de minhas atitudes com eles. Assim como, aos poucos, trouxe Adibe para a rotina da empresa, sigo o mesmo caminho com Esther e Bruna.

ELES AINDA PRECISAM DE TEMPO

Esther tem 21 anos de idade e está na faculdade. Ela adora comunicação e já começou a dar expediente no escritório alguns dias. Está amadurecendo e compreendendo que, se quiser se diferenciar, tem de mostrar as suas capacidades profissionais. Ela é espontânea, carinhosa, super gata e faz parte de uma família rica. Esses são predicativos muito legais, mas não dá para ela ser definida apenas dessa maneira. Dedicar-se a uma atividade profissional fará a diferença em sua vida.

Como Adibe, ela também veio de Florianópolis para São Paulo e essa vinda modificou radicalmente a sua rotina. Sempre que posso, levo-a a reuniões com clientes e em viagens de campo para envolvê-la nas atividades. Geralmente, esses momentos são especiais para ela e para mim. Essas situações são oportunidades para ela entender onde o negócio acontece, fora do escritório, em lugares remotos. Recordo com carinho especial uma dessas viagens em que fomos ao Amazonas.

Estamos presentes em todo o país e as realidades das regiões são muitos distintas entre si, por isso é importante que os meus meninos também "batam pasta", e ela vai super bem quando tem de interagir com as pessoas. De alguma forma, a viagem que fizemos ao Amazonas "virou uma chave" para ela, por ter descoberto um mundo completamente diferente. Ali, ela teve a oportunidade de ver o nosso produto sendo exposto onde ele faz a diferença para o nosso cliente. Em lugares nos quais ele leva acessibilidade à população.

Ela só pode ter essas experiências vivendo o dia a dia do negócio, mas a sua caminhada na empresa, com mais autonomia, começou em 2020. Ela ainda precisa de tempo para estar mais envolvida no processo empresarial. Tempo é o que também necessita a minha terceira filha, Bruna, que começa a fazer a sua transição para uma fase de vida mais adulta. Bruna também veio de Florianópolis e está se adaptando a São Paulo.

Além dos meus filhos, os filhos de Karla estão começando a caminhar conosco dentro da empresa e temos uma situação bastante similar.

Juliana, primogênita de minha irmã, como Adibe, já tem uma rotina de trabalho na Cimed. Ela é uma pessoa de processos, de estruturação, gosta de números e está se formando na Fundação Getúlio Vargas (FGV). O bom disso é que, de certa forma, eles são complementares e constroem um relacionamento independente à minha relação com Karla. Estabelecem, assim, respeito por suas trajetórias; e, sabe algo engraçado, quando falamos do comportamento dos meninos fora do trabalho, em algumas situações, sou mais parecido com Juliana porque somos mais relaxados quando se trata de lazer e Adibe se parece bem mais com Karla. Eles são mais certinhos.

O segundo filho de Karla é Pedro, que cursa arquitetura e está envolvido conosco em atividades de reforma e construção de nossos escritórios e fábricas. O trabalho dele, inclusive, foi fundamental para a construção de nossa nova fábrica em Pouso Alegre. Desde os primeiros esboços do seu planejamento, Pedro esteve envolvido nesse projeto, que é um dos mais importantes da Cimed nos últimos anos. Ele realizou um super trabalho.

E, por fim, o filho mais novo de Karla é Eduardo, que eu chamo de *Buzina*. Ele é super criativo e comunicativo, trabalha muito bem com *branding*, é um talento que pode ser aproveitado tanto em nosso marketing quanto na área comercial, mas enquanto ele estiver na faculdade ainda é cedo para decidir sobre o seu futuro na empresa, mas já estou ansioso pelo começo do trabalho dele conosco.

SOMOS MELHORES E MAIORES JUNTOS

Eu tenho uma cobrança muito grande com os meus filhos e sobrinhos no negócio, porque, além de eles serem família, eu os trato como pares. Cobro de igual para igual, pois precisam entender que, se ocupam uma cadeira na empresa, têm de trazer resultado. Ninguém é contratado para passar tempo. Errar tudo bem, mas fingir trabalho, não. Jamais!

Quem está na empresa pode errar, o erro é parte do processo e a gente tem chance para consertá-lo. A gente reconhece a falha, estabelece uma maneira para não cair no engano novamente e segue o barco. Mas fingir trabalho não dá. Até porque para se ter uma vida de alto poder aquisitivo é preciso ganhar o suficiente e só se ganha muito trabalhando sem preguiça.

Quando a gente sabe o quanto recebe no final do mês, a gente pensa mais de uma vez antes de sair por aí gastando. Por isso, a importância de saber o custo do dinheiro. Lembrá-los disso é um dos meus papéis como pai e tio. Eu mostro a eles quanto custa o dinheiro e a sua origem; e a forma mais adequada para esse aprendizado acontecer é quando todos experimentam a rotina de nosso trabalho para sentir por si e ver de perto as histórias contadas a eles desde que nasceram.

Eu trabalho para que a Cimed não seja só minha e de Karla, mas, sim de todos os nossos filhos; e de Mariana e seus filhos, porque com eles a Cimed é melhor e muito maior. Todos têm algo a acrescentar, a contribuir com o nosso desenvolvimento. É como se multiplicássemos nossos talentos. Por enquanto, a gente já tem Adibe e Juliana bem incorporados em nossa estrutura. Eles estão encaminhados. Os demais ainda estão se envolvendo com os negócios dentro do seu tempo. Alguns ainda são muito novinhos, outros estão longe ou ainda estão percebendo quais são os seus sonhos. O caminho para tê-los todos ao nosso lado é longo, mas sou persistente e trabalho com dedicação para vê-los em alguma função da empresa o quanto antes.

Costumo brincar que ajo como um timoneiro numa competição de barco a remo, incentivando a equipe. Estou constantemente em um esforço mental avaliando o desempenho das pessoas, fazendo acelerarem quando preciso, incitando-as a darem o seu melhor; e essa característica é estendida à minha relação com os meus filhos e sobrinhos. Por sermos os donos não podemos nos acomodar, muito pelo contrário. Temos de estar disponíveis para o trabalho, para sermos inspiração junto a quem trabalha conosco e para o setor.

Sempre lutei por minhas conquistas e é com esse sentimento de luta e perseverança, com uma mente positiva, que tento contaminar todos eles. Essa relação com os meninos é um dos meus grandes desafios, pessoal e profissional, porque eles não são meus herdeiros. Eles são meus sucessores, e o meu desejo é que eles sejam melhores do que Karla e eu. Tenho certeza de que serão.

NOS MEUS 50 ANOS DE VIDA, O QUE APRENDI AO SER PAI?

As minhas vitórias fazem parte de um processo de construção. Nunca ganhei nada do dia para a noite. As minhas conquistas decorrem de muito ritmo, rotina e ritual. Todo dia eu acordo e procuro fazer o máximo que posso. Tento transmitir esse ensinamento para os meus filhos e sobrinhos, porque o meu amor por cada um deles é gigantesco. Eles são a continuação do meu esforço, assim como eu sou a continuação do meu pai e ele foi de meu avô. Esse elo nos une através do tempo e a Cimed continuará sendo uma das empresas líderes em nosso setor pelo envolvimento das futuras gerações da nossa família nos negócios. Por isso, como pai, um dos meus papéis é garantir a continuidade do nosso trabalho ao repassar para os meninos nossos valores e princípios éticos para que eles possam ser pessoas com mais estrutura e capazes de tomar atitudes pertinentes com os seus sonhos e com o nosso objetivo coletivo como família.

Depoimento
de Adibe Marques

"TENHO ORGULHO EM SEGUIR OS PASSOS DO MEU PAI."

Cresci tendo uma certeza: quando acabasse o ensino médio, sairia de Florianópolis, cidade em que morava com a minha mãe, e viveria em São Paulo para fazer faculdade e trabalhar ao lado do meu pai. Essa previsão de infância foi realizada em 2016, quando eu tinha 17 anos e ali comecei a ver a vida como ela é.

Eu fazia faculdade de administração pela manhã e à tarde trabalhava no escritório ao lado de meu avô, meu pai e minha tia, eles, inclusive, colocaram a minha mesa de trabalho na sala onde ficavam. Com aquele gesto, deixaram claro o quanto me queriam por perto.

Mas, depois de ter vivido a rotina de sala de aula e escritório por cinco meses, percebi que aquele plano de estudar e trabalhar não daria certo. Se mantivesse as duas atividades, não conseguiria me dedicar a nenhuma delas; por isso, rapidamente, comuniquei ao meu avô e ao meu pai meu desejo de parar minha graduação. Eles acolheram a minha decisão e, juntos, definimos que me dedicaria integralmente ao nosso negócio.

Nem todos, contudo, aceitaram aquela mudança tão bem. Minha mãe e minha tia, a princípio, foram contra. Com o passar do tempo, porém, se convenceram do contrário, porque o meu argumento era muito forte. Ao vir morar em São Paulo, meu objetivo era entender o dia a dia da empresa, *como conseguiria ter esse profundo entendimento se tivesse de dividir o meu tempo com os estudos?*

Naquele começo, tudo era novidade. Eu estava acostumado a viver na escola em um ambiente só de crianças. Era muito jovem e imaturo, um pirralho que não sabia de nada. Mas, do dia para a noite, me vi diante de conversas de outra realidade. Tudo mudou da água para o vinho. Foi um choque e meu pai foi essencial naquele momento. Ele nunca abriu mão de que eu entrasse de cabeça no que tinha me proposto a fazer e sempre me exigiu muito. Como, aliás, exige até hoje.

Meu pai me cobra muita responsabilidade em minhas ações e acho muito bom que ele tenha esse comportamento.

Em nosso trabalho, temos rotinas extensas. Facilmente, chegamos a 14, 15 horas de atividades diárias; e a empresa começa a funcionar muito cedo. Para darmos conta desse ritmo, temos de ter disciplina, e ele me ensinou a ser disciplinado. Assim, desde o momento em que decidi parar a faculdade, ele me exigiu uma postura muito responsável. Essa atitude foi decisiva para a minha formação como homem.

Outro dos seus comportamentos fundamentais para me manter ao seu lado foi a chance que ele me deu de aprendizado, ao deixar que acompanhasse as negociações e as reuniões nos meus dois primeiros anos da empresa. Como não sabia de nada, aquela oportunidade foi essencial. Eu só ouvia. Ouvia muito e comecei a entender as coisas.

Naquele tempo eu era uma pessoa muito ansiosa, e ele foi muito inteligente em ter me oferecido espaço para entender o trabalho e, ao mesmo tempo, ter possibilitado meu desenvolvimento pessoal por meio de capacitações e mentoria. Aqueles foram anos de muito aprendizado.

De 2016 em diante, nossa empresa mudou muito. A Cimed fez profundas transformações e para mim foi importante estar envolvido em todos os acontecimentos. Obtive referência. Vi falhas serem corrigidas, processos serem implementados, compreendi a importância da comunicação e do papel da liderança. Com os anos, nos tornamos uma organização bem mais estruturada, uma empresa cada vez mais sólida e se chegamos a esse patamar é graças ao meu pai e a minha tia, que nos conduzem. Eles são abertos a essa evolução e muito adaptáveis às mudanças. Apesar de se atualizarem constantemente, reconhecem o quanto aprenderam com o meu avô e o consultam frequentemente. Eu sigo esse caminho e aprendo muito com eles.

Para mim, é muito importante respeitar os mais velhos, quem veio antes. O filho tem de respeitar o pai e todos nós somos reflexos dos nossos pais e da criação que eles nos dão.

Tenho muito orgulho em seguir os passos de meu pai, principalmente nas questões familiares. A família é a base do sucesso. Nossa família é a base do nosso sucesso. Eu vivo essa afirmação todos os dias. Às vezes, dizem até que sou uma versão *velha do João*. Gosto muito de ser identificado dessa maneira, mas reconheço nossas diferenças, assim como meu pai é diferente de meu avô.

Com a convivência, aprendemos um com o outro e temos a chance de fazer do nosso jeito. Eu me dedico de corpo e alma ao meu trabalho e à minha família e sempre vou respeitar a senioridade nessas relações. Faço questão de dar satisfação ao meu pai, à minha mãe, ao meu avô, à minha tia. É um orgulho dizer que até quando estiver velhinho vou dar satisfação ao meu pai. Ele age dessa maneira com o meu avô e essa atitude é exemplo. Está aí um dos motivos de o respeito ser algo tão importante para os Marques quanto para a nossa empresa. O respeito é parte da Cimed.

Humildade e respeito são características básicas para se trabalhar conosco. Esse é um dos nossos valores familiares levado ao nosso negócio, o que nos assegura um ambiente efetivamente acolhedor. E mais, nesse lugar vejo o quanto posso crescer.

Eu tenho 22 anos e a certeza de que quanto mais me entregar profissionalmente, mais receberei em troca. É uma vivência muito rica. Se alguém me perguntar o que eu faria se não estivesse na Cimed, não saberia responder, porque gosto tanto do que faço que não me imagino fazendo nada diferente, e só tenho a agradecer ao meu pai, um homem que faz e sonha grande; que traz o respeito consigo como um valor inegociável; que reconhece a importância da sua família e de quem está perto dele. Ele soube fazer o seu caminho com muita autonomia. Para mim, ele é uma inspiração.

A história da vida dele é a história da Cimed e a Cimed é a vida dele; mas, para essa condição ser verdade, ele construiu uma família que compartilha esse ideal. Isso é um grande legado, até porque ele nunca deixou a família de lado pela empresa ou vice-versa. Essa capacidade de administrar as circunstâncias que ele tem é muito bonita.

Pai, obrigado por ter me ensinado a importância de escutar o outro e por estar ao seu lado na construção da sua história.

Adibe.

Depoimento de Esther Marques

"TER ATITUDE É UM DOS MAIS PRECIOSOS ENSINAMENTOS QUE HERDEI DE MEU PAI."

Ao ser convidada a escrever sobre o meu pai, não pensei duas vezes em aceitar esse convite. Escrever é uma das minhas maiores paixões na vida; e escrever sobre ele tornaria esse desafio muito mais especial.

Antes de mais nada, deixa eu me apresentar. Me chamo Esther Marques, tenho 20 anos e sou fruto do primeiro casamento dele. Sou a sua segunda filha e uma vez me perguntaram, "Como é ser filha do João, um cara elétrico, focado e disciplinado?" Eu respondi assim: É um aprendizado diário! Todo dia tem uma aula diferente.

- Com ele, aprendo a ter foco e responsabilidade;
- Com ele, aprendi que, se você tem um currículo espetacular, mas não tem **ATITUDE**, seu currículo não vale nada.

Quando temos atitude, tudo acontece. De nada adianta ficar sentado esperando alguém fazer algo por você; esse comportamento não vai dar certo. Ninguém vai fazer nada por você. "Afinal, estamos falando da sua vida? Então, vá atrás! Faça por onde as coisas acontecerem. Escolha um foco e corra atrás dele. Não adianta ter mil e um objetivos, porque dessa maneira você vai se perder e não vai conseguir realizar NENHUM deles." Eu já nem sei quantas vezes o ouvi dizer essas palavras. Todas as vezes que ele o faz, porém, acredito que, sim, ele está absolutamente certo. E tem mais: ele sempre complementa o que diz reforçando: "Escolha um objetivo e dedique 100% de sua energia a essa atividade. Assim, você será a melhor." Dessa forma, ele me ensina a importância da rotina e da disciplina.

A rotina nos deixa mais organizados e focados; e com a disciplina a gente começa a ter comprometimento com a nossa vida. Passamos a ter **responsabilidade**.

Poderia ficar horas escrevendo sobre João Adibe; além de não me cansar, teria muito orgulho em cada um desses minutos, por ele ser quem é, alguém muito especial, que nunca perdeu a sua essência, os seus valores, apesar de já ter conquistado tanto em sua vida. Independentemente de todos os seus bens materiais, meu pai mantém sua humildade e simplicidade. Isso é admirável. Essas características da sua personalidade contagiam quem está ao seu redor. Ele me contagiou e sou muito grata por isso.

Ser simples é ser autêntico. Tudo o que é complicado perde a graça.

Tenho muito orgulho em ter aprendido com ele que o verdadeiro valor de minhas relações não está ligado aos bens materiais, ao dinheiro depositado no banco; e que, sim, sou filha de João Adibe, mas esse fato não me torna especial. Estou construindo a minha história e, nesse sentindo, sou como qualquer outra pessoa, estou me descobrindo, errando, acertando, buscando me reconhecer.

Assim como ele, entendo que, ao morrermos, não vamos levar nada desta vida, mas seremos lembrados por nossas atitudes, não pela quantidade e valor de nossos bens. Para mim, esse pensamento é muito significativo e reforça a importância de sermos humildes.

A soberba nos impede de caminhar, nos paralisa e com ela não chegamos a lugar algum. Se até o sol, com toda a sua grandeza, se põe e deixa a lua brilhar, o que faz alguém ser tão arrogante e se achar melhor do que o outro? Precisamos ser humildes para admitir os erros e inteligentes para aprender com eles. É inspirador ver essa atitude diariamente em meu pai. Ele vive intensamente esse conceito.

UM ESTILO DE SER

Outro dia, me perguntaram também: "Esther, o que a Cimed representa para você? Qual a importância da empresa em sua vida?" Bem, ao falar sobre a Cimed, a primeira palavra que me ocorre é **FAMÍLIA**. Não há melhor termo para descrevê-la. Para muitos, pode até soar como jogada de marketing, mas, para mim, meus irmãos e primos, a Cimed representa nossa união na busca de um propósito bem definido: *Levar saúde e qualidade de vida aos brasileiros*.

Infelizmente, vivemos em um país no qual a desigualdade social é muito forte, um local onde grande parte da população não tem acesso aos cuidados sanitários básicos. Em nossa família reconhecemos essa triste característica de nosso país, mas como, ao longo dos anos, nos transformamos em um dos maiores laboratórios farmacêuticos do Brasil, temos a chance de fazer algo diferente nessa situação, oferecendo aos brasileiros acessibilidade a produtos médicos, de higiene e beleza, vitaminas, entre tantos outros itens de nosso portfólio.

Pensamos e agimos para garantir essa acessibilidade, e meu pai transforma essa afirmação em verdade ao acordar super cedo todos os dias e, sem preguiça, trabalhar duro para transformar nosso negócio no maior e melhor do nosso setor. Sua disposição e sua dedicação ao trabalho me inspiram de forma única. Despertam o meu desejo em fazer a diferença no mundo, trabalhando na Cimed. Tenho muita gratidão por ser parte dessa linda história.

A Cimed está ficando gigante e me orgulho dessa transformação. É um privilégio estar nesse processo e colaborar com a minha energia para transformar o sonho de meu pai em realidade, fazendo nosso negócio crescer ainda mais. Não tenho dúvida, nosso crescimento é um diferencial e tanto para as pessoas.

Aos poucos, a Cimed deixa de ser só mais uma indústria farmacêutica e se transforma em um estilo de ser. Nosso sangue é amarelo e nos diferenciamos em tudo o que fazemos. A Cimed é parte da família de nossos clientes. Estamos no cotidiano de cada um deles, porque nossos produtos estão presentes na vida de muitas pessoas.

A Cimed cuida. A Cimed ama. A Cimed chora.

A Cimed vibra. A Cimed grita. Ser Cimed é ser humano e cuidar do outro.

É vestir amarelo e ter orgulho de estar ligado a algo muito maior, à vida.

Pai, parabéns por tudo o que você construiu, mas parabéns mesmo por ser quem você é. Você é diferenciado! Te agradeço muito por me ensinar tanto. Obrigada por sempre puxar minha orelha e me cobrar. Sem suas broncas e ensinamentos não me tornaria quem sou.

Com carinho, Esther.

Depoimento
de Bruna Marques

"A FORÇA DE TRABALHO DE MEU PAI É ADMIRÁVEL."

Quando olho para o meu pai, eu o vejo como uma referência gigantesca. Ele sempre me inspirou, e o seu exemplo, agora, é cada vez mais importante porque estou entrando na fase adulta da minha vida e essa transformação traz muita responsabilidade. Penso cada vez mais no futuro e a sua história me inspira a construir o meu caminho com autonomia, como ele construiu o caminho dele. Tenho, inclusive, muito orgulho em responder que meu pai e minha mãe são os meus maiores exemplos na vida, porque eu os amo e admiro demais.

Os princípios e valores que eles ensinaram aos meus irmãos e a mim são incríveis, mas um comportamento específico do meu pai é muito especial para mim. Ele dedica o seu tempo e coloca muita atitude na valorização da sua família. Meu pai faz questão de ter uma família unida. Não vejo muitas pessoas por aí agindo como ele age. Nossa união é essencial para ele e é uma característica muito admirável. Ele nos deixa mais próximos e isso é uma inspiração e tanto.

Ele nos respeita muito e preza nossa individualidade, porque tem a cabeça aberta e acredita muito nos filhos, entendendo que somos mais fortes quando cada um de nós se conhece melhor e sabe aquilo que nos torna únicos. De alguma forma, essa maneira de ele agir nos contagia e sempre queremos estar juntos.

É por conta dessa união familiar que a Cimed conseguiu chegar aonde está. Um dos principais pilares da empresa é a nossa união, e esse comportamento fica muito evidente quando a gente olha para a relação do meu pai e das minhas tias na sociedade da empresa. Eles conseguem manter um convívio saudável.

Mesmo aos 19 anos de idade, já me sinto muito envolvida com a Cimed, porque ela é o propósito da vida de toda a nossa família. É o que nos move. Para mim é um orgulho ter a possibilidade de, cada vez mais, me dedicar para conquistar o meu espaço na empresa, como vejo os meus irmãos e primos conquistando o espaço deles, mas tenho muito o que aprender com o curso de publicidade e propaganda; e tenho certeza de que ainda tenho muito o que estudar até um dia me tornar uma profissional tão excelente como meu pai. Meu sonho é cuidar de todo marketing da Cimed, porque essa é a área que tem mais a ver comigo. Eu sei que esse sonho é ousado, mas sou filha de João Adibe, um homem excepcional. Espero um dia estar suficientemente capacitada para tentar essa colocação. Ainda não consigo me comparar com as qualidades de meu pai como profissional, mas quero ser uma vendedora gigante como ele é e dar continuidade a tudo o que ele construiu.

A empresa tem crescido muito nos últimos anos e a estrutura de nossa nova fábrica em Pouso Alegre é incrível. Por isso, ao olhar para o meu pai, sempre peço a Deus para mantê-lo com saúde e muita cabeça para ele conseguir administrar tudo tão bem como sempre fez. A força de trabalho dele é admirável. Nosso trabalho impacta a vida de muitas pessoas. A Cimed emprega milhares de profissionais. É muita responsabilidade ter essa quantidade de colaboradores, porque cada um deles têm a sua família e todos eles os seus sonhos.

Ao entrar na Cimed, tenho o compromisso de continuar mantendo esse impacto de forma positiva. Como profissional, quero oferecer tudo o que puder ao desenvolvimento dos negócios e a todos que estão juntos conosco fazendo essa história acontecer. Assim como meu pai, também quero fazer a diferença. Tendo a consciência da proporção que estamos tomando, acabo me cobrando mais nos estudos e tenho mais vontade de fazer parte de tudo o que está acontecendo.

O crescimento da Cimed é sem limites. Só consigo fazer essa afirmação, porque sei o quanto nossa família é humilde. A humildade assim como a união são pilares familiares. A gente reconhece quem está a nosso redor, por isso, conseguimos crescer. Sozinho ninguém faz nada.

Sei que tenho um lugar superprivilegiado na vida, porque meu pai me possibilitou essa condição. A Cimed abre mil portas para mim, mas quero mostrar o meu valor, a minha individualidade e o quanto aprendi em meus estudos.

Papito, você é meu grande exemplo de integridade, responsabilidade e amor. Por sua causa tenho tantos valores e tomo minhas decisões sempre de acordo com eles. Sou eternamente grata pelas oportunidades e aprendizados que você nos proporciona. Nossos momentos são sempre especiais justamente por você ser essa pessoa tão forte e dedicada que amo e admiro incondicionalmente. Você é minha fonte de inspiração e será, para sempre, a minha referência de homem.

Te amo! Bruna.

"Tenho orgulho de ter todos os meus filhos ao meu lado."

A felicidade está no amar e tenho a sorte de compartilhar minha vida com uma mulher que me surpreende todos os dias em uma relação que é intensa e cheia de amor.

Depoimento de Cinthya Marques

"NA VIDA DE JOÃO ADIBE, TUDO O QUE ELE PROGRAMA ACONTECE. É ALGO IMPRESSIONANTE."

Quando conheci João Adibe, a minha vida mudou em dez dias. O ano era 2013 e nos vimos pela primeira vez numa festa em Florianópolis, cidade onde morava. Eu o achei interessante, mas me mantive distante. Nunca imaginei que nossa primeira troca de olhares e conversa furtiva se transformaria em um relacionamento tão intenso. Depois de termos nos encontrado na festa, ele descobriu o número do meu telefone, me ligou insistentemente no dia seguinte e começou a fazer uma revolução em minha vida.

Nos conhecemos num sábado; uma semana depois nos encontramos novamente, na terça-feira seguinte ele me pediu em namoro e oito dias depois em casamento. E não foi um pedido despretensioso, sem intenção, muito pelo contrário! Era um pedido de casamento para valer, que veio acompanhado de um planejamento para a celebração de uma união civil e uma festa para 450 convidados na Casa Fasano. Foi tudo muito rápido e intenso, como ele é.

Quando João Adibe quer algo, ninguém o segura. É inusitada a forma como ele envolve alguém, chega a ser uma situação bizarra de tão única. A pessoa, por sua vez, se percebe tão envolvida que não consegue dizer não para ele. Eu me apaixonei por esse jeito de ser. Ele é obstinado e não vê problema em conquistar os seus desejos. A história de nosso encontro é um exemplo desse comportamento.

Quando nos conhecemos, ele tinha uma viagem programada; e rapidamente a desmarcou para ficarmos juntos. Naquela época, eu tinha três franquias e ele, sem nenhuma cerimônia, me falava: "Saia da sua sociedade. Deixe a sua parte para as suas irmãs." Um pouco assustada com aquela abordagem, dizia a ele que aquela situação não se resolveria num passe de mágica. Mas ele não se intimidava com a minha resistência e seguíamos dialogando, eu apresentando dez mil problemas para ver se ele mudava de ideia; e ele apontando a solução para cada um dos impedimentos falados por mim.

Quando nos conhecemos, tinha minha profissão como contadora, minhas franquias, apartamento, carro. Minha vida estava organizada e não precisava me mudar de cidade, nem estava procurando por essa mudança, mas, depois de muita conversa, ele me convenceu que poderia sair de Florianópolis e ir morar com ele em São Paulo.

Meus pais deram às minhas irmãs e para mim uma educação para sermos financeiramente independentes. Aprendi o ensinamento deles muito bem e construí minha vida, desde a adolescência, trabalhando e estudando com dedicação para conquistar as minhas coisas. Portanto, quando conheci João Adibe, a sua proposta em modificar o meu estilo de vida da noite para o dia me pegou de surpresa, principalmente quando ele me falou: "Quero me casar com você. Ou você casa comigo, ou está tudo terminado."

Ao mesmo tempo em que fiquei desconcertada com a forma da proposta, achei a insistência dele linda. Quem não gosta de ser cuidado? Nos apaixonamos instantaneamente. Foi tudo muito rápido, pois somos parecidos. A gente quer tudo para ontem; contudo, quando eu, com apenas dez dias de relacionamento, disse *sim* às vontades dele e me mudei para São Paulo, a vida ficou muito difícil. Sentia que estava em um conto de fadas, mas o mundo de João Adibe era completamente diferente do meu e, para completar, ele tinha três filhos do seu casamento anterior. Aquela situação seria uma questão e meu pai fez o primeiro alerta.

Ao decidir morar com ele em São Paulo, levei João Adibe para conversar com os meus pais, que são de uma pequena cidade no interior de Santa Catarina. Chegando lá, e comunicando minha decisão, meu pai não entendeu nada e se preocupou. Sua primeira reação foi tirar tudo o que estava sobre a mesa em que conversávamos, para, em seguida, apoiar os seus braços sobre ela, me olhar firmemente e me perguntar o que estava acontecendo, se eu estava bem. Eu respondi que sim, tudo estava bem e havíamos nos apaixonado. Por isso, nos casaríamos. Foi então que ele me questionou: "Ele tem três filhos. Você está preparada para ser a quarta pessoa na vida dele em termos de importância? Depois a quinta ou a sexta, quando os filhos de vocês nascerem?" Até então, não tinha pensado sobre esse aspecto, mas ele estava certo em me alertar.

A adaptação dos meninos comigo levou um tempo. As crianças ainda eram adolescentes e, naturalmente, estranharam o pai ter uma nova esposa, principalmente as meninas. Minha relação com eles foi sendo construída com muita paciência e compreensão. Hoje, vivemos em harmonia, mas a minha adaptação à família de João Adibe como um todo foi um processo de descoberta e estabelecimento de laços mútuos de respeito.

SOMOS PARECIDOS

Estava acostumada a uma jornada de trabalho de 12 horas todos os dias e, de repente, fiquei sem nenhuma ocupação, não tinha sequer obrigação profissional ou a necessidade de trabalhar para pagar as contas no final do mês. Não sabia o que fazer, até porque não ia aguentar passar o dia fazendo academia, mesmo sendo viciada em atividade física.

Ao perceber o meu incômodo, ele lançou mão de outra de suas características. João Adibe é bom em compreender as pessoas. Ele tem uma inteligência natural para relacionamentos humanos. Sabe identificar o que o outro precisa e gosta de ajudar as pessoas. No trabalho, tem prazer em acompanhar a prosperidade dos outros. Essa é uma característica muito genuína dele.

Depois de 15 dias em que estávamos morando juntos, ele propôs que eu reformasse a casa onde morávamos e comprou um terreno nos arredores de São Paulo para construir uma nova residência. Ele me deu obras para fazer.

"Você gostou dessa casa?", ele me perguntou.

"Essa casa é ótima. Está tudo ótimo para mim", eu respondi.

"Mas você gosta de tudo mesmo?", ele insistia.

"Eu estou amando tudo!"

"Mas olha esse sofá, você acha ele é bonito? É o sofá dos seus sonhos?" Como assim, "o sofá dos meus sonhos", eu pensava.

Na realidade, não conseguia raciocinar muito bem sobre tudo o que estava acontecendo. Eram tantas as mudanças e fazer uma reforma, com certeza, não era uma das minhas prioridades. Mas como ele queria que eu me ocupasse, olhou para mim e disparou: "Hoje, à tarde, vem um profissional para te ajudar na reforma dessa casa. Troque tudo o que desejar." A partir dali meus dias ficaram tomados nos dois primeiros anos de nosso casamento. As obras ocuparam a minha rotina e, ainda por cima, fiquei grávida de nosso primeiro filho, João Pedro.

Todo mundo brinca que sou a sua versão feminina, mas não gosto de me parecer tanto assim com ele, porque vejo as minhas falhas nas falhas dele e isso é estranho. Sempre rio quando falam que os opostos se atraem no amor, porque no nosso caso a gente não tem nada de oposto. Somos totalmente parecidos.

João Adibe também é muito família: ou está na empresa ou está conosco em casa, e esses dois lugares se complementam. Mesmo ele sendo assim, ao conhecê-lo, percebi que tinha dificuldade para mostrar o carinho que dizia ter pelo pai, pelas irmãs e por seus filhos. Ele tinha algo de não tocar, de não abraçar, era mais reservado, chegava a ser distante. Aquele comportamento me incomodava, porque vim de uma família em que nos abraçamos muito e não via João Adibe, fisicamente, tão próximo aos seus familiares. Ele demonstrava pouco afeto, falava que amava as irmãs, o pai, mas, ao estarem por perto, tudo ficava meio formal. Era um comportamento estranho. Me perguntava por qual razão não conseguia demonstrar afeto estando junto de quem tanto ama.

Aquela atitude me acendeu um sinal amarelo, porque íamos ter filhos e, para mim, um pai tem de ser afetuoso com as crianças. Já tinha um marido dedicado, capaz de me fazer uma mulher completamente feliz, mas aquele comportamento não seria suficiente, meus filhos precisavam de um pai carinhoso.

Quando me falavam que ele não seria esse pai afetuoso por ser um empresário super bem-sucedido, não dava ouvidos, pois sempre quis um pai presente e participativo na educação dos meninos. Esse assunto gerou discussões entre a gente. Eu cobrava mais atitude dele e ele me dizia que já fazia o suficiente. Cansada de me desgastar com esse tema, um belo dia resolvi fazer tudo diferente.

Antigamente, programava a casa para estar perfeita condição quando ele chegasse do trabalho. As crianças já estavam dormindo, a mesa estava devidamente posta para o jantar e ninguém o incomodava. Tudo era pensado para ele descansar, para ele não ter nenhuma preocupação, até porque quem cuida de nossa casa sou eu. Não me envolvo em nada da Cimed e ele não se envolve em nada da casa. Temos esse acordo.

Percebi, porém, que aquela organização o distanciava das crianças. Na verdade, estava tirando dele a chance que tinha para exercer a sua paternidade. Pai tem de participar, dar comida, banho, colocar para dormir, por isso decidi fazer tudo ao contrário. As crianças passaram a estar bem acordadas quando ele chega. Como estão brincando, ainda precisam se preparar para tomar banho. Isso o envolve nas brincadeiras e na preparação do banho delas. Ele ajuda a vestir o pijama e as leva para a cama. Assim, passou a ter atividades de pai como qualquer outro homem, e isso foi muito saudável para a nossa relação e para o convívio dele com os filhos. Ele se aproximou das crianças e a relação deles ganhou mais momentos especiais.

Apesar de só ter 7 anos de idade, João Pedro tem muita curiosidade pelas atividades do pai e já entende que a família é dona de uma grande empresa, por isso quer saber sobre esse mundo a cada dia mais dele.

Esse movimento aumentou a amorosidade de João Adibe. Aos poucos, ele modifica a maneira como se relaciona com quem está ao seu redor. A armadura que usa para se proteger vai se dissolvendo e, além de se tornar um paizão, ele se transforma em uma pessoa mais humana.

João Adibe é um homem muito forte e essa é a imagem dele para o mundo, mas na intimidade a sua fragilidade aparece. Ele gosta de ser abraçado, de ser ouvido, de chorar quando está cansado. É muito bom quando expressa esse lado afetivo que é tão grande e tão escondido.

Alguns anos depois do nascimento do nosso filho mais velho, perdemos um bebê. Com poucas semanas de gestação, tive um aborto espontâneo. Foi um episódio muito doloroso em nossas vidas. João Adibe desmoronou e fiquei impactada com a sua profunda reação de dor, mas o nosso sofrimento teve um tempo limitado. Nos recuperamos e decidimos ter outra criança. Afinal, aquela perda inesperada não combinava em nada com ele, porque na vida de João Adibe tudo o que ele programa acontece. É algo impressionante. Com obstinação, ele foi atrás dos melhores médicos para entender o que tinha acontecido e para se preparar para uma gravidez sem surpresas. Graças a Deus funcionou. Dois meses depois de uma das piores notícias de nossas vidas, tivemos uma grande surpresa. Estávamos grávidos e dessa vez a gestação foi uma celebração de vida 24 horas. Quando nossa Charlotte chegou, vivemos um momento mágico.

João Adibe e eu construímos uma relação com muita paixão. Vivemos grudados e nos damos bem. Temos um casamento feliz porque procuramos nos entender. Buscamos harmonia. Esse é um dos seus grandes ensinamentos.

Para ele, todos têm de estar bem, e essa sua preocupação é honesta. Ele preza pela harmonia familiar diante de qualquer acontecimento e procura proporcionar a união das pessoas. Há muito respeito nessa atitude e considero esse comportamento como um ato de sabedoria. João Adibe é agregador. De alguma forma, ele é o pai de todos. Às vezes, é difícil de entender esse posicionamento, mas ele é alguém que se faz presente para o outro e procura sempre ajudar.

Nessa trajetória dos seus 50 anos de vida, participo em apenas oito anos, mas tenho certeza, nossa caminhada é duradoura. Estaremos juntos para sempre.

Eu te amo, meu amor!

Cinthya,
Te amo sem saber como,
nem quando, nem onde.
Te amo sem problemas, nem orgulho.
Assim te amo porque não sei
amar de outra maneira.

CAPÍTULO 21

UM *LIFESTYLE* FORA DA CURVA

Quando falo que meu sangue é amarelo, falo sobre esperança, renovação de atitude, energia e alegria. É um comportamento otimista na vida, um compromisso com a saúde, com o bem-estar, com a prosperidade.

Em maio de 2019, fui a capa da edição de nº 68 da revista *Forbes Brasil* e essa publicação mexeu comigo. Pela primeira vez apareci com tanto destaque em uma cobertura jornalística que mostrava o meu trabalho para um público diferente do que já me conhecia. Até então eu era alguém para o setor farmacêutico, mas fora dele poucas pessoas sabiam da minha existência. Por isso, organizei uma comemoração para celebrar a repercussão alcançada.

Até hoje mantenho exemplares da revista no escritório, onde a capa está ampliada como se fosse um quadro em nossa recepção. Mas aquela publicação não foi importante apenas para mim. Pela primeira vez, um industrial do setor farmacêutico era mostrado com aquele protagonismo pela *Forbes Brasil*; e o título da reportagem não podia ter sido mais acertado: "Fora da curva: João Adibe faz a Cimed crescer de forma acelerada".

Pouco tempo antes, a Cimed havia conquistado o seu primeiro bilhão de reais, tínhamos implementado a metodologia *push* de venda e estávamos impactando o mercado. Aos poucos, nos consolidávamos como um dos grandes *players* do setor. Por isso, a reportagem ressaltou: "Em entrevista concedida à *Forbes* há cerca de dez meses, ele prometia dobrar, até 2020, o faturamento de R$ 1 bilhão que acabava de alcançar. Passado esse tempo e agora dentro de um novo contexto político-econômico, mantém a meta? 'Sim, crescemos 23% no ano passado e vamos crescer 25% em 2019', garante João Adibe Marques."

Essa informação trazida pela matéria foi inserida em termos comparativos ao crescimento do "mercado de medicamentos no país que rondava os 7%". O texto destacou, também, que o ritmo fora da curva da Cimed seria explicado pela "[...] estratégia de preços competitivos

— não é raro encontrar nas prateleiras produtos da empresa custando um terço dos concorrentes diretos [...]". Apesar da informação correta, a estratégia comercial não era tudo o que estava acontecendo naquele momento. Sim, uma estratégia que garanta a acessibilidade de medicamentos à população é um dos nossos pilares no negócio, porém nossa ação era bem maior.

Em 2019, havíamos completado um ano da então nova identidade visual da empresa. O amarelo fora definido e adotado como a nossa cor, em 2018, por refletir nosso jeito de ser. Vivíamos uma fase empolgante de transformações. Estávamos prontos para maiores conquistas e pretendíamos mostrar ao mundo nossa vontade de vencer.

Ficou claro que os nossos bons resultados estavam ligados à nossa ação diferenciada no mercado, que ia além de termos bons preços, do estabelecimento de uma boa relação com os clientes ou da produção de produtos de excelência. Havia algo em nossa atitude, uma maneira muito original de estar no mercado, que potencializava nossas qualidades.

Somos ágeis nas negociações, os obstáculos não nos intimidam, mantemos um fluxo consistente de diversos lançamentos, compreendemos a dor do cliente e buscamos estabelecer leveza e bom humor para lidar com as situações que surgem. Em outras palavras, *somos intensos, temos muita energia e vibração*. Temos confiança em nossa fala, firmeza no aperto de mão e uma equipe que se dedica muito ao que faz, persevera e é determinada; por isso, temos tanto brilho em nossos olhos. Essas são algumas das atitudes que caracterizam nosso *lifestyle;* e, mais uma vez, fomos disruptivos quando decidimos comunicar ao mundo nossa diferença. Por isso, elaboramos um consistente estudo de criação da nossa marca e definimos ações de longo prazo a começar pela introdução da cor em uma indústria que não é tão acostumada a se ver colorida.

O amarelo é brilhante, alegre, remete a energia, estimula esperança e renovação, e essas características estão impregnadas em nosso DNA. São atributos significativos em nosso dia a dia.

Quando falo que meu sangue é amarelo, falo exatamente sobre esperança, renovação de atitude, energia e alegria. É um comportamento otimista na vida, um compromisso com a saúde, com o bem-estar, com a prosperidade. Por isso, "meu sangue é amarelo". Eu transbordo essas características que estão presentes em minha família e em quem se junta para trabalhar conosco. Esses atributos identificam nossos funcionários, independentemente do cargo que ocupem. O sangue amarelo corre em nossas veias e nos une. E tem mais. Ninguém conhece uma indústria farmacêutica por sua marca, mas pelo nome do seu produto. Definitivamente, a Cimed foi a primeira empresa brasileira do setor, entre o final dos anos de 2010 e início da década de 2020, em que a marca se tornou mais forte do que o seu produto. Invertemos a lógica do mercado.

É importante que o consumidor final tenha esse relacionamento com a indústria farmacêutica, porque estamos presentes na vida das pessoas em todas as suas fases. Do nascimento ao envelhecimento, produzimos produtos para melhorar o cotidiano das pessoas, para ajudá-las a lidar com as suas diversas questões. Nesse sentido, também posicionamos a Cimed como uma empresa de consumo, por isso, precisamos conversar com um público que é imenso, com uma linguagem personalizada para atender a anseios e necessidades que, naturalmente, são diferentes. O interessante dessa comunicação é que ela começou por conta de um moletom.

EXCLUSIVO

Em meados de 2018, estava andando por Paris quando me deparei com uma fila gigante na rua. Aquele aglomerado de pessoas me chamou a atenção e fui entender o que estava acontecendo. No começo, me parecia ser a entrada para uma galeria de arte, mas me surpreendi ao ver onde a fila terminava. Ela levava as pessoas a um caminhão da transportadora DHL.

Aquilo chamou muito a minha atenção, *como assim as pessoas estavam esperando para conseguir uma camiseta da DHL? Como uma transportadora poderia estar fazendo moda?*, pensei. Eu não sabia, mas em 2016, um estilista até então desconhecido, Demna Gvasalia, havia feito uma coleção de roupas para a sua marca, a Vetements, que caiu no gosto das pessoas e se tornou um ícone *fashion*. Fiquei com aquela informação em mente e, ao voltar para São Paulo, conversei com Erich, que havia sido contratado como nosso Diretor de Branding e Criação, para fazermos algo semelhante. Desenvolver uma peça de roupa com a nossa marca.

Erich topou a ideia e se juntou ao estilista Giulliano Puga para concretizá-la. Pouco tempo depois tínhamos em mãos o primeiro moletom Cimed impresso com uma logo da empresa e uma bula. Aquele moletom virou *cool* e as pessoas circulavam com a marca da empresa pela academia de ginástica, no *shopping*, em lanchonetes, no escritório. É bem verdade que houve certa resistência, quando Erich e eu apresentamos a ideia. Nos questionaram dizendo, inclusive, que o amarelo iria chamar muita atenção. Mas chamar a atenção era exatamente o que queríamos e criamos duas versões do moletom, um com a bula do Cimelide e outra com uma bula que batizamos de a *bula da atitude*, que trazia frases positivas, inspiradoras.

Era interessante ver a reação das pessoas que olhavam a bula impressa. Geralmente, se questionavam: "Caramba, que coisa é essa?"; e muitas ficavam com vontade de tê-lo, mas não podiam porque tínhamos feito poucas unidades. Essa decisão foi uma grande sacada, porque o moletom se tornou algo exclusivo, virou objeto de desejo na empresa e para parte do setor. Até hoje, aonde vou, alguém se aproxima de mim e me pede um moletom.

Certa vez, estava em uma viagem pelo Piauí e, ao chegar a Teresina, um dos nossos melhores clientes da região, em uma reunião, me disse: "João, preciso te apresentar duas pessoas." E me levou até uma sala em seu escritório. Lá, estavam sua esposa e sua filha que, de forma muito educada, se apresentaram e me pediram um moletom. Vibrei com aquele desejo delas, pois, apesar de morarem em um lugar muito quente, queriam o moletom. Aquele pedido, que foi atendido, era só mais um exemplo de o quanto o moletom havia entrado no imaginário de consumo das pessoas.

Eu passei a instigar a empresa e fazíamos campanhas internas para entregar o moletom a quem batia metas. Funcionou. Todo mundo fazia o máximo para conseguir ganhá-lo, porque ele dava sensação de pertencimento. Quem o usava era visto como parte do time, e a busca por ele foi intensa.

Um dia minha irmã, Karla, entrou em nossa sala, me olhou com a cara séria, quase brava, e me disse: "João Adibe, você está causando problemas em nosso ambiente organizacional. Providencie logo uma quantidade suficiente desse bendito moletom, porque não aguento mais ouvir reclamações pelos corredores. As pessoas querem usá-lo e a gente não tem em quantidade suficiente para todo mundo."

Aquela ação do moletom foi uma espécie de marco para a nossa comunicação. Depois dele, tivemos a ideia das camisetas polo amarelas e, de uma hora para a outra, começamos a ser identificados como uma força de vendas amarela, porque todos os nossos vendedores vestiam a camiseta amarela. Aquela atitude era fora do padrão para o mercado e se tornou uma das nossas marcas. Funcionou muito comercialmente e, mais uma vez, nos diferenciamos. Essa diferença é muito evidente quando estamos em reuniões executivas com outras pessoas do setor que, geralmente, participam desses encontros vestindo alguma roupa em tom escuro e a gente chega com camisas amarelas. Mas essa "invasão amarela" foi além das roupas. Montamos uma frota de carros de luxo amarelos, adesivados com bulas e outros elementos gráficos da Cimed.

A frota na rua

Porsche 911
Mercedes A35 AMG
Mercedes CLA 35 AMG
BMW Híbrida
BMW Elétrica
Mini Cooper
Lamborghini Urus
Fiat 500 Abarth

A bula que estava no moletom foi parar no capô dos carros, que ficavam estacionados em nosso escritório para uso dos diretores, que rodavam pela cidade de São Paulo como bem queriam. Resumo da ópera, a toda hora aparecíamos pelas redes sociais. Como ainda éramos patrocinadores da Stock Car, padronizamos essa comunicação visual. Os carros de corrida foram pintados da mesma maneira, com as bulas, e essa ação foi tão bem recebida que a mídia especializada em automobilismo e carros fez matérias para falar sobre ela.

O interesse despertado tinha motivo: nunca uma empresa da indústria farmacêutica tinha trabalhado o marketing como fizemos. Decidimos trazer a cultura da cor amarela para dentro de casa e concentrar nossos investimentos em nossa marca, obtendo mais retorno, porque, ao falarmos da marca, falaríamos indiretamente de todos os produtos. Aquela decisão foi uma estratégia de marketing corporativa, com inteligência comercial e financeira atreladas. Assim, nos fortalecemos e criamos um guarda-chuva para todas as nossas marcas.

Depois do crescente interesse pelo moletom e pelos carros, vieram os *smartwatches* amarelos, as botas amarelas, as *bags* amarelas, todos itens limitados para despertar o desejo.

UM PROFISSIONAL DISRUPTIVO

Todo o meu envolvimento com a criação de *branding*, ampliando a nossa atuação para além dos domínios naturais da publicidade e propaganda do setor, é algo que ainda estou aprendendo. Nesse aprendizado, conto com a ajuda de excelentes profissionais, sobretudo, compartilho com Erich o meu desejo de inovar e criar algo original.

Para mim, a marca é a coisa mais forte de uma empresa. Não existe empresa sem marca, assim como não há empresa sem cliente. Por essa importância, dedico este capítulo a tal assunto, porque, ao me envolver nessas ações, me sinto mais vivo e criativo.

Estamos em um caminho constante de transformação de nossa comunicação, porque nosso desejo é oferecer às pessoas um produto que, além de toda a sua qualidade, fruto de investimentos tecnológico e científico, também seja agradável visualmente como objeto, com uma identidade visual bacana, surpreendente. Por isso, damos tanta atenção às caixas dos nossos remédios, inclusive, mantendo uma gráfica própria, equipada com maquinário moderno capaz de produzir o melhor que o mercado pode oferecer em termos de resolução para essas embalagens e nossos catálogos.

O investimento nessa apresentação é complementar ao trabalho desenvolvido e uma demonstração de respeito com o cuidado empenhado nas fases de produção dos nossos produtos. Se investimos tanto em qualidade, é coerente que esse nível de exigência chegue à apresentação final do que vendemos. Por isso, mantemos uma equipe robusta de produção criativa. Não contratamos nenhuma agência de publicidade. Todo o trabalho é desenvolvido internamente em um modelo de *house agency*. Isso nos dá agilidade, coloca todo mundo na mesma sintonia, e consigo ter um resultado acima do esperado. Assim como não discuto qualidade para a produção dos nossos produtos, estendo esse pensamento às demais áreas da empresa.

Costumo dizer que os nossos profissionais são os melhores do mercado. Eles são disruptivos, provocativos, essencialmente criadores. E quero que essa característica seja percebida por nossos clientes, os donos das redes varejistas de farmácia e quem trabalha nesse setor. Aliás, abrir mais canais de diálogo com os balconistas é uma das nossas estratégias. Queremos ouvi-los e que percebam, de fato, o quanto estamos próximos deles para que compartilhem da prosperidade de nosso *lifestyle*.

Não adianta nada eu ser uma empresa com um expressivo faturamento, se quem se relaciona comigo passa por dificuldades. A prosperidade é mais robusta quando compartilhada. Esse pensamento é parte da cultura Cimed, que vem sendo aprimorada desde quando os meus pais criaram a empresa. Por isso, o moletom, os carros, os relógios são objetos que surgem em decorrência desse propósito.

Temos uma ousadia inspiradora em nosso fazer. Ela engaja o nosso público interno e esse engajamento desperta a dedicação das pessoas, aumentando o envolvimento delas em seu trabalho. É um dinamismo realizador capaz de tirar as ideias do papel e fazê-las acontecer, nos caracterizando como uma escolha inteligente no mercado porque representamos a melhor opção em termos de qualidade e economia para nossos clientes e consumidores.

A Cimed e eu estamos em um contínuo movimento de abertura ao novo. Esse comportamento nos confere uma atitude estratégica e é baseado em processos objetivos que auxiliam a tomada de decisão com mais precisão e segurança. Afinal, o planejamento garante consistência à marca, ao negócio, e relevância para o consumidor.

NOS MEUS 50 ANOS DE VIDA, O QUE APRENDI COM O *BRANDING*?

O setor farmacêutico é um mercado fragmentado, com *players* em diferentes territórios estratégicos do país. A partir dessa constatação aprendi como é vital para a nossa atuação investir em *branding*. Esse investimento nos torna uma empresa mais rentável, ao mesmo tempo que preservamos os nossos valores e propósitos. Estar à frente dessa atividade me gera um enorme aprendizado. E, assim, me torno um profissional melhor e mais qualificado.

CAPÍTULO 22

CONSTRUÍMOS UMA DAS FÁBRICAS MAIS MODERNAS DO SETOR ARMACÊUTICO

Não existe medicamento de primeira ou segunda linha.
Medicamento tem de ter um padrão único de qualidade.

O quilômetro 848 da rodovia Fernão Dias tornou-se referência para quem trafega por essa que é uma das principais estradas rodoviárias do Brasil. É lá que a Cimed construiu a sua fábrica de sólidos orais (comprimidos e cápsulas), uma das maiores estruturas fabris do setor em toda a América Latina. Em um terreno de 284 mil metros quadrados, erguemos 44 mil metros quadrados de uma das mais modernas fábricas do setor farmacêutico no mundo. Fizemos questão de investir no que há de melhor em termos de maquinário e logística de produção, porque, a partir do seu pleno funcionamento, garantiremos nossa expansão. Os números envolvidos em sua construção dimensionam a nossa seriedade e objetivo de buscarmos a liderança do mercado farmacêutico brasileiro.

Mais de R$ 500 milhões de reais foram alocados para tirar o projeto do papel e dar vida a essa gigantesca estrutura, que se vê de longe, por ostentar em toda a sua fachada externa um *dégradé* da cor amarela, tornando a sua localização no município de Pouso Alegre, sul de Minas Gerais, um marco.

Ao longo de 2020 e 2021, nossa fábrica era o "Projeto Ma+s Cimed"; foi o momento em que a concebemos conceitualmente e colocamos a mão na massa para construí-la, mas houve uma pandemia no meio desse caminho e, entre o seu planejamento e a inauguração, vivemos dois dos mais complicados anos dos últimos tempos, em razão do período crítico da covid-19. Diante dessa emergência de saúde mundial, tivemos de garantir a total segurança dos trabalhadores envolvidos na construção. A obra chegou a contar, ao mesmo tempo, com o trabalho de 16 empreiteiras e 1.000 homens convivendo em seu canteiro de obras. Não foi uma época fácil, principalmente para Karla e o nosso Diretor Executivo de Operações, Amaraí Silva, que estiveram à frente desse megaprojeto.

Enquanto estou escrevendo este trecho do livro, a construção da fábrica está praticamente concluída. Falta muito pouco tanto para a sua inauguração (prevista para dezembro de 2021) quanto para o começo do seu funcionamento, idealizado para janeiro de 2022. Ou seja, quando você estiver me lendo o "Projeto Ma+s Cimed" já estará em funcionamento e, com ele, nossa capacidade produtiva de cápsulas e comprimidos terá evoluído para 480 milhões de unidades ao ano. Nossa perspectiva, contudo, é chegarmos a produzir 720 milhões de unidades/ano. A robustez dessa meta decorre do fato de os sólidos orais terem sido, no início dos anos de 2020, o nosso principal produto fabricado e comercializado.

Cápsulas e comprimidos representavam, em 2021, 60% do total das vendas da Cimed. Por isso, a construção de um novo espaço para fabricá-los foi tão essencial, porque saímos de uma capacidade produtiva de 26 milhões de unidades ao mês, o que, comparado com a atual produção, parece pouco, mas, à época, essa quantidade representava nosso limite produtivo de sólidos orais, dentro da capacidade produtiva total de 450 milhões de unidades ao ano de nossos produtos, o que nos caracterizava como a terceira maior fabricante do setor.

Com o funcionamento da nova fábrica, passamos a produzir, anualmente, 650 milhões de unidades, adicionamos 200 milhões de unidades em nossa fabricação, pois mantivemos a operação da nossa fábrica que respondia exclusivamente pela produção até então. Por esse motivo, falamos em expansão de nossas atividades não só por termos um novo espaço de fabricação, mas por também termos investido na renovação e manutenção das estruturas existentes.

REAGIMOS RÁPIDO ÀS DEMANDAS

A quantidade de nossa produção já era incrível quando a necessidade do seu incremento se fez inconteste. Aumentar a nossa fabricação apenas comprovou a eficiência de nossa operação comercial e a procura da população brasileira por nossos produtos. Os itens da

Cimed têm saída. Temos um alto giro de mercadorias, e essa demanda requer uma produção industrial à altura. Sem contar que também trabalhamos na adequação de nosso portfólio para a fabricação e incorporação de produtos de maior valor agregado, aquecendo a entrada de dinheiro na empresa. Estamos em um intenso caminho de crescimento.

Entre 2017 e 2021 dobramos o faturamento de R$ 1 bilhão para R$ 2 bilhões e com a inauguração da fábrica projetamos comemorar a chegada dos R$ 3 bilhões, em 2023; e os investimentos para garantirmos essa meta são contínuos, não só em termos de nossa infraestrutura, mas também nas pessoas e em pesquisa e desenvolvimento. Já somos uma das empresas mais eficientes do Brasil e essa caraterística nos garante uma operação de baixo custo, assegurando a acessibilidade do consumidor ao nosso produto.

Nem toda empresa farmacêutica tem nosso dinamismo para fazer tudo o que estamos fazendo, e de maneira simultânea. Estamos, literalmente, trocando o pneu do carro enquanto ele se movimenta. Em nosso setor ainda há muitas empresas burocráticas. Por isso, nossa agilidade nos diferencia no mercado e a criação de nossa fábrica (com todo o seu potencial) nos posiciona como uma das principais indústrias do setor pronta para brigar pela liderança.

O fato de estarmos investindo naquilo que há de melhor em termos de produção de fármacos reforça nossa postura de crescimento com solidez. Por isso, insisto tanto em destacar a modernidade desse processo, porque nosso segmento é altamente controlado e nos empenhamos para atender às normas e exigências dos órgãos reguladores no Brasil e internacionalmente. Nossa fábrica, inclusive, é nosso cartão-postal. Ela é um espaço de interação com o mercado e demonstração pública do nosso compromisso com a tecnologia e a qualidade necessárias para uma indústria farmacêutica contemporânea. Sendo assim, não regateamos o valor de nenhum equipamento ou sistema que consideramos vital ao nosso funcionamento.

Sei que corro o risco de estar me repetindo sobre o nosso investimento na qualidade da infraestrutura construída, mas faço isso deliberadamente, para ressaltar nosso compromisso em sermos a melhor e maior fabricante de produtos farmacêuticos brasileira.

O nosso sistema de tratamento de água, por exemplo, é de *osmose reversa duplo passo*. A pureza da água resultante da circulação nesse sistema é incrível. O mesmo nível de excelência implementamos nos sistemas centrais de tratamento de ar (climatização) chamado HVAC, que coloca o ar mais puro possível nas unidades industriais, qualidade também estendida ao sistema de vapor (as caldeiras). Esses sistemas funcionam como o centro nervoso de nossa operação. Em termos comparativos, é como se fossem o coração e o pulmão da fábrica.

REFERÊNCIA PARA O MERCADO

Processos industriais precisam de um fluxo contínuo de produção, por isso temos de ter cuidado e controle em todas as suas fases, desde a chegada da matéria-prima, passando por sua análise, pesagem, manipulação, até a saída do produto acabado. A ordenação desse fluxo (que contém outras etapas) é uma das garantias da produtividade e qualidade do produto ofertado, por isso precisamos de bastante tecnologia embarcada. Em nosso caso, nossos equipamentos são os mais tops de mercado, como o leito fluidizado, de marcas referência como Vector e Glatt.

Qualidade também encontrada no maquinário do processo de compressão e revestimentos de comprimidos, pois utilizamos equipamentos de última geração da Killian e Fette, com enorme capacidade produtiva. Algumas dessas máquinas produzem até 1 milhão de comprimidos/hora, com monitoramento automático, o chamado *check master*; e avançados sistemas de limpeza. Para dar conta dessa produção, temos 14 linhas de embalagem de alta *performance*, máquinas da Cam e Mediseal, com capacidade para fabricação de 4 milhões de unidades ao mês.

A fábrica que começa a sua operação em 2022 é uma referência para o mercado e antecipa o futuro do setor; por isso, fiz questão de trazer o nome de equipamentos tão técnicos que grande parte das pessoas desconhece, é bem verdade. Mas quem atua na parte industrial do nosso setor sabe exatamente a qualidade do material mencionado. Eles representam o que há de melhor e com o seu funcionamento atendemos a todas as normas técnicas de segurança, de boas práticas de fabricação, garantindo o crescimento do negócio e não simplesmente resolvendo um fato específico ou uma demanda de ocasião. É algo que se perpetua.

Por sermos uma empresa de origem farmacêutica, a qualidade e a boa conduta dos procedimentos são características inatas do negócio e se fazem presentes em todos os níveis operacionais, até porque somos altamente fiscalizados pelos órgãos governamentais responsáveis pelo setor como a Anvisa (Agência Nacional de Vigilância Sanitária).

A Anvisa é uma das instituições de maior referência no mundo ao falarmos em sistemas de qualidade voltados à indústria farmacêutica. Pelo rigor de seu trabalho, evoluímos a cada dia. Procuramos nos manter alinhados com o que há de melhor em termos de prática industrial de fabricação de medicamentos, porque é sempre importante lembrar: *Não existe medicamento de primeira ou segunda linha. Medicamento tem de ter um padrão único de qualidade.*

A fábrica em Raio X
Área total do terreno: **284.000 m²**
Área construída **44.000 m²**

Sua Capacidade Produtiva
Em 2022: **480 milhões** de unidades/ano
A partir de 2023: **720 milhões** de unidades/ano

O canteiro de obras de sua construção
16 empreiteiras no pico das obras
Para execução do projeto, **1.000 operários** estiveram envolvidos

Sistemas vitais para o seu funcionamento
Água Purificada
59 pontos de água purificada
Geração de água purificada: **3.000 litros/hora**
Uso da Técnica de **Osmose Reversa Duplo Passo**

Sistema de HVAC (climatização)
Potência de refrigeração: **2.100 TR (25.200.000 BTUs)**
38 unidades de tratamento de **Ar**

Caldeira
Produção de vapor: **4.000 toneladas/hora**

SEMISSÓLIDOS E LÍQUIDOS

E não paramos os investimentos na ampliação e aprimoramento da estrutura para fabricação dos sólidos orais. Em 2021, no meio da obra da nova fábrica, definimos um investimento de mais de 100 milhões de reais para ampliar a fabricação de semissólidos (pomadas, cremes, géis) e líquidos. Essa soma veio para dobrarmos a capacidade de produção das vitaminas e aumentarmos em até 50% a produção de semissólidos e líquidos.

O investimento nesse setor é importante porque as vitaminas são uma categoria em franco crescimento. A demanda da população brasileira por esses itens aumentou significativamente desde o começo da pandemia. Até 2021, produzíamos 30 milhões de unidades ao ano. Em 2022, com os investimentos alocados a produção prevista é de 60 milhões de unidades/ano. O futuro imediato da Cimed é de muita expansão porque o potencial de consumo do mercado brasileiro por itens farmacêuticos, medicamentos, produtos de higiene e beleza está bem longe de ser esgotado. Temos uma enorme demanda reprimida. Esse fato exige empresas dinâmicas e não podemos parar. Por isso, 2022 é um ano de transição no qual iniciamos com a operação de uma nova fábrica e, ao mesmo tempo, reformamos a estrutura da fábrica antiga e investimos na expansão de áreas de novos produtos.

Todo esse cenário aquece ainda mais as contratações. Mesmo com toda a tecnologia e inovação implementadas, os empregos estão garantidos e há a possibilidade de termos mais contratações pelo crescimento da linha de produção. Desde o seu início o "Projeto Ma+s Cimed" teve como objetivo aumentar nossa capacidade produtiva, nos dar retaguarda tecnológica e de *compliance* necessária. Nesse cenário, o investimento na força humana de trabalho é fundamental.

O SANGUE AMARELO DA CIMED

Depoimento
de Amaraí Silva, Diretor Executivo de Operações

"SOMOS UMA EMPRESA DE SAÚDE."

Estou na Cimed desde 2017 e o que me trouxe à companhia foi o desafio que Karla e João me propuseram para transformar o negócio junto com eles; e cheguei em um momento especial. Tínhamos acabado de faturar o nosso primeiro bilhão e precisávamos de ajustes, como todo empreendimento que cresce. Percebi, então, a oportunidade que teria se me juntasse à companhia, mas aquilo não foi tudo o que me motivou, havia algo instigante naquele convite e tinha a ver com a energia colocada por João em seu trabalho. Ela é contagiante. A maneira como ele age é incrível e me faz muito bem, porque, como ele, também sou otimista. Pesou ainda, para a minha resposta afirmativa ao convite, o fato de eu ser mineiro. Aceitar a proposta deles era como se "voltasse à casa".

Sou natural de Campo Belo, cidade próxima a Pouso Alegre, e sempre desejei ver a indústria farmacêutica no meu estado se desenvolver. Trabalho no setor desde 1995 e quando comecei a minha carreira as empresas estavam saindo de Minas Gerias. Aquele êxodo me entristecia, mas a Cimed, diferentemente das outras, foi na contramão e acreditou em Minas Gerais. Eles não abandonaram o sul do estado. Por isso, para mim, é tão emocionante constatar a extensão da fábrica inaugurada.

Desde que assumi o meu cargo na diretoria me dedico a ampliar os negócios da Cimed, a torná-los maiores, mais rentáveis e sustentáveis. Nunca tive a chance de fazer algo semelhante por uma empresa em minha região, mesmo eu tendo desenvolvido inúmeros projetos para o setor. Na ponta do lápis, esse é o 29º em minha carreira.

Originalmente, sou farmacêutico de formação e foi assim que comecei a trabalhar, mas por algumas de minhas características de personalidade, aos poucos, migrei de função, consequentemente, atuei nas mais diversas áreas (comercial, propaganda médica, marketing, operações, logísticas, pesquisa e desenvolvimento, engenharia, projetos). Todas me geraram um grande aprendizado e me habilitaram a ser um executivo mais completo. Portanto, é muito tranquilo afirmar que a representatividade das fábricas da Cimed em Pouso Alegre é enorme.

Nós nos consolidamos como uma das maiores produtoras de medicamentos no Brasil. Aliás, não só de medicamentos. Nós nos tornamos líderes em vitaminas e estamos trabalhando bastante para nos posicionar, cada dia mais, na divisão de higiene e beleza. Somos uma empresa de saúde e oferecemos acessibilidade à população. Essa característica é parte de nosso DNA. Nesse sentido, a posição da Cimed para o país é fundamental, não só pela geração de emprego e renda, mas, sobretudo, pela acessibilidade dos produtos à população. É com essa certeza que todos os dias me dedico a fazer o máximo possível para a Cimed continuar o seu caminho de expansão e prosperidade.

NOS MEUS 50 ANOS DE IDADE, O QUE LEVO DA EXPERIÊNCIA DO "PROJETO MA+S CIMED"?

Uma das minhas certezas na vida é que não discuto a qualidade dos meus produtos, porque qualquer item que eu produza tem de ser produzido com 100% de qualidade. Não é 99% ou 101%, é 100%, porque a qualidade é algo que tem de ser preciso e é uma de minhas obrigações. Por isso, é tão importante assegurar essa qualidade e ela só acontece com os investimentos corretos na estrutura de sua produção, ou seja, fábricas modernas, alinhadas com os processos de qualidade garantem a excelência de nossos produtos.

CAPÍTULO 23

A REVOLUÇÃO TECNOLÓGICA DA CIMED

O mundo digital abre oportunidades únicas e, a partir das novas tecnologias, consolidamos uma empresa diferente.

A modernização de nossa fábrica em Pouso Alegre é parte de uma estratégia bem maior de transformação da Cimed. Sem dúvida, é muito importante construirmos um espaço moderno para a produção dos nossos fármacos. Esse ambiente nos dará agilidade, aumentará nossa capacidade produtiva, nos deixará mais competitivos, mas, para aproveitarmos ao máximo todo o investimento realizado, ele foi idealizado como parte de um plano de negócios mais amplo.

Ao longo dos anos, a adaptação é uma das nossas características mais fortes como empresa. Nós sempre nos adaptamos às demandas que surgem, e agora não é diferente. Estamos superatentos em como a tecnologia afeta a sociedade como um todo, especialmente em nosso setor. Diante das situações observadas, buscamos maneiras para integrar as melhores práticas e soluções tecnológicas em nosso cotidiano de trabalho, sobretudo porque a área médica está se transformado rapidamente e o seu atendimento evoluiu de um modelo de tratamento *curativo* para *preventivo* e caminha para a consolidação de uma ação *preditiva* de procedimentos. No setor farmacêutico, temos de acompanhar essas modificações se quisermos nos manter vivos no mercado; e é preciso entendê-las muito bem para saber como agir.

Por séculos, o tratamento na saúde foi dominado pela medicina curativa que só age diante de um problema identificado. Por esse parâmetro de ação, a intervenção médica só é acionada depois que as pessoas aparecem doentes. É nesse momento, também, que a indústria farmacêutica é mais demandada, porque é quando os medicamentos são receitados para curar as doenças. Porém, há algumas considerações a serem feitas nessa metodologia. Agir apenas para curar algo existente, em muitos casos, é insuficiente, porque os males de saúde podem evoluir de forma silenciosa e a sua ação pode afetar o corpo humano irreversivelmente e, em alguns casos, quando se constata o tamanho do estrago é tarde demais para revertê-lo.

Com o passar dos anos, contudo, as investigações e estudos médicos evoluíram e se evidenciou a importância de a medicina entrar em campo antes de os sintomas das doenças se estabelecerem nas pessoas. A partir dessa constatação, a medicina preventiva ganhou ênfase na prática médica. Ficou claro que definir estratégias de acompanhamento do quadro clínico das pessoas leva a um acompanhamento médico mais eficaz à promoção da saúde, porque, entre outros benefícios, é possível tomar alguma atitude para se debelar uma doença em seu estágio ainda inicial; ou até mesmo detectar sinais de alerta do organismo para se começar o quanto antes um tratamento médico mais adequado para que a doença não se manifeste ou, se se manifestar, que seja de maneira menos agressiva. Afinal, é bem como diz o ditado: *é melhor prevenir do que remediar*.

Entretanto, dentro desse cenário da prevenção, com o passar do tempo, surgiram novos recursos tecnológicos que fomentaram mais estudos e tornou-se claro que a *predição* das doenças é uma estratégia ainda mais eficaz do que a prevenção.

Como a palavra já indica, *preditivo* refere-se ao ato de predizer, de antecipar, anteceder. Na medicina, predição se consolida como um caminho eficaz para se salvar vidas e eliminar um gigantesco gasto médico, hospitalar e farmacêutico, porque, se a predição não deixa a doença se manifestar, consequentemente, não haverá internação ou a necessidade de se tomar remédios para se combater um mal que não aconteceu. A eficiência dessa prática decorre do levantamento e análise de dados, de informações previamente identificadas.

A grande sacada da predição nos cuidados com a saúde está exatamente no fato de se antecipar com segurança o diagnóstico clínico das pessoas; de se fazer um detalhado estudo da saúde de alguém a partir de recursos tecnológicos que possibilitam identificar a sua predisposição genética para a manifestação de doenças específicas. A utilização desses recursos possibilita a elaboração de diagnósticos precoces. É uma habilidade técnica para predizer a possibilidade da manifestação de qualquer desordem orgânica e estabelecer uma linha de tratamento que evite o aparecimento de possíveis sintomas das doenças.

Em vários países, há um robusto investimento financeiro, nos últimos anos, para o desenvolvimento de processos de análises médicas preditivas pela combinação do uso de tecnologias digitais aliadas, sobretudo, à inteligência artificial. Diferentemente da medicina preventiva (baseada em exames de rotina e na manutenção de hábitos saudáveis), a medicina preditiva utiliza análise de dados e informações genéticas para estabelecer assertivamente quais aspectos do funcionamento do organismo das pessoas necessitam atenção. É um trabalho minucioso, direcionado e fundamental para uma melhor compreensão do estado de saúde de quem se submete a essas análises.

Estudiosos desse tema garantem que a medicina preventiva é capaz de antecipar sem equívocos a condição clínica de qualquer indivíduo, assim como entender como as alterações orgânicas, as quais todos nós estamos submetidos mediante o nosso envelhecimento, nos afetará.

A medicina preditiva impacta a prática médica e revoluciona a forma dos tratamentos, porque haverá menos internações hospitalares e uma completa ressignificação na maneira de consumo de produtos medicamentosos. Essa é uma das atuais fronteiras médicas e de análise clínica que tem repercussão direta para a indústria farmacêutica. Por isso, na Cimed, acompanhamos bem de perto esse movimento e estamos nos transformando em uma *indústria farmacêutica preditiva*. O início desse processo é o que chamamos de CimedTech, que, a cada dia, ganha mais corpo e impacta a estrutura de nossa cadeia de produção e vendas.

AGILIDADE E INCREMENTO DE PRODUTIVIDADE

Inicialmente, o CimedTech nasceu como uma experiência comercial desenhada para o B2B (*Business to Business*), para aprimorar a relação entre a nossa área de vendas e nossos clientes, mas essa ação é o primeiro passo concreto de uma caminhada bem mais ambiciosa em que estamos conduzindo uma revolução tecnológica em nossa forma de fazer negócio. Porém, neste primeiro momento, de certa forma, o CimedTech ainda é como se fosse uma evolução do Projeto Push, implementado em 2019 e responsável por nosso crescimento comercial.

Nossa primeira ideia com a ampliação da adoção da tecnologia no trabalho foi instrumentalizar nosso exército amarelo de vendedores com a maior quantidade possível de informações sobre o consumo de cada um de nossos clientes, as farmácias. O objetivo é de identificarmos mais oportunidades de negócio, reconhecermos mais detalhadamente padrões de compra por região e solucionarmos entraves comerciais com maior eficácia. É uma profunda e cautelosa revisão de nossa atividade comercial até então praticada e uma experiência diferenciada e única, baseada no que há de mais moderno em termos de tecnologia no mercado voltada à área de vendas do setor farmacêutico.

Ainda hoje, o principal meio para demonstração de produtos para a venda está baseado nos catálogos. Essa prática no setor pouco se modernizou. Ela até se adaptou ao tempo, mas, efetivamente, não houve significativas modificações na maneira de se mostrar o produto para possíveis compradores. O uso da tecnologia abre inúmeras possibilidades para essa dinâmica. Vamos ganhar mais agilidade e precisão nesse relacionamento, porque o diálogo estabelecido com as farmácias será resultado de uma minuciosa análise de dados, que era impossível de ser feita anos atrás. Dessa forma, vamos oferecer um produto mais adequado à necessidade de nossos compradores.

O CimedTech, como um programa de transformação tecnológica disruptivo, revoluciona esse relacionamento, cria um ambiente de compra e venda integralmente mediado pela tecnologia, alinhado com a demanda da sociedade. Na prática, entre outras formas de se vender o produto, nossos representantes, quando estiverem nos pontos de vendas, vão utilizar leitores de QR Code em nossos produtos e obter informações como o volume de compras do item em questão, a média de preço praticada, o seu preço final, a última compra realizada, entre tantos outros detalhes relacionados ao seu histórico. A implementação dessa dinâmica gera mais *business intelligence*, mas esse exemplo em si não traduz todo o programa, porque ele é bem mais do que uma plataforma de vendas. O CimedTech é um dos indicativos externos da nossa transformação digital, de nosso alinhamento com as práticas mais modernas do mercado, considerando a inteligência da informação um aspecto vital do negócio.

A Inteligência de Dados nos consolida como uma empresa integrada ao universo digital e nos gera mais:

- Eficiência e Estabilidade em nossa Operação de Vendas, resultando em evolução incremental e melhora na *performance* do exército amarelo;
- Introduz inteligência à gestão de conhecimento na Operação de Vendas;
- Aprimora o nosso relacionamento nos pontos de venda e cria canais de relacionamento digital;
- Torna mais eficiente a gestão nos pontos de venda e aumenta a rentabilidade do varejista por personalizar a oferta de produtos e otimizar nossa distribuição;
- Estabelece um ecossistema de trabalho e soluções digitais com foco no bem-estar do consumidor final e aprimoramento de sua saúde.

Essa experiência de venda digital existe com a finalidade de:

- Elaborar indicadores precisos;
- Atrair clientes;
- Gerar detalhes das relações comerciais;
- Identificar as melhores ofertas de produtos;
- Garantir boas condições comerciais;
- Ampliar a forma de pagamento e diversificar o envio do pedido.

Em 2019, fizemos uma grande revisão da tecnologia utilizada pela empresa e traçamos, conceitualmente, os caminhos que queremos percorrer. Identificamos no mercado as melhores práticas tecnológicas em vendas e investimos pesado na contratação da prestação de serviço para nos ajudar a implementar as mudanças necessárias para obtermos solidez em nossas decisões e desenvolvermos uma cultura mais digital entre os nossos representantes. Um dos propósitos do CimedTech é a agilidade e incremento de produtividade da força de vendas.

AÇÃO DISRUPTIVA NO MERCADO

Algumas empresas esquecem de integrar de maneira correta a tecnologia aos seus negócios e, quando se dão conta, cresceram demais e se percebem sem estrutura tecnológica adequada para dar o devido suporte ao crescimento conquistado. Resultado: acabam em uma armadilha e, muitas vezes, ficam estagnadas ou quebram por não terem feito o dever de casa correto e se preparado como deveriam.

Em nosso caso, um dos principais deveres de casa a ser feito é a organização da nossa base de dados. Temos uma gigantesca base de dados, com milhões de informações sobre produtos, perfil de consumidor, forma de venda, fornecedores, rede varejista, entre outros. É um volume absurdo de informação que hoje só a *cloud storage* tem capacidade para armazenar; e a tendência é de crescimento exponencial de nossas informações de trabalho. O aumento desse volume é infinito, porque são inúmeras as variantes do perfil de consumo de produtos farmacêuticos e, por sua natureza, essas informações são variáveis, principalmente se considerarmos o processo de envelhecimento das pessoas.

A Cimed está presente em todas as fases da vida de um indivíduo. Nossos produtos atendem necessidades específicas de cada faixa etária, portanto, acompanhamos o amadurecimento de homens e mulheres e, agora, com nosso foco cada vez maior na longevidade, nossa presença junto às pessoas tende a aumentar, por isso, buscamos novas maneiras de interação com esse público.

Para a venda de seu produto, até 2022, a Cimed só chegava até os donos das farmácias, prática essa que nos caracteriza como um negócio B2B (*Business to Business*). Esse é o modelo do setor no Brasil. Os fabricantes vendem a sua produção para as redes de farmácia, mas essa dinâmica não é necessariamente algo que não possa ser modificado. A tecnologia cria meios de relacionamento direto entre fabricantes e o consumidor final e proporciona novas formas para o varejo existir, em qualquer setor. Cabe se perguntar, por que o setor farmacêutico também não pode ser B2C (*Business to Customer*)? Havendo os canais corretos de relacionamento, nada nos impede de estarmos em contato direto com os consumidores finais de nossos produtos. Internamente, refletimos sobre esse cenário porque vemos essa modificação acontecer em diversos segmentos e, se, por acaso, esse for um dos caminhos futuros da relação de consumo de itens farmacêuticos, estaremos preparados para atuar com as demandas do mercado, sendo um dos grandes *players* no Brasil.

A indústria farmacêutica ainda é muito tradicional e ao ampliarmos nossa ação tecnológica confirmamos nossa ação disruptiva no mercado. Iniciamos uma estratégia de propaganda médica só digital, o que para o nosso histórico é até surpreendente, porque nossa política de propaganda nunca foi voltada para os médicos; mas, dentro das modificações proporcionadas pelo CimedTech, a partir do começo de 2021, destacamos uma equipe para fazer propaganda médica de vitaminas, exclusivamente digital, para mais de cinco mil médicos. Essa ação foi um sucesso e é um exemplo isolado do aumento da presença do digital, e sua consequente virtualidade, em nosso cotidiano de trabalho.

Nossa digitalização nasce de dentro para fora porque dessa maneira garantimos a sua durabilidade. Internamente, temos de assimilar o digital para depois expandirmos para o mercado. Primeiro, é preciso arrumar a casa direitinho para depois pensarmos em nos transformarmos em uma *healthtech* de verdade, se for o caso. Por isso, desde 2019, investimos violentamente na infraestrutura técnica e na capacitação humana que vai nos assegurar essa profunda mudança, se ela vier a acontecer. Esse movimento, contudo, não acontece em pouco tempo. Leva anos para se modificarem paradigmas de atuação. Ainda estamos iniciando esse processo e será preciso muito ajuste de rota para nos definirmos como um modelo vencedor de atuação, sobretudo, para que possamos ser referência em análise de dados farmacêuticos.

É muito especial, para mim, escrever sobre essas modificações. Eu sou aquele vendedor que, na década de 1990, estava na praça da Sé, no centro de São Paulo, com um catálogo improvisado, embaixo do braço, feito de colagem das embalagens dos produtos em folha de papel sulfite e cartolina, e agora está refletindo sobre qual é a melhor tecnologia para transformar essa forma de venda. Principalmente, porque essa transformação vai nos aproximar, cada vez mais, do nosso consumidor final.

Vale ressaltar que essa proximidade não é algo para o futuro. Já entendemos que essa forma de relacionamento é uma característica do presente, por ser uma experiência de consumo que vai além de uma relação pontual provocada por uma doença. Assim, volto ao início desse texto em que destaquei a importância de sermos uma empresa preditiva, preocupada com a saúde integral dos seus consumidores. Faz todo o sentido sermos uma indústria não só farmacêutica, mas de *dados de saúde*, porque somos parceiros de quem busca por qualidade de vida.

NOS MEUS 50 ANOS DE VIDA, O QUE APRENDI COM A ADOÇÃO DE NOVAS TECNOLOGIAS?

É muito importante sermos disruptivos na vida, principalmente quando se está à frente de uma indústria do tamanho e complexidade da farmacêutica. Essa condição me deu uma grande responsabilidade e me faz trabalhar diuturnamente para assegurar que estamos alinhados com a oferta do melhor que há no mercado, principalmente quando considero o propósito da Cimed de levar saúde à população brasileira, independentemente do canal de venda.

CAPÍTULO 24

O ESPAÇO É A NOSSA PRÓXIMA FRONTEIRA

O ponto final deste capítulo encerra a narração de alguns fatos de um ciclo em minha vida. Já estou ansioso pelo momento em que vou começar a escrever sobre os meus próximos 50 anos.

Se antes eu enfatizei a importância de sermos disruptivos no negócio, guardei o assunto deste capítulo, que é absolutamente disruptivo por si, para celebrar o final dessa minha história de 50 anos, porque é um tema que está apenas começando em minha vida, e é um fato cada vez mais presente na humanidade e, no início da década de 2020 ganhou destaque por sua importância: a corrida espacial.

Tenho uma sensação indescritível por ter começado a me envolver nesse movimento não só como espectador dos acontecimentos, mas como participante ativo de uma conquista incrível. Ainda não compreendi totalmente a dimensão desse movimento e, como alguém que começa algo, descubro um mundo novo na medida em que vou me relacionando com pesquisadores, cientistas, analisando e me envolvendo em projetos. As possibilidades de realização são inúmeras e há uma grande quantidade de pessoas (dos mais diversos lugares, nacionalidades, etnias) e empresas de vários setores, refletindo sobre possíveis caminhos que temos de percorrer para transformar o espaço em um lugar no qual também possamos viver, mas para além do sonho da ficção científica de colônias espaciais ou casas em Marte, a maior parte das iniciativas relacionadas com a conquista do espaço tem a ver com a criação de novas tecnologias que podemos utilizar aqui na Terra desde já. As pesquisas científicas elaboradas procuram respostas para questões para as quais ainda não encontramos soluções com os recursos e condições de ambiente conhecidos, até então.

E, como é previsível em minha história, a minha participação em todo esse fantástico campo de possibilidades e descobertas não é exclusiva minha, a Cimed vem junto comigo nesse movimento. Aliás, ela é um dos motivos mais fortes, porque estamos literalmente indo ao espaço para entendermos mais sobre a longevidade e desenvolvermos produtos que ampliem a vida das pessoas com mais qualidade.

Estudos comprovam que, por conta da radioatividade e microgravidade, as pessoas envelhecem até 10 vezes mais rápido no espaço, o que o torna o local ideal para o estudo de soluções para aumentar nosso tempo de vida. Um dos grandes desafios nesse assunto é como retardar o envelhecimento no espaço. Uma das maneiras para começarmos a entender esse desafio é estudar o organismo dos astronautas.

Quem participa de missões espaciais retorna envelhecido porque o tempo vivido no espaço promove a perda de antioxidantes no organismo e a ingestão de vitaminas é uma maneira para a reversão desse quadro. Quando criança, nascemos com uma alta quantidade de antioxidantes em nosso corpo, mas, com o passar dos anos, essa quantidade diminui e precisamos repô-la para garantirmos uma vida com mais saúde, para nos mantermos ativos e dispostos.

Na indústria farmacêutica, esse assunto sempre foi de interesse. Desenvolvemos produtos para melhorar o envelhecimento do corpo humano, mas por maior que seja a eficácia das substâncias desenvolvidas, até então, novas tecnologias, novas pesquisas e ambientes científicos mais modernos aumentam a qualidade do que é produzido. Essa é uma condição básica da indústria e houve uma sincronia muito feliz de ações em nossas pesquisas científicas sobre a longevidade, porque, quando nos aproximamos de laboratórios envolvidos com experimentos espaciais, no Brasil e internacionalmente, havíamos acabado de lançar o LavitanX.

O espaço é um laboratório infinito

O LavitanX é a vitamina com a fórmula mais cara que já produzimos até agora. Foram anos de testes e pesquisa para chegarmos à sua composição com 13 vitaminas e 7 minerais reunidos com a finalidade de aumentar a longevidade etária de quem o consome e promover o rejuvenescimento celular, por isso, o chamamos de Bio Complex, um complexo de vida, que tem duas vezes mais vitaminas C e A e três vezes mais vitamina D do que outros multivitamínicos. Sua composição tem ainda quatro micronutrientes essenciais (ácido fólico, biotina, vitaminas E e K) e quatro minerais que são menos utilizados nas composições vitamínicas do mercado (cromo, selênio, molibdênio e cobre). Essa combinação é parte de seu segredo, porque a ingestão dessas substâncias elimina a ação dos radicais livres (causadores da oxidação celular), retardando, assim, o envelhecimento de nossas células; e com células sadias vivemos mais e melhor.

Por dentro da sua composição, as 13 vitaminas e os 7 minerais do LavitanX

- Vitamina A, Vitamina B_1 (Tiamina), Vitamina B_2 (Riboflavina), Vitamina B_3 (Niacina), Vitamina B_5 (Ácido Pantotênico), Vitamina B_6 (Piridoxina), Vitamina B_7 (Biotina), Vitamina B_9 (Ácido Fólico), Vitamina B_{12} (Cobalamina), Vitamina C, Vitamina D, Vitamina E, Vitamina K;

- Ferro, molibdênio, manganês, selênio, zinco, cobre, cromo

Dada a complexidade da fórmula do LavitanX, esse produto está absolutamente relacionado à necessidade das pesquisas espaciais sobre o envelhecimento. Ao identificarmos essa relação, criamos uma parceria para patrocinarmos e desenvolvermos estudos com alguns dos mais importantes organismos brasileiros e internacionais na condução de estudos espaciais. Nesse momento, entre outras ações, a Cimed é a patrocinadora de um grupo de pesquisadores que conduzirá na estação espacial internacional estudos de proteína do novo coronavírus.

Esse trabalho, concebido pelo LNBio (Laboratório Nacional de Biociências), foi enviado ao espaço, em dezembro de 2021, no voo da Dragon CRS-24 da SpaceX. Os resultados descobertos podem servir à compreensão do modo de ação do coronavírus e indicar novos tratamentos e vacinas mais eficazes contra a covid-19.

O material brasileiro destinado à pesquisa foi instalado e manuseado no Kibo, módulo laboratorial da agência espacial japonesa, JAXA. Tecnicamente, de acordo com os pesquisadores, foram enviados três arranjos experimentais diferentes, contendo proteína N (nucleocapsídeo) do Sars-Cov-2, o vírus causador da covid-19. O interesse específico pelo estudo da proteína N é que desde o surgimento da pandemia, poucos estudos foram conduzidos para elucidar o seu papel na transmissão do vírus e acredita-se que a microgravidade do complexo orbital é um diferencial para os estudos. Os pesquisadores querem cristalizar a proteína N em órbita e trazê-la para a Terra em forma de cristal para finalizar os seus estudos.

Até bem pouco tempo, não entendia nada sobre esse assunto e a minha compreensão continua bem limitada. Só tenho a capacidade de explicar um pouco sobre essa situação, por ter conversado com alguns dos envolvidos nesse trabalho. Mas, mesmo sendo um leigo, para mim o que interessa é criar maneiras de apoiar a ciência e estimular, cada vez mais, estudos espaciais para obtermos os seus benefícios o quanto antes, porque existe um vasto campo a ser investigado na medicina e na biologia em decorrência de experimentos espaciais; e essa investigação é vital para uma indústria farmacêutica moderna. Por isso, nosso apoio financeiro aos estudos do Sars-Cov-2 é só o primeiro. Nossa pesquisa específica com o LavitanX está programada para acontecer a partir de meados de 2022, quando a fórmula da nossa substância também será enviada para o espaço para ver como se comporta.

Uma vez que tivermos concluído essa etapa dos estudos, prevemos a continuidade dos testes junto aos astronautas participantes de viagens à estação espacial. São quatro anos de projeto, iniciados em 2021 (com a cristalização da proteína N), até 2024, quando mais uma vez está prevista a chegada do homem à Lua, repetindo o feito de 20 de julho de 1969, da missão Apollo 11, levando para lá Neil Armstrong e Buzz Aldrin, os primeiros humanos a pisarem em solo lunar.

Em resumo, um dos objetivos dessa iniciativa é promover o estudo do impacto da baixa gravidade e da radiação cósmica no corpo humano para desenvolver ciência regenerativa e trazer para o mercado novos produtos que preservem a saúde, equilibrem o organismo e antecipem as tendências de uma medicina cada vez mais preditiva.

Nossas ações integram um plano estratégico e de construção de valor corporativo em que a empresa reafirma a sua responsabilidade em participar ativamente da construção do futuro de nossa sociedade, liderando tendências científicas para, entre outros benefícios, reduzir os custos do desenvolvimento de medicamentos de ponta. Ao agirmos dessa maneira, trazemos para o hoje aquilo que se acreditava ser somente possível no amanhã. Sendo assim, nos colocamos reflexivos sobre qual empresa estamos construindo. Operamos tentando entender qual negócio, Karla e eu, deixaremos encaminhados para os nossos filhos e sucessores. Dentro dessa perspectiva surgiu o projeto CimedX.

PROFISSIONAIS VISIONÁRIOS

O CimedX é um projeto que busca aliar a nossa atuação a alguns dos mais importantes cientistas e centros de excelência técnica do mundo para o desenvolvimento de produtos farmacêuticos altamente tecnológicos a preços acessíveis à nossa população. A primeira iniciativa dessa ideia aconteceu com estudo da proteína N, quando firmamos parceria com a Nasa, o SpaceX, a Agência Espacial Japonesa (JAXA), a Airvants, LNBio e a Universidade de São Paulo. Diante dessas parcerias, é importante ressaltar que elas acontecem como mais uma das nossas atividades de Pesquisa e Desenvolvimento, existentes em nossa prática empresarial desde a fundação do Instituto Cláudia Marques.

O CimedX é um ambicioso projeto que deve ser entendido como um esforço exponencial feito para a aquisição de inédita *expertise* técnico-científica. Sem dúvida, é um desafio complexo, mas nos gera uma experiência singular e colabora para aprimorar a ciência brasileira. Ele não é algo simples, portanto, é uma ação que precisa ser constantemente revista para adaptá-la às demandas. Afinal, o CimedX tem aspectos científicos, institucionais e comerciais alinhados aos próximos anos de nosso desenvolvimento empresarial. Por isso, entendemos a construção da nossa nova fábrica como um dos seus marcos simbólicos, porque em sua concepção, ela foi estruturada para uma fabricação de alta escala e precisa de nossos produtos, aumentando assim o número de pessoas com acesso a medicamentos de qualidade, além de inserir o Brasil no mapa da excelência tecnológica.

Vemos a ação do CimedX com tanta seriedade que constituímos um conselho técnico-científico para garantir assertividade na tomada de nossas decisões. Esse conselho é multidisciplinar e formado por especialistas para avaliar constantemente a adequação das nossas ações, assegurando o seu valor científico e de pesquisa, consequentemente, elaborando documentação técnica para registro e consulta dos resultados.

É uma pretensão minha, mas, de certa forma, essa estrutura nos alinha com os profissionais mais visionários na exploração do espaço sideral. E por que é tão importante fazermos parte de pesquisas dessa natureza? Porque a gravidade achata e prejudica os testes de fármacos. As experiências realizadas fora da Terra serão conduzidas no conceito *cislunar*, o espaço orbital entre a Terra e a Lua, em que a acurácia e velocidade para o desenvolvimento da pesquisa são maiores. Essa razão nos leva até lá.

Viver fora da atmosfera tem um profundo impacto para a nossa constituição como seres humanos; e esse impacto é um dos grandes desafios das viagens espaciais, principalmente as de longo alcance, um gigantesco desafio ao nosso sistema biológico, mas esse ambiente inóspito à nossa vida se torna ideal ao desenvolvimento de remédios e à produção de pesquisas científicas com o objetivo de verificar como essa situação ambiental tão diferente afeta o nosso corpo, reduzindo as defesas do sistema imunológico, provocando o desequilíbrio do ritmo circadiano ocasionado pela privação do sono e irregularidade hormonal, acelerando a perda óssea e o envelhecimento pelo acúmulo dos radicais livres. Esse conjunto de fatores torna o ambiente espacial adequado para a melhoria do desenvolvimento dos medicamentos. Ganhamos todos com atitudes dessa natureza. Com isso, a Cimed vai gerar tecnologia 100% nacional e o Brasil vai ganhar protagonismo no desenvolvimento de pesquisas científicas originais. Avançamos!

Por mais que essa situação pareça distante ou, por vezes, soe como uma história de ficção científica, essas conquistas são possíveis e estão próximas. Agora, é uma questão de tempo, com tentativa e erros inerentes ao processo, para essa realidade ser incontestável. Ao me ver envolvido nessa história, sinto como se estivesse começando minha vida profissional mais uma vez. Como se voltasse para o ano de 1987, quando, aos 15 anos de idade, insistia com os meus pais para trabalhar. Aquele era um mundo novo e desejado. Tinha tanto para descobrir e aprender a agir para transformar o meu conhecimento em uma ação próspera de trabalho. Não havia um guia e não sabia se o que fazia iria dar certo, se me traria até aqui. Mas aquela incerteza, de certa forma, tornou a vida mais interessante, porque me deixou livre para tentar fazer o novo, arriscar, me desafiar e competir contra as adversidades.

É muito empolgante e rejuvenescedor estar, aos 50 anos de idade, diante de desafios tão imensos e incertos como o desenvolvimento de pesquisas espaciais. Estou apreensivo por viver cada um desses momentos tentando acertar, mas sabendo que nessa tentativa erros acontecerão, porém, eles não serão capazes de me paralisar, porque continuarei utilizando-os como estímulo para fazer mais e fazer diferente.

NOS MEUS 50 ANOS DE IDADE, O QUE LEVO DA EXPERIÊNCIA DO PROJETO CIMEDX?

Sempre fui uma pessoa com os pés no presente e os olhos no futuro. Transferi esse comportamento para a Cimed, porque a empresa é parte do que sou. Agora, em um momento de pensar estrategicamente, considerando as novas tecnologias, os desafios que se apresentam e as oportunidades de realizar pesquisas e ações numa dimensão fora da Terra, literalmente, tanto eu quanto a Cimed passamos a ter os pés no futuro e os olhos bem abertos no aqui e agora. Ao investirmos no desenvolvimento de pesquisas mais sofisticadas, refletimos a produção científica de forma ampla. Essa é uma das mudanças significativas decorrentes do projeto CimedX. Por isso, vale a pena a lembrança de um pensamento elaborado por John F. Kennedy (presidente dos Estados Unidos de 1961 a 1963), por ocasião do lançamento do desafio lunar estadunidense: "Decidimos ir à lua, não porque é fácil, mas porque é difícil." De certa forma, esse pensamento retrata nosso posicionamento quando nos lançamos em um projeto tão audacioso e promissor como o desenvolvimento de pesquisas no espaço. A inovação surge desse risco, da ousadia de pensar e fazer o diferente para construir algo impactante e significativo.

Direção Editorial
Daniele Cajueiro

Editor Responsável
Hugo Langone

Produção Editorial
Adriana Torres
Júlia Ribeiro
Laiane Flores
Anna Beatriz Seilhe

Revisão
Juliana Pitanga

Diagramação
Filigrana

Este livro foi impresso em 2024, pela Corprint, para a Agir.
O papel de miolo é Ivory 58g/m² e o da capa é cartão 250g/m².